スポーツモチベーション

[スポーツ行動の秘密に迫る!]

西田 保=編著

Sport Motivation

大修館書店

まえがき

　スポーツ選手の頑張りは，どこから生まれるのか。なぜ何万人もの市民ランナーがマラソンを走りたがるのか。子どもや大人が運動やスポーツに「はまる」魅力とは何か。これらは，すべて「動機づけ」に関連したトピックスである。

　スポーツの動機づけに関する研究や実践は，これまでスポーツ心理学の書物の中で紹介されてきた。しかしながら，それらは一部の章に記載されているだけであり，スポーツの動機づけに関する様々な情報を一冊の本としてまとめたものは，わが国には見当たらない。スポーツ動機づけの研究成果が蓄積されてきた昨今，動機づけ研究者ならびにスポーツ指導者に対して，エビデンスに基づいた有益な知見や情報を提供することが求められている。今般，スポーツの動機づけに関する理論，研究，実践，強化などを幅広く扱った本書の出版を計画したのは，このような背景からである。

　本書の主題目は，『スポーツモチベーション』である。モチベーションは，動機づけ（motivation）の英語読みであり，動機づけと同じ意味である。最近のスポーツ選手は，モチベーションという言葉を日常的によく使用している。また，本書の読者層を研究者だけでなくスポーツ指導者にも拡大していることから，動機づけといった学術用語ではなく，やわらかいイメージのモチベーションという言葉を採用することにした。ご理解頂きたい。

　さて，本書の内容を簡単に紹介しよう。目次にも示されているように，本書は，5部，15章，研究資料，13のコラムで構成されている。第Ⅰ部は，「動機づけの基礎を学ぶ」であり，動機づけとは何か，どのような理論があるのか，どのようにして測定するのかといった動機づけの基本的な問題が取り扱われる。第Ⅱ部の「スポーツ活動の動機づけを理解する」では，多くの人が経験しているスポーツへの参加や健康スポーツの動機づけ，体育授業の動機づけや学習意欲などが紹介される。第Ⅲ部では，「スポーツ競技の動機づけを知る」と題して，ジュニア，トップアスリート，女性競技者の動機づけが取り上げられる。第Ⅳ部は，「動機づけの社会／臨床心理を学習する」であり，スポーツ集団，文化間比較，スポーツ臨床といった視点で動機づけの問題点や関連性が詳述される。最後の第Ⅴ部は，「動機

づけの強化と将来に向けて！」である。これまでに紹介されてきた動機づけ理論やスポーツ実践に依拠したコーチング，最近の動機づけ研究のトピックスが記述され，最後にスポーツ動機づけ研究の今後の研究課題と展望が明らかにされる。また，各章のコラムや巻末の研究資料には，動機づけに関する様々な知識や情報が掲載される。執筆者は，コラム②で紹介した「スポーツ動機づけ研究会」の会員が中心となっている。

　このように，本書は，①スポーツの動機づけに関するわが国で初めての書籍である，②動機づけの理論，研究，実践，強化，今後の展望などを網羅している，③スポーツ行動の様々な領域や対象の動機づけを幅広く扱っている（スポーツ参加，健康スポーツ，体育活動，ジュニア，トップアスリート，女性競技者，社会心理，文化間比較，臨床心理，コーチングなど），④動機づけに関するトピックスをコラムとして紹介し，知識の幅を広げている（外国の動機づけ研究者も含む），⑤スポーツ現場への適用例や実践例を可能な限り紹介し，教育や指導現場に適用しやすい本としているなどの特徴がある。

　しかしながら，スポーツの動機づけに関するトピックスが広範囲に取り入れられている反面，紙幅の制限もあって，それらをより深く掘り下げられなかったという部分があるかも知れない。この点は，読者の皆さんのご意見と合わせて，今後の改善に向けた編者ならびに執筆者の「動機づけ」としたい。また，以下の用語は，わが国ではいくつかの名称で呼ばれている。本書では執筆者によって記載が異なるが，いずれも同じ意味である。あわせてご了解頂きたい。「熟達目標，学習目標，課題目標」「遂行目標，成績目標，自我目標」「課題志向性，熟達志向性」「自我志向生，成績志向性」「成績雰囲気，遂行雰囲気」「無動機づけ，非動機づけ」

　最後に，本書の編集にあたり，執筆者の方々には多大なご理解とご協力を頂いた。また，大修館書店編集部の丸山真司氏には，出版の申し入れから発行に至るまで大変お世話になった。これらの方々の援助なしでは本書の出版はなかった。心より深く感謝するとともに，今後の益々のご活躍をお祈りする次第である。そして，本書が，スポーツ動機づけの研究者ならびにスポーツ指導者の皆さんに役立つのであれば，この上ない幸せである。

2013年5月　　　　　日進市岩崎町の自宅にて　　　　編著者　西田 保

目 次

第Ⅰ部 動機づけの基礎を学ぶ ………… 9

第1章 動機づけ概論 ………… 10
第1節 動機づけの概念 … 11
　(1) 動機づけとは … 11
　(2) 欲求・動機の分類 … 12

第2節 動機づけとスポーツ … 15
　(1) 達成動機づけ … 15
　(2) 外発的動機づけ … 16
　(3) 内発的動機づけ … 17
　(4) 有能感 … 18
　(5) 自己効力感 … 19

第3節 動機づけの測定 … 21
　(1) 投影法 … 21
　(2) 質問紙法 … 21
　(3) その他の測定法 … 22

第2章 動機づけ理論 ………… 24
第1節 生理学的動機づけ理論 … 24
　(1) ホメオスタシス … 24
　(2) 動因低減説 … 24

第2節 認知論的動機づけ理論 … 25
　(1) 期待価値理論 … 25
　(2) 学習性無力感 … 26
　(3) 自己原因性 … 26
　(4) 原因帰属理論 … 27
　(5) 達成目標理論 … 28
　(6) 動機づけ雰囲気 … 29
　(7) 自己決定理論 … 30
　(8) 内発的・外発的動機づけの階層モデル … 31

第3節 運動パフォーマンスに関する理論 … 32
　(1) 動機づけの最適水準（逆U字仮説） … 32
　(2) 課題の困難度と個人差 … 33
　(3) リバーサル理論 … 34
　(4) フロー理論 … 35
　(5) IZOF理論 … 37

第3章 スポーツ動機づけの測定尺度 ………… 41
第1節 スポーツへの動機づけ … 42
　(1) 体協競技意欲検査 … 42
　(2) 繰り返し可能な競技意欲検査 … 42
　(3) 課題・自我目標志向性尺度 … 43
　(4) スポーツ動機づけ尺度 … 43

第2節 体育における動機づけ … 44
　(1) 体育における学習意欲検査 … 44
　(2) 体育における学習意欲診断検査 … 45
　(3) 児童用体育学習動機測定尺度 … 46
　(4) 体育授業の文脈レベルと状況レベルの動機づけ雰囲気を測定する尺度 … 47

第Ⅱ部 スポーツ活動の動機づけを理解する …………… 53

第4章 スポーツ参加の動機づけ ………… 54

第1節 スポーツに関する動機 … 54

第2節 スポーツ参加動機 … 55

第3節 スポーツの楽しさ … 57
　(1) 行う楽しさ，見る楽しさ … 57
　(2) フロー … 58

第4節 運動の好き嫌い … 59

第5節 スポーツコミットメント … 61

第6節 スポーツの継続とドロップアウト … 62

第7節 スポーツキャリアパターン（スポーツキャリアの移行）… 64

第5章 健康スポーツの動機づけ ………… 69

第1節 身体活動の規定因 … 69
　(1) 心理的要因 … 70
　(2) その他の要因 … 72

第2節 行動変容と動機づけ … 73

第3節 動機づけの介入実践 … 77

第4節 動機づけ面接法 … 78
　(1) 動機づけ面接法とは … 78
　(2) 動機づけ面接法の4つの原理 … 78
　(3) 動機づけ面接法の実際 … 81

第6章 体育活動の動機づけ ………… 87

第1節 体育授業の動機づけ … 87

第2節 動機づけ方略 … 88

第3節 自己調整学習 … 90

第4節 体育における学習意欲 … 92
　(1) 体育における学習意欲の概念と測定尺度の開発 … 92
　(2) 体育における学習意欲の規定因―期待・感情モデル― … 94
　(3) 体育における学習意欲喚起の実践的研究 … 95

第5節 言葉がけと動機づけ … 96

第6節 ストレス適応と動機づけ … 99
　(1) ストレス … 99
　(2) 体育授業やスポーツ活動のストレッサー … 99
　(3) 体育授業やスポーツ活動におけるストレス適応 … 100

第Ⅲ部　スポーツ競技の動機づけを知る　……………… 105

第7章　ジュニアスポーツと動機づけ ……………… 106

第1節　有能感と動機づけ … 106
  (1) ジュニア世代の有能感 … 106
  (2) 幼児期の有能感と動機づけ … 106
  (3) 児童期の有能感と動機づけ … 107
  (4) 青年期の有能感と動機づけ … 108
  (5) まとめ … 109

第2節　競争と動機づけ … 109
  (1) 社会的比較と動機づけ … 109
  (2) 成績雰囲気と動機づけ … 110
  (3) まとめ … 111

第3節　人間関係と動機づけ … 112
  (1) 仲間関係 … 112
  (2) 指導者と選手の関係 … 113
  (3) まとめ … 113

第4節　ライフスキルと動機づけ … 113
  (1) ライフスキルとは … 113
  (2) コミュニケーション・対人関係スキルと動機づけ … 114
  (3) ストレス対処スキルと動機づけ … 115
  (4) 目標設定スキルと動機づけ … 115

第8章　トップアスリートの動機づけ ……………… 120

第1節　スポーツ技能の熟達化と動機づけ … 121
  (1) 熟達化過程における遊びと動機づけ … 121
  (2) 熟達化過程におけるよく考えられた練習と動機づけ … 123
  (3) トップアスリートの動機づけの特徴 … 126

第2節　個人スポーツの事例 … 127
  (1) オリンピック水泳選手―初期の快体験が動機づけを高める― … 127
  (2) プロゴルファー―「練習」を通して動機づけを高める― … 128

第3節　チームスポーツの事例 … 130
  (1) サッカーチーム―「負けず嫌い」が動機づけを高める― … 130

第9章　女性競技者の動機づけ ……………… 135

第1節　スポーツにおける動機づけの性差 … 135
  (1) 女性競技者を対象とする心理学的研究 … 135
  (2) 成功回避動機（成功恐怖）… 136
  (3) 目標志向性 … 137

第2節　ジェンダーとスポーツ参加 … 139
  (1) 性役割（ジェンダー・ロール）… 139
  (2) セクシャル・ハラスメント … 141

第3節　女性競技者に特有の動機づけ … 143
  (1) 目標志向性と摂食障害 … 144
  (2) 女性競技者と月経 … 145

第Ⅳ部　動機づけの社会／臨床心理を学習する ……… 153

第10章　スポーツ集団における動機づけ ……… 154

第1節　リーダーシップと動機づけ … 154
(1) リーダーシップとは … 154
(2) SL理論に基づく動機づけ … 155
(3) 実践上の課題 … 156

第2節　チームワークと動機づけ … 157
(1) スポーツ集団とスポーツチーム … 157
(2) チームワークの概念 … 158
(3) チームワークの下位概念と動機づけの関係 … 159

第3節　ソーシャルサポートと動機づけ … 161
(1) ソーシャルサポートとは … 161
(2) 運動・スポーツ分野におけるソーシャルサポート研究 … 161
(3) スポーツ集団におけるソーシャルサポート … 162
(4) ソーシャルサポートと動機づけの相互関係 … 162

第11章　動機づけの文化間比較 ……… 168

第1節　スポーツの動機づけと文化 … 168
(1) 動機づけへの文化の影響 … 168
(2) 文化の捉え方と文化的自己観 … 168

第2節　異文化間での比較研究 … 170
(1) 異文化間心理学の目的と方法 … 170
(2) 目標志向性および原因帰属の日米比較 … 171

第3節　異文化間比較からみた日本人的な動機づけ … 174
(1) 達成動機と内発的動機づけの日本人の特徴 … 174
(2) 原因帰属の日本人の特徴 … 176
(3) 目標志向性の日本人の特徴 … 177
(4) 文化的自己観を基礎とした日本人のスポーツ動機づけモデル … 177

第12章　スポーツ臨床と動機づけ ……… 187

第1節　運動部活動での不適応 … 187
(1) 運動部不適応のスポーツ臨床 … 187
(2) 運動部不適応の心理社会的背景 … 188
(3) 運動部不適応を予防するための動機づけ … 188
(4) 新入運動部員のための適応促進プログラム … 189

第2節　スポーツ傷害と動機づけ … 190
(1) スポーツ傷害の臨床 … 190
(2) スポーツ傷害発生にかかわる心理社会的背景 … 190
(3) スポーツ傷害を負った選手への心理サポート … 191
(4) スポーツ傷害と動機づけ … 192

第3節　バーンアウト（燃え尽き症候群） … 193
(1) バーンアウトのスポーツ臨床 … 193
(2) バーンアウトの心理社会的背景 … 193
(3) バーンアウトを予防するための動機づけ … 194

第4節　カウンセリングによる動機づけ … 196

(1) スポーツカウンセリングの事例 … 196
(2) スポーツカウンセリングの特徴 … 196
(3) スポーツカウンセリングの活動とアプローチのタイプ … 197
(4) スポーツカウンセリングと動機づけ … 198

第Ⅴ部　動機づけの強化と将来に向けて！　203

第13章　動機づけを高めるコーチング … 204
第1節　動機づけ理論に依拠した方法 … 204
(1) 目標設定 … 204
(2) 成功／失敗の原因 … 207
(3) 行動の主人公 … 208
(4) 集団の雰囲気 … 210

第2節　スポーツ実践からのアプローチ … 212
(1) モチベーションビデオ … 212
(2) 優秀な指導者の動機づけ戦略 … 214
(3) 名言からの示唆 … 216

第14章　最近の研究トピックス … 222
第1節　達成目標理論 … 222
(1) 2目標視点 … 222
(2) 4目標視点（2×2達成目標）… 223
(3) 6目標視点（3×2達成目標）… 223

第2節　動機づけ雰囲気 … 224
(1) 重要な他者によって作られる動機づけ雰囲気 … 224
(2) 縦断調査と介入研究 … 224

第3節　自己決定理論 … 225
(1) 内発的・外発的動機づけ階層モデル … 225

(2) 目標内容理論 … 226

第4節　情熱研究 … 226
(1) 情熱における2つの側面 … 226
(2) 情熱研究の特徴 … 227

第5節　自動性研究 … 227
(1) 自動性研究の登場 … 227
(2) 自動性とは … 228
(3) 動機づけの自動的な活性化の実証 … 229
(4) 動機づけの潜在指標 … 229

第15章　今後の研究課題と展望 … 233
第1節　これまでの動機づけに関する研究から … 233
(1) 個人的要因から対人関係性へ … 233
(2) 動機づけの持続性と般化 … 234
(3) 文化的差異と動機づけ … 236
(4) 研究方法論 … 236

第2節　スポーツがもつ特性から … 238
(1) チーム力（チームとしての動機づけ）… 238
(2) ネガティブ感情（悔しさ）… 239
(3) 周りの人，世話になった人への感謝 … 240

研究資料 …………… 242
 (1) スポーツ動機づけ測定尺度 … 242
 (2) 運動継続のための動機づけ尺度 … 242
 (3) スポーツにおける動機づけ雰囲気測定尺度 … 244
 (4) 体育における学習意欲診断検査 … 245

① やる気と脳科学 … 39
② スポーツ動機づけ研究会 … 51
③ 感情体験と動機づけ … 67
④ パラリンピアンの動機づけ … 85
⑤ 体育における学習意欲の発達的推移 … 103
⑥ 子どもの動機づけと親の関係 … 118
⑦ 負けず嫌い … 133
⑧ 周りの人への感謝 … 151
⑨ チームの絆を強める（チームビルディング）… 166
⑩ ニュージーランドのスポーツ動機づけ研究 … 181
⑪ ヨーロッパのスポーツ動機づけ研究：最近のトピックス … 184
⑫ 挫折からの立ち上がり（レジリエンス）… 201
⑬ メンタルトレーニングと動機づけ … 220

さくいん …………… 251
執筆者一覧 …………… 255

[第Ⅰ部]
動機づけの基礎を学ぶ

Sport Motivation

第1章 動機づけ概論

　人とスポーツとのかかわり方は様々である。スポーツに熱中する人がいる一方で，ほとんどしない人もいる。サッカーのゲームでは，ボールをもった相手選手に抜かれると必死に追いかける選手がいる一方で，抜かれても変わらずたんたんとプレーし続ける選手もいる。セルフジャッジのテニスゲームで勝ちたいために明らかに自陣コート内に落ちた相手のボールを平気で「アウト！」とコールするずるい選手もいるが，フェアプレーを貫く選手もいる。運動不足解消のため一念発起し，立派な健康器具を購入したにもかかわらず，使用3日でやめてしまい，健康器具が"素敵なインテリア"となっている人もいる。

　なぜスポーツへの取り組み方が人によってこのように異なるのだろうか？「それは，やる気の有る無しの問題でしょ」という人もいるが，やる気はあっても行動に移せないことは経験上よくあることで，そこにはもう少し複雑な背景があると考えたほうがよさそうである。このような人とスポーツとの関係は動機づけという心理学的概念を基本に据えることによって説明することができる。動機づけを理解することによって，なぜスポーツへのかかわり方が人によって違うのかという問いに対して新しい見方ができそうである。

　本章では，第1節でその動機づけの基本を概説する。最初に動機づけの定義について触れ，動機づけの骨格をなす動機と目標との関係について簡潔に説明する。また行動の原動力である欲求・動機には様々なものがあることから，それらについて解説する。第2節ではスポーツに対する動機づけを理解するために重要な，達成動機づけ，外発的動機づけ，内発的動機づけを取り上げる。さらに内発的動機づけや達成動機づけにかかわる有能感，スポーツ行動の予測に

重要な自己効力感について触れる。これらは動機づけ研究の主な用語であり，人とスポーツ行動との関係を考える上でとても重要な考え方である。最後の第3節では動機づけの測定方法を紹介する。

第1節 動機づけの概念

(1) 動機づけとは
①動機づけの定義
　動機づけはモチベーション（motivation）の訳語であり，その語源はラテン語の「動くこと」（movere＝to move）からきている。基本的に意味する内容は人を行動に駆り立てること，すなわち行動の活性化機能といえる。一般に学術用語としての動機づけは，「行動を喚起し，持続させ，一定の目標に方向づける心理的過程」と定義される。研究者によっては，動機づけを行動の原動力あるいは状態とみなす立場もあるが，動機づけは人が行動に駆り立てられる事象全体を表すものと考えることができる。定義に示されるように動機づけは結果として，人の行動を喚起し（行動始発機能），行動を持続させ（行動維持機能），さらに行動の再現性を高め（行動強化機能），どのような行動（方略）を選択するかという行動の方向性を決定づける働きがある。このように"どのくらい"という行動の強さ（持続時間，回数等）と"どのような"という方向性（行動や方略の選択）の両方が動機づけによって規定される。

②動機づけの基本的枠組み　―動機と目標―
　行動の強さと方向性を規定する動機づけの過程においては，何らかの力の存在が仮定される。行動の原動力となるのは欲求，動機，動因といわれ，これらは人が何かを求める力である。欲求の例としては渇きの欲求，達成欲求，親和欲求などがある。動機は主として社会的行動の原動力を指す場合に使われ，動因は生理的行動に対して使われることが多い。欲求，動機，動因によって求められる対象は誘因といわれる。例えば，渇きの欲求の誘因は水やスポーツドリンクなど何か喉を潤すものであり，その際，水などを飲むという行動は誘因の獲得である。誘因は行動の目標であり，誘因の獲得は言い換えると目標の達成である。人に欲求や動機が生じ，目標を達成しようと行動が活性化されていく

(2) 欲求・動機の分類

①欲求と動機

　動機づけの基本的な過程についてみてきたが，行動の原動力として最も基本となるものは欲求である。マレー（Murray, 1938）は，行動に一定の傾向をもたらす人間の内部の力を欲求（要求）と定義している。欲求は人が生まれつきもっている一次的（基本的）欲求と，生まれてから経験によって獲得される二次的（社会的）欲求に分類される。基本的欲求には生理的欲求，性的欲求，内発的欲求などがある。社会的欲求には，達成欲求，親和欲求，承認欲求などがある。欲求は対象があまりはっきりしないのに対して，動機はある目標を達成したいというように，より具体的な方向性をもつという点で両者が区別されることがある。しかしながら欲求と動機を明確に区別しない立場もある。人の欲求・動機には様々なものが仮定されている。

②動機の分類

　様々な動機のうち代表的な動機として，ホメオスタシス性動機，性的動機，情緒的動機，内発的動機，社会的動機がある。ホメオスタシス性動機とは，生理的な欲求に基づく動機である。ホメオスタシスとは，生物の内部環境を一定の状態に保つ恒常性を意味する。ホメオスタシス性動機の働きは，ホメオスタシスの不均衡によって内的平衡の回復・維持を目標とする多様な心理的動機を引き起こすことである。ただし，人間の場合このような仕組みによって社会的行動を説明することは困難である。

　性行動を規定する動機として性的動機が考えられている。性的動機は性的欲求に基づき，性行動だけでなく行動全般の原動力になるという主張もみられる。このような主張をしたのは精神分析のフロイトであり，性的動機は心理的動機として働くことがあると指摘されている（Murray, 1964）。

　情緒（感情）が動機として働く場合があり，これを情緒的動機という。情緒にはポジティブな側面として，愛情，喜び，楽しみなどがあり，ネガティブな側面として，恐怖，怒り，不安，恥，嫌悪，悲しみなどがある。これらは人に内的な変化を生じさせ，行動に影響する。楽しいと感じれば人は活動を続けよ

うとする。不安になった時にたくさん練習して安心する人もいる。理不尽な処遇に怒りを感じて激しい主張行動を起こすこともある。このように動機づけに感情が関与することは明らかである。

社会的動機は人と人とのかかわり、すなわち社会的行動に対する動機である。表1-1に示されるように社会の中で生きる人間には様々な欲求（動機）が仮定されていることがわかる。この内容から社会的欲求と飢えや渇きなどの生理的欲求を同じ次元で捉えることには問題がありそうである。例えば、お腹が減っていて動けない状況、すなわち生理的欲求が満たされていないと、自分の理想に向かって行動することは困難かもしれない。このような考えはマズローによる欲求の階層説によって説明される（Maslow, 1954）。欲求の階層説によると、欲求は低次から高次へと階層をなすことが仮定され、最も低次元にあるのは生理的欲求であり、続いて安全への欲求、所属と愛への欲求、尊厳への欲求となり、最も高次元な欲求として自己実現の欲求があげられている。

③様々な動機と行動との結びつき

人の行動の背後には欲求や動機の存在が仮定される。ただし、行動を生じさ

表1-1　社会的欲求（動機）のリスト（Murray, 1938；金城, 1990を基に作成）

領域	動機のリスト	主な動機の説明
事物との結びつき	獲得　保存　秩序 保持　構成	獲得：所有物と財物を得ようとする。 保持：財物を持ち続ける、貯蔵する、消費を最小化する。
大望, 意志, 達成, 威信	優越　達成　承認 顕示　保身　反発 防衛　劣等感の回避	優越：優位に立とうとする。達成と承認の合成。 達成：障害に打ち克ち、力を行使し、できるだけうまく、かつ速やかに困難なことを成し遂げようと努力する。
力の発揮, 力への抵抗や 屈服	支配　服従　模倣 自律　対立	支配：他人に影響を与え、統制しようとする。 服従：優越者を賞賛し、追随し、仕えようとする。
他者や自己の 損傷	攻撃　屈従 非難の回避	攻撃：他人を攻撃したり、傷つけようとする。 屈従：罪を承服しようとする。自己卑下。
他者との愛情	親和　拒絶　養護 救援	親和：友情と絆を作る。 拒絶：他人を差別し、無視し、排斥しようとする。
その他	遊戯　求知　解明	遊戯：緊張を和らげ、楽しみ、気晴らしを求める。 求知：探索し、質問し、好奇心を満足させる。

せる欲求や動機は1つではなく，複数の欲求（動機）が組み合わされていると考えられる。さらに欲求（動機）間の葛藤も想定される。例えば，人には立派なことを成し遂げたいという欲求に基づく達成動機があると同時に，成功することへの不安をもたらす動機（成功回避動機）を持ち合わせる場合がある。この場合，達成行動を達成動機という1つの動機の強さだけで説明することはできない。

このように，人のあらゆる行動を特定の欲求（動機）だけで説明するのは限界があり，複数の欲求や動機がどのように働いてどのような行動が喚起されるかという視点が必要になってくる。また人が行動する際，期待や自信など認知の働きも重要である。さらに感情の働きも行動に強い影響を及ぼす。そこで動機づけの研究は，動機論から動機づけ理論に発展し，欲求，動機，認知，感情によって特定の行動についての動機づけ過程が説明されるようになってきている。それらの理論については第2章で紹介する。

④動機づけの変動　―動機づけの理解を深めるために―

これまでみてきた動機づけは，安定している面と不安定な面がある。安定している面は全体的（特性的）動機づけであり，その人の動機づけの傾向を意味する。いろいろなことに対して，いわゆるやる気がある人とない人の違いとなる。一方で動機づけには不安定な面もある。動機づけはその人の活動する状況，条件によって変動する。例えば，スポーツには一生懸命なのに勉強にはあまり熱心ではないという人がいる。これは文脈（生活領域）による動機づけの変動であり，文脈的動機づけの問題である。さらにスポーツでは，ある場面で動機づけが高まっているかが極めて重要である。いつもは積極的な選手なのに動機づけが高まらないために良いプレーができない，気分によってプレーが変わってしまうというケースもある。これは状況的動機づけといわれる。このように動機づけは変動するという側面があり，スポーツの実践や指導においては，なぜ変動するかを理解することが重要である。このような視点は，動機づけの階層モデルで説明される（第2章第2節（8）参照）。

第2節 動機づけとスポーツ

　これまで動機づけの基本的な過程，動機の種類，動機論から動機づけ理論への発展という流れについてみてきた。動機づけについては達成動機づけを対象とする研究が盛んに行われ，動機づけ研究の中で大きな流れが形成され，現在に至っている。初期には，達成動機の獲得と形成についての研究が行われ，その後，達成動機に関連する要因，期待価値理論，帰属理論が研究され，近年は達成目標理論が中心となっている。一方，内発的動機づけという視点からの研究も盛んに行われている。内発的動機づけ研究では，外発と内発との違い，外的報酬の効果が検証され，現在では心理的欲求を基礎とする自己決定理論に発展している。これらの知見はスポーツにおける動機づけにも適用されてきている。ここでは達成動機づけ，内発的動機づけと外発的動機づけの概要が紹介される。

(1) 達成動機づけ
①達成の意味
　達成動機づけは，達成行動に関する動機づけである。達成という概念は，マレーの欲求のリストの中の1つにあげられ，「達成とは，難しいことを成し遂げること。自然物，人間，思想に精通し，それらを処理し，組織化すること。これをできるだけ速やかに，できるだけ独力でやること。障害を克服し高い標準に達すること。自己を超克すること。他人と競争し他人をしのぐこと。才能をうまく使って自尊心を高めること。」と定義される（Murray, 1964）。マクレランドほか（McClelland et al., 1953）は，達成動機について「卓越した水準を設定し，それを独自な方法で，長期的に挑もうとすること」と定義している。達成動機づけについては，マクレランドやアトキンソン（Atkinson）の研究が現在の発展に貢献している。

②達成動機づけの理論
　達成動機づけ研究において後の研究に最も影響した理論は，アトキンソン（1964）による期待価値理論である。これは期待と価値によって行動を予測す

る達成動機づけの理論である。アトキンソンは，ある状況における人の行動を「特性と状況」および「成功達成と失敗回避の葛藤」という2つの視点から理論化している。その後，期待と価値に影響する要因についての検討がなされ，達成動機づけの帰属理論や達成目標理論に発展している（詳細は第2章参照）。

③達成動機づけの問題点　—達成概念の広さ—

　達成動機づけの文献では，スポーツが達成行動の例として頻繁に取り上げられる。スポーツにおける達成をイメージすると，一生懸命練習してうまくなる，ハンディを克服し長所を生かして独自のプレースタイルをつくる，プロになってファンを楽しませる，前人未到の記録をつくる，国の代表選手として活躍する，といった光景が目に浮かぶ。これらはマクレランドほかによる①卓越した水準の設定，②独自の方法，③長期的な挑戦，という達成の定義に当てはまるといえる。スポーツ活動の多くは達成行動に含まれるので，スポーツの動機づけ研究は達成動機づけの枠組みの中で盛んに行われてきている。

　達成動機づけについては，達成そのものの概念があいまいであるという指摘がなされている。マレーやマクレランドほかの達成の定義をみると，スポーツに限らず学術，経済など社会で認められるあらゆる活動が含まれる。これらをすべて同じ理論で説明するのには限界があるかもしれない。近年では達成行動を有能であることを目指す行動とみなす立場（例えばNicholls, 1984）もあり，異なる視点が加わったことにより理論が発展してきている。スポーツについては，どの行動について達成動機づけの理論を適用するかという視点が必要となる。

(2) 外発的動機づけ

①外発的動機づけとは　—目的か手段か—

　動機づけは，一般的に外発的動機づけと内発的動機づけという分類がなされる。外発的動機づけは，活動と直接関係のない外的報酬を得るための手段として行動が生じる過程である。例えば，先生に褒められたいからスポーツの練習をする，テストで良い点をとると親から約束した物を買ってもらえるから勉強するなどである。スポーツの練習と先生に褒められること，勉強することと物を買ってもらうことは，直接関係がない。

②自律性による動機づけの分類

近年，自己決定理論（第2章第2節(7)参照）の発展に伴い，外発的動機づけが自律性（自己決定度）の強さによって分類されている。外発的動機づけとして，外的調整，取り入れ的調整，同一化的調整，統合的調整という4つの状態が概念化されており，外的調整から順に自律性が高くなっていくとされている。

(3) 内発的動機づけ
①内発的動機づけの命名

これまで述べた外発的動機づけに対して，内発的動機づけという概念が注目されるようになった。内発的動機づけとは，その活動自体から得られる快や満足のために活動が生じる過程である。動機づけの初期の研究で行われた動物実験や観察の中では，行動を生じさせるために，通常エサなどの外的報酬が用いられる。しかしながらハーロウ（Harlow, 1950）による実験では，外的報酬がなくてもサルたちがパズルを解くことに熱心に取り組み，繰り返すことが確認されている。この現象は，ホメオスタシス性動機，性的動機，情緒的動機のいずれにもよらないと考えられ，「内発的に動機づけられた行動」と命名されている。その後，外的報酬に基づかない行動，外発的動機づけでは説明できない現象が次々と確認され，外発的動機づけに対する批判から内発的動機づけが注目されるようになった。この背景には，人は報酬を得るために行動する受動的存在ではなく，積極的に刺激を求める能動的存在であるという人間観の違いがある。

②内発的動機づけの本質

賞金や賞品，誰かからの励ましなど外的報酬がなくても行動することは多くの人が経験しているだろう。内発的動機づけの本質は何かについては，古くから関心がもたれている。初期の研究では，探索動因，退屈回避，操作動因，感性動因，視覚的探索などの動因による説明が試みられた。内発的動機の仕組みやプロセスも検討され，最適不適合，最適覚醒，不確かさの低減，有能さと自己決定の認知などの仮説が提案された。デシ（Deci, 1975）はそれらを検討した結果，「内発的に動機づけられた行動とは，人がそれに従事することにより，

自己を有能で自己決定的であると感じることのできるような行動である。」と述べ，有能さと自己決定の認知を得るために行動することが内発的動機づけの本質であると指摘している。有能さと自己決定は，ホワイト（White, 1959）によるコンピテンスやエフェクタンス，ド・シャーム（de Charms, 1968）による個人的因果律などの考え方に基づいている。

③内発的動機づけの理論

外的報酬がその後の内発的動機づけを低下させるというアンダーマイニング現象の解明についての研究が盛んに行われ，さらに，内発的動機づけと外発的動機づけ，基本的欲求（自律性，コンピテンス，関係性），目標の内容，因果律との関係が検討され，自己決定理論に発展している（Ryan and Deci, 2002）。初期の研究で注目された好奇心あるいは好奇動機は，最近の内発的動機づけの概念化においてはあまり取り上げられなくなっている。

④達成動機づけと内発的動機づけ

先に取り上げた達成動機づけは，外発か内発かという視点とは異なる動機づけの捉え方である。デシ（Deci, 1975）は，個体には有能さと自己決定の感情を求めようとする一般的欲求があること，この欲求が自己を取り巻く環境における人との相互作用の結果，特殊な欲求に分化すること，達成動機（欲求）とは有能さと自己決定の感情に対する基本的欲求から分化している特殊な動機であることを指摘している。

これまでの研究をみると，達成行動には外発的な場合と内発的な場合があると考えることができる。近年の達成行動＝有能であることを目指す行動という捉え方では，有能さの示し方が問題にされる。これは，自分自身の向上によって有能さを得るのか，他者との比較によって有能さを得るのかの違いであり，個人のもつ目標の違いとなる。このような考え方が達成目標理論につながっている（第2章第2節（5）参照）。

(4) 有能感

内発的動機づけ研究および近年の達成動機づけ研究において，動機づけ過程の重要な機能と考えられている概念の1つが有能感である。有能感とは，認知されたコンピテンス（有能さ）である。コンピテンスは，ホワイト（White,

1959）によって提唱された概念であり，「環境と効果的に相互作用する有機体の潜在能力（capability）」を意味する。また，人はコンピテンスを求める存在であり，環境とうまくかかわることができるという感覚である効力感を得ようと行動するよう動機づけられることも仮定されている。このような動機づけはエフェクタンス動機づけと呼ばれ，生理的欲求に基づかない動機づけである。この考え方はデシ（Deci, 1975）による内発的動機づけの概念化に強い影響を及ぼしている。自己決定理論の下位理論である基本的欲求理論では，コンピテンスを求めることが動機づけ過程における欲求の1つとされている。また，エリオットとドウェック（Elliot and Dweck, 2005）によってコンピテンスが内発的動機づけの源であると指摘されている。ハーター（Harter, 1982）は，ホワイト（White, 1959）のコンピテンスの概念に基づいてコンピテンス動機づけ理論を提唱し，学業，友人関係，身体運動，自分自身といった領域別の有能感を測定する尺度を作成している。研究の結果，子どもの発達におけるコンピテンスの重要性および親や指導者のかかわり方がコンピテンスに及ぼす影響を明らかにしている。

　有能感に対して，仮想的有能感という概念が提唱されている。これは，「自己の直接的なポジティブ経験に基づくことなく，他者を批判的に評価したり，軽視する認知的傾向に呼応して感じられる比較的持続的な有能さの感覚」と定義される（速水，2012）。有能感との相違点は，①有能感はおおよそ個人的な成功経験に呼応しているが，仮想的有能感はそのような基盤をもたない。②有能感は自分自身についての直接の感覚であるが，仮想的有能感は一般的他者をどのように見ているかに反映されるもので，自分自身についての間接の感覚であるとされている。

(5) 自己効力感

　期待と行動の関係が重視された理論として社会的認知理論があり，その中心となる概念が自己効力感（セルフエフィカシー）である（Bandura, 1977）。自己効力感については，内発的動機づけの本質とされる有能さと自己決定の欲求は仮定されず，認知の働きによって動機づけ過程が説明される。この理論では，期待（予期）が効力予期と結果予期に分類され，それらが行動やパフォー

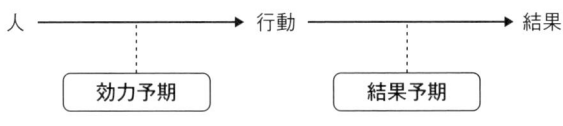

図1-1　効力予期と結果予期（Bandura, 1977）

マンスに影響すると仮定されている。人，行動，結果という3つの要因間の関係から期待が分類される（図1-1）。人と行動の関係を結ぶ期待は効力予期と呼ばれ，人がある行動をどの程度実行できるかという信念を意味し，これが自己効力感といわれる。自己効力感は課題に特有の自信といえよう。行動と結果との関係を結ぶ期待は結果予期と呼ばれ，ある行動がどのような結果をもたらすかという予期を意味する。これら2つの期待が高ければ行動が生じやすくなる。"スポーツをすることが自分に良い効果をもたらすだろう"といった結果予期が強く，"困難があっても自分は頑張れるぞ"といった自己効力感が強い場合はスポーツへの参加や継続が促進されることになる。一方，スポーツの実践による結果が期待できない場合や，"期待していても自分がやるのは無理だろう"というような自己効力感が低い場合はスポーツ参加が促進されないことになる。自己効力感が運動パフォーマンスに影響することは多くの研究で明らかとなっている。

　この理論では，自己効力感を形成，変容させる4つの情報源が仮定されている。1つめは遂行行動の達成である。成功経験は自己効力感を高めることにつながる。2つめは代理的体験である。他人が実際に行っているのを見ることである。チームメートが新しい技術に挑戦し成功するのを見て，自分にもできそうだと思い挑戦するというケースである。3つめは言語的説得である。他者からの言葉がけによって自信が高まるようなケース，自分自身に対しての言葉がけ（セルフエフィカシートーク）が含まれる。4つめは情動的喚起である。情動の喚起という生理的反応の変化を体験することが自己効力感に影響すると仮定されている。

第3節 動機づけの測定

(1) 投影法

　投影法は心理検査の1つの方法であり，ロールシャッハテスト，TAT（絵画統覚検査），SCT（文章完成法テスト），P-Fスタディ（絵画欲求不満テスト），バウムテスト，人物画テスト，箱庭療法などがあげられる。被験者に対してあいまいな多義性のある刺激が提示され，その反応に投影される欲求，不安などを把握するために用いられる。検査の意図が被験者にわかりにくく，全体的で力動的特徴および意識だけでなく無意識レベルの把握ができる。その反面，投影法は実施や採点が複雑であり，解釈に検査者の主観や直観が入らないよう専門的な訓練と経験が必要とされる。また検査の多くは個人法のため，実施に時間と労力がかかるという問題がある。信頼性についての問題も指摘されている。

　動機づけに関しては，TATとロールシャッハテストが測度として認められ（浜，1969），特に達成動機の研究においては，アトキンソンやマクレランドによってTATが盛んに使用された（下山，1981）。TATでは被験者に対してあいまいな絵が提示され，その絵から連想される物語を作るよう求められる。物語作成の観点は，①現在の状況，②過去の状況，③登場人物の認知と感情，④将来の状況の4つである。作成された物語が達成的なら1点，日常の仕事などの場合は0点，達成にまったく関係ない場合は－1点となり，4つの図について得点化される。これらにより達成動機の強さが測定される。さらに達成的な物語については目標の達成に至る行動について分析することができる。達成への欲求，成功／失敗の予想，成功／失敗に対する感情，障害，目標達成のための手段的活動，援助者の存在が分析され，達成動機に伴う全体像をみることができる。

(2) 質問紙法

　質問紙法は，被験者に対して複数の質問項目が提示され，「はい」，「いいえ」のどちらかを選ぶ，あるいは「よくあてはまる」，「少しあてはまる」，「あまりあてはまらない」，「まったくあてはまらない」といった4つの選択肢の中から1つを選ぶという回答形式によって被験者の人格，態度，動機などを測定する

検査方法である。回答形式は2件法，5件法，7件法など様々である。各項目に対する回答が得点化され，尺度全体の合計点が計算され，尺度得点の高さが心理的特性の強さの指標とされる。質問紙法は投影法と比べて実施や採点が比較的容易であり，客観性が高く，集団で実施することが可能な場合が多い。しかし意識的にも無意識的にも自分の回答を歪める可能性があること，また被験者の意識的側面しか捉えられないという問題がある。

　動機づけ研究では，1950年代終わりから質問紙法が導入されるようになり，現在でも多くの測定尺度が作成され続けている。コンピュータがハード，ソフトともに進歩したことに伴い，測定されたデータに対して因子分析，重回帰分析，共分散構造分析などの多変量解析の実施が容易になり，近年では多くの研究で質問紙法が用いられている。

(3) その他の測定法

　観察法では，行動がカテゴリーに分類され，行動の頻度や持続が数値や文章によってデータ化される。幼児などの達成動機を測定する場合，投影法や質問紙法は困難であるため観察法が用いられる。面接法も動機づけ研究に用いることが可能である。質的研究では記述や発話の意味が解釈され，構成概念が作り出され，各構成概念の関係によって仮説が生成される。

●文献

Atkinson, J.W. (1964) An Introduction to Motivation. D. Van Nostrand Company, Inc.

Bandura, A. (1977) Self-efficacy: Toward a Unifying Theory of Behavioral Change. Psychological Review, 84:191-215.

deCharms, R. (1968) Personal causation: The internal affective determinants of behavior. Academic Press.

Deci, E. L. (1975) Intrinsic Motivation. Plenum Press. (デシ，E. L., 安藤延男・石田梅男訳（1980）内発的動機づけ　実験社会心理学的アプローチ．誠心書房．)

Elliot, A., and Dweck, C. S. (2005) Handbook of competence and motivation. Guilford Press.

浜　治代（1969）第5章　動機と情緒の測定．八木　冕・前田喜明編，講座　心理学5　動機と情緒．東京大学出版会．

Harlow, H.F. (1950) Learning and satiation of response in intrinsically motivated complex puzzle performance by monkeys. Journal of comparative and Physiological Psychology, 43:289-294.

Harter, S. (1982) The perceived competence scale for children. Child Development, 53:87-97.

金城辰夫編（1990）図説現代心理学入門．培風館．

速水敏彦（2012）仮想的有能感の心理学．北大路書房．

Maslow, A.H. (1954) Motivation and Personality (Second Edition). Harper & Row, Publishers, Inc.（マズロー，A. H. 小口忠彦訳（1987）改訂新版 人間性の心理学．産業能率大学出版部）

McClelland, D. C., Atkinson, J.W., Clark, R.A. and Lowell, E. L. (1953). The achievement motive. Appleton-Century-Crofts.

Murray, H. A. (1938) Explorations in personality. Oxford University Press.

Murray, H.A. (1964) Motivation and Emotion. Prentice-Hall.（マレー，H.A. 八木 冕訳（1966）動機と情緒．岩波書店．）

Nicholls, J. G. (1984) Conceptions of ability and achievement motivation. In 16) Ryan, R. M., and Deci, E. L. (2002) An overview of Self-determination theory: An organismic-dialectical perspective. In: Deci, E. L. and Ryan, R. M. (Eds.) Handbook of Self-determination Research. The University of Rochester Press, pp. 3-33.

下山　剛（1981）達成動機づけの教育心理学．金子書房．

White, R. W. (1959). Motivation reconsidered: The concept of competence. Psychological Review, 66: 297-333.

第2章

動機づけ理論

第1節 生理学的動機づけ理論

　動機づけは行動の原因を理解するための概念であり，行動に方向とエネルギーを与える内的な過程の総称である。本節では，まず，行動発現のメカニズムについて生理学的な過程に注目する生理学的動機づけ理論について紹介する。

(1) ホメオスタシス

　ホメオスタシス（homeostasis）とは，個体内部の平衡状態が失われるとこれを回復させるような行動が生起する生得的，かつ自動的なメカニズムのことをいう。例えば，空腹によって血糖値が低下すると冷蔵庫内の食べ物を探したり，コンビニへ買い物に出かけるといった行動が起こる。空腹や渇きといった体内のバランスが崩れている不均衡な状態は本質的に不快であることから，それらを回復させようとする欲求や動因が発生し，個体内部の平衡状態を回復させるように行動が生起すると考えられる。

(2) 動因低減説

　ホメオスタシスの概念に影響を受けた動因低減説（drive reduction theory）では，人の行動は苦痛刺激や飢え・渇きのような生理的不均衡に基づく欲求などによって発生した本質的に不快な緊張状態（動因）を取り除こうとして行われると考える。そして，その動因を低減させた行動がより強められると考える行動主義的な動機づけ理論である。

この理論では，人間を含む動物を何らかの不都合が生じない限り行動や学習をしようとしない「怠けもの」と捉えている。動機づけるためには，いかにして人間に不快な緊張状態を作り出すことができるかということが問題となり，苦痛刺激・罰・叱責などを用いた，いわゆる「アメとムチ」による指導が必要となるが，その後，探索行動などに関する研究を通して，人間や動物が強制的にのみ学習する存在ではなく，むしろ能動的かつ自発的に活動していることが明らかにされ，知的好奇心や内発的動機づけの重視とともにその役割を終えている。

第2節　認知論的動機づけ理論

　人間の動機づけには生得的あるいは生理学的側面だけでなく認知的側面を重視する立場がある。課題を達成できると思うか，達成することに価値があると思うか，練習をする目標や理由は何かといった認知的過程が動機づけと行動を規定すると考える立場である。本節では，このような認知論的動機づけ理論の代表的なものを紹介する。

(1) 期待価値理論

　動機づけの期待価値理論とは，動機づけの強さが課題を達成できるかどうかの期待と，成功によってもたらされる報酬を価値があるとみなす程度の「積」によって決定されるという立場である。すなわち，成功する見込みがまったくない場合や課題に取り組む理由が不明でその成功に価値が認められない場合は，課題を達成するための努力は生じないことになる。このことから動機づけの「期待×価値モデル」とも呼ばれる。

　アトキンソン（Atkinson, 1964）によれば，最終的な動機づけの強さは，「動機（達成動機・失敗回避動機）×期待（成功の主観的確率）×価値（誘因価）」によって決定されるという。まず，動機には達成を促進する達成動機と達成を抑制する失敗回避動機があり，それらの相対的な強さによって個人の動機づけ傾向が規定される。また，成功の確率が高い課題ほどその誘因価は低いというように期待と価値には逆比例の関係があるとする。したがって，達成動機が失敗回

避動機よりも強い人の場合は，成功の主観的確率が五分五分（50％）の中程度の困難度の課題で動機づけが最大となるのに対して，失敗回避動機が達成動機よりも強い人の場合は，動機づけが最も抑制されることになる。

この理論からは，努力すればできそうな中程度の難しさの課題に取り組むことと，取り組む課題の価値を理解するように援助することが動機づけにとって重要なことが示唆される。

(2) 学習性無力感

いくら努力しても上達しない，何を練習しても勝てないというような失敗経験はそれだけで動機づけを低下させるが，それらの経験をさらに繰り返すと，自分の努力（行動）は結果に何ら影響を及ぼさない，環境をコントロールできないということを学習し，客観的には行動によって結果を変えられる状況におかれてもあきらめが先行し，もはや行動しようとしなくなる。学習性無力感（learned helplessness）とは，経験によって学習された行動と結果の非随伴性の認知を指し，動機づけの低下やストレス，抑うつを伴うネガティブな感覚とされる。もともとは，電気ショックを与えられ続けた犬が，逃避できる状況におかれたにもかかわらず，もはや逃れようとしなかったことを説明するために用いられた概念である（セリグマン，1985）。

学習性無力感を抱いた人は，能力は固定的で努力によって変化しないと考える，課題に取り組む時，その課題を達成できるという期待が低い，自分には能力が不足していると思い込む傾向が高い，つまずくとすぐにあきらめてしまうなどの特徴があり，スポーツからのドロップアウトやバーンアウトと関係があると考えられる。なお，失敗を自分の能力不足に帰属させる傾向の高い学業不振児の原因帰属を，努力不足による失敗であったと変化させることで無力感を解消する試みが行われている（次頁（4）原因帰属理論参照）。

(3) 自己原因性

自己原因性（personal causation）とは，人が外部からの強制や圧力によってではなく，自らが行動を始発しているという感覚のことを指し，人は自分が行動の原因であることを求める動機づけ傾向をもっているという（ド・シャ

ーム, 1980)。自らを変化の原因そのものとして実感することを大切にするもので, この自己原因性の感覚は, 前述した学習性無力感とは正反対の感覚と考えられる。

　自らの行動の原因が自分である（指し手：origin）と知覚している場合は内発的に動機づけられ, 積極的に挑戦するのに対して, 自分の行動が外的な力によって決定されている（コマ：pawn）と認知すると外発的に動機づけられていると感じ, 消極的で挑戦を避けるという。

　ド・シャーム（1980）によれば, 自分を取り巻く状況を正しく見つめ, 達成可能な目標を設定し, そのための手段の選択や計画を立てるように支援することなどを通して生徒の自己原因性は高まり, 動機づけや学業成績が向上することが明らかにされている。自己原因性の概念は, その後の内発的動機づけ理論における自律性（自己決定）への欲求などに受けつがれている。

(4) 原因帰属理論

　原因帰属理論（causal attribution theory）とは, 期待価値理論の1つに分類される理論で, 原因帰属のあり方, すなわち, 達成課題で経験した成功・失敗の原因をどのように認知するかが期待や価値（感情）を規定するという立場である（Weiner, 1972）。

　表2-1が示すように, 原因帰属の対象となる要因としては「能力・努力・課題の困難度・運」があり, いかなる状況においても安定しているか不安定かという安定性の次元と, 人の内に存在するのか外部に存在するのかという統制

表2-1　原因帰属理論（Weiner, 1980を一部改変）

先行条件	⇒	原因帰属因	⇒	原因の次元	⇒	心理的効果（動機づけ）	⇒	行動
・特定の情報 ・原因スキーマ ・個人差 ・強化スケジュール ・他者		・能力 ・努力 ・課題の困難度 ・運		・安定性 ・統制の位置	⇒	・期待の変化 ・自尊感情		・選択 ・遂行量 ・持続性

27

の位置次元で分類される。そして，安定性の次元が期待の変化に，統制の位置次元が自尊感情（価値）に影響するとされる（その後，ワイナー（Weiner, 1979）によって，統制可能性が第3の次元として加えられている）。

一般に，達成動機の高い人は成功の原因を能力や努力に帰属させることで自信を高め，失敗を努力不足に帰属させることで失敗しても努力や持続性を高める傾向にある。一方，達成動機の低い人は成功の原因を外的要因に帰属させることで自信をもつことができず，また，失敗の原因を能力不足に帰属させることでこれからも失敗が続くという否定的な期待をもつ傾向がある。このような原因帰属の違いに注目し，失敗の原因帰属を能力不足から努力不足に変えることで動機づけを向上させる再帰属訓練が試みられている（Dweck, 1975）。

(5) 達成目標理論

達成目標理論（achievement goal theory）とは，個人が達成場面で設定する目標の種類やその意味付けが動機づけを規定すると考える立場で目標理論ともいう。目標は何がしたいのかという行動の方向性や選択にかかわる概念であり，価値に近いといえる。

達成目標の種類としては，一般に，練習や努力を重視し，スキルの向上や新しいスキルのマスターを目標とする学習目標（熟達目標あるいは課題目標とも呼ばれる）と，能力を重視し，他者より優れていることを誇示し，高い評価を得ることを目指す遂行目標（成績目標あるいは自我目標とも呼ばれる）に大別される。ドウェック（Dweck, 1986）によれば，能力が増大すると考えている人は学習目標を設定しやすく，能力の高低にかかわらず熟達志向的になる。それに対して，能力が固定していると考えている人は遂行目標を設定しやすい傾向にあり，能力が高い場合は熟達志向的になるが，能力が低い場合は無力感に陥りやすいという（表2-2）。

仲間との競争で勝利のみを追い求めたり，自分の成績を人がどのように判断するのかを気にするよりも，課題を身につけることに集中するほうが望ましいことから，遂行目標よりも学習目標のほうが動機づけに好ましい影響を与えると考えられている。実際，学習目標はより大きな努力と粘り強さ，より深い学習方略の使用などとの関連が報告されているのに対して，遂行目標は表面的な

表2-2　達成目標理論 (Dweck, 1986)

知能観	達成目標	有能さに対する自信	学習行動
固定観 ➡	遂行目標 ➡	高い ➡	熟達志向型
		低い ➡	無気力型
拡大観 ➡	学習目標 ➡	高い ➡	熟達志向型
		低い ➡	熟達志向型

浅い学習方略や自己防衛的な行動との関連が報告されている (Lochbaum and Roberts, 1993)。

　近年,動機づけに否定的な影響をもつと考えられてきた遂行目標は,接近-回避の次元によって遂行接近目標と遂行回避目標の2つに分類され,遂行回避目標が低い自己効力感やテスト不安など動機づけに負の影響があるのに対して,遂行接近目標は熟達目標を補完する可能性があることが見出されるようになっている (Elliot and Harackiewics, 1996)。また,実際の学習場面では,達成目標だけではなく,向社会的目標や規範順守目標といった社会的責任目標が重要であることが示される (中谷, 2001) など,目標理論は拡大される傾向にある。

(6) 動機づけ雰囲気

　通常の学習や練習が仲間や教師・コーチとの相互作用によって行われることは自明であり,個人の動機づけは個人を取り巻く環境要因からの影響を強く受けていると考えられる。動機づけ雰囲気 (motivational climate) とは,達成目標が個人の目標を扱っているのに対して,学校,クラスやチームといった集団がもつ目標に拡大した概念であり,目標構造 (goal structure) とも呼ばれる。

　個人の達成目標と同様に,動機づけ雰囲気にも,熟達雰囲気と遂行雰囲気の2つが想定されており,一般に,熟達雰囲気は熟達目標を,遂行雰囲気は遂行目標をというようにそれぞれ対応した影響を及ぼすことが明らかにされている。したがって,教師やコーチは,その指導においてそれぞれのスキルを最大限伸ばすことを重視するとともに,個人の進歩よりも他者との比較を強調したり過度に結果や成績を強調することで不安を作り出すことのないような配慮をする

表2-3　クラスの雰囲気と達成目標 (Ames and Archer, 1988)

雰囲気の次元	熟達目標	成績目標
1．成功の定義…	上達・進歩	高い順位・他者より良い成績
2．価値…	努力・学習	他者より高い成績
3．満足の理由…	熱心な取り組み・挑戦	他者より優れた結果
4．教師の志向…	生徒がどのように学習しているか	生徒がどのような成果をあげているか
5．誤りや失敗の捉え方…	学習の一部	不安を喚起するもの
6．注意の焦点…	学習のプロセス	他者と比較した自分の成績
7．努力する理由…	新しいことを学習するため	良い成績・他者よりも優れた成績を出すため
8．評価の基準…	絶対的基準・進歩	相対的基準

必要があるといえる。動機づけはこれまで個人の問題として扱われることが多かったが，動機づけ雰囲気に関する研究は，学習環境や集団への働きかけという動機づけ研究の新たな方向性を提供している点で重要であると考えられる。

(7) 自己決定理論

　自己決定理論 (self-determination theory) とは，外発的動機づけから自律的動機づけへの変化を扱った理論で，認知的評価理論，有機的統合理論，基本的心理欲求理論などの5つの下位理論から構成されている (Deci and Ryan, 2002)。

　例えば，認知的評価理論は，外的な報酬によって内発的動機づけが低下するというように社会的文脈が内発的動機づけに及ぼす影響を扱っている。また，有機的統合理論では，外発的動機づけを自律性（自己決定）の度合いにより，4つの自己調整，すなわち，外部からの強制や圧力によって行動している「外的調整」，課題の価値を取り入れつつあるが義務感ややらないことに伴う罪悪感を回避しようとして行動している「取り入れ的調整」，自分にとって重要だからやるというように積極的に課題の価値を受け入れている「同一化的調整」，最も価値の内在化が進み自然と行動する「統合的調整」に分類した。そして，行動を起こさない無力・無関心状態としての「無動機づけ (amotivation)」

動機づけの タイプ	無動機づけ	外発的動機づけ				内発的動機づけ
調整の タイプ	無調整	外的 調整	取り入れ的 調整	同一化的 調整	統合的 調整	内発的 調整
行動の質	非自己決定					自己決定

図2-1　自己決定連続体（Ryan and Deci, 2002）

を加え，自律性（自己決定）の程度によって「無動機づけ⇔外発的動機づけ⇔内発的動機づけ」の連続体上に位置づけた（図2-1）。

この理論は，内発か外発かといったこれまでの動機づけの二分法的理解から脱却し，ややもすると否定されがちであった外発的動機づけを再評価している点に特徴がある。さらに，基本的心理欲求理論では，価値の内在化（動機づけの自己決定への移行）に，自律的になりたい（自律性への欲求），有能になりたい（有能さへの欲求），人とかかわりをもちたい（関係性への欲求）という3つの心理的欲求の充足が重要であることも指摘している。

(8) 内発的・外発的動機づけの階層モデル

バレランド（Vallerand, 2001）は，自己決定理論に基づき，内発的・外発的動機づけの階層モデルを提唱している（図2-2）。このモデルは，動機づけに全体（性格），文脈，状況の3つのレベルからなる階層構造を仮定し，各レベルの動機づけが相互に影響すると考える。そして，各レベルでは，社会的要因が自律性，有能さ，関係性の3つの心理的欲求（の充足）を媒介して動機づけと結果に影響することが仮定されている。

このモデルは，意欲の高い人や低い人というように全体（性格）レベルでの動機づけに個人差があることと同時に，同じ個人であっても，生活の文脈によって，また，その時々の状況に応じて動機づけに波があることを示している。

第Ⅰ部　動機づけの基礎を学ぶ

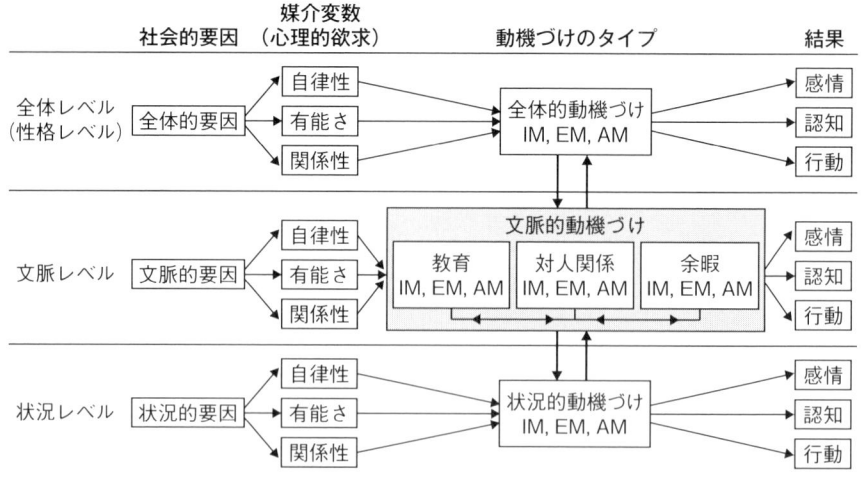

図2-2　Vallerandの内発的・外発的動機づけの階層モデル
(Vallerand, 2002を一部改変)

第3節　運動パフォーマンスに関する理論

(1) 動機づけの最適水準（逆U字仮説）

　運動パフォーマンスに最も良い影響を及ぼす動機づけの状態とは，どのようなものであろうか。やる気がない，気分が乗らない，リラックスしすぎてダラダラしている状態は，動機づけの低すぎる状態である。一方，入れ込みすぎ，力みすぎ，カッカしすぎている状態は，動機づけの高すぎる状態である。課題をうまく遂行するためには，適度な動機づけの状態が望ましい（図2-3）。これを逆U字仮説という。一般に，課題の遂行は覚醒が高まることによって促進されるが，覚醒がある水準を超えると課題の遂行はかえって妨げられる。動機づけについても同様で，動機づけが高まるにつれ，課題がうまく遂行できるが，動機づけが一定の水準を超えると，かえって課題がうまく遂行できなくなる。適度に動機づけられた状態は，ピークパフォーマンス，ゾーン，フローといった最高の状態に至るための必要不可欠な条件となろう。

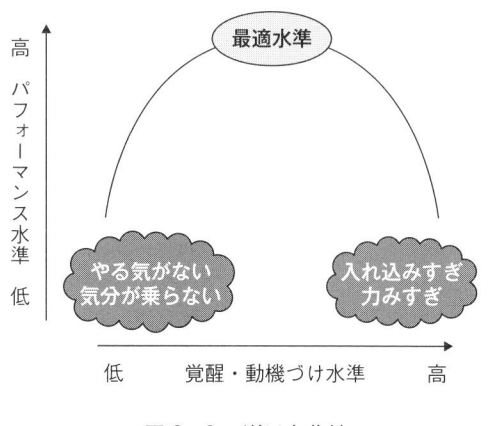

図2-3 逆U字曲線

　そこで，動機づけの低すぎる状態や高すぎる状態をいかに最適に動機づけされた状態にもっていくかが重要となる。その際に用いられるのがリラクセーションやアクティベーション（サイキングアップ）といったメンタルトレーニング技法である。詳しい説明はここでは割愛するが，リラクセーションは，動機づけ・覚醒・緊張が高すぎる状態からそれを鎮める方向にもっていく技法である。多くの人がよく知っている深呼吸などは，その方法の1つである。反対に，アクティベーションは，動機づけ・覚醒・緊張が低すぎる状態からそれを高める方向にもっていく技法である。プロレスの入場曲で，乗りの良い音楽を使ったりするのは，その方法の1つである。

(2) 課題の困難度と個人差

　スポーツには様々な種類があるが，それらには一様に最適な動機づけ水準があるのであろうか。例えば，アーチェリー，射撃，ゴルフのパット，バスケットボールのフリースローなどは，比較的覚醒水準が低い状態でなければうまく技能を遂行することができない。一方，陸上の投擲競技，ウエイトリフティング，アメリカンフットボールやラグビーのタックルなどは，比較的覚醒水準が高い状態のほうが技能をうまく遂行できるであろう。概して，クローズドスキル，技能発揮に重きがおかれているような場面では，最適な覚醒水準は低くな

り，オープンスキル，力量発揮に重きがおかれているような場面では，最適な覚醒水準が高くなる傾向にあるといえよう。

　このような問題に関して，ヤーキーズとドットソン（Yerkes and Dodson, 1908）は，すべての課題にはそれを行うのに最適な覚醒水準があり，課題が困難なほどその最適水準は低くなり，逆に課題が容易なほどその最適水準は高くなると主張し，これは後にヤーキーズ・ドットソンの法則と呼ばれるようになった。難しい課題を解決するためには，過剰に動機づけられていると具合が悪く，少し冷静にならなければならない。反対に，ある程度，簡単な課題に対しては，意図的にやる気を高めなければならないこともあるということである。

　また，実現が困難そうに見えることに挑戦するほうが好きな人や，着実にできることを積み重ねていくタイプの人間もいる。個人の性格や特性によっても，課題を行うのに最適な覚醒水準があることを覚えておかねばならない。

(3) リバーサル理論

　リバーサルという言葉は，ある動機づけ状態から別の動機づけ状態への"切り替わり"を表している。例えば，初めはスポーツを楽しんでいたところから，何かのキッカケがあって，勝ちたい，記録を出したいと思うようになることがある。また，ルールを遵守していた選手が，相手のプレーによって報復するような事態も起こる。あるいは，チームの出来が悪く，チームプレーを捨て，個人プレーに走ってしまう選手がいるかもしれない。反対に，1人では戦えないことを悟って，チームの一員として協力的になることもあろう。リバーサルは，このような場面を説明可能にする概念である。

　アプター（Apter, 1982）が唱えたリバーサル理論（reversal theory：反転理論）では，動機づけを個別，固定的ではなく，状況により変わるダイナミックなものとして，その全体像を系統的に捉えようとしている。具体的には，以下の双極的な4つの次元を想定しており，それら四次元の総体として動機づけを捉えようとしている。

1．目的次元：目標優先志向（達成する）と楽しみ優先志向（楽しむ）
2．規範次元：順応志向（溶け込む）と否定・抵抗志向（自由である）
3．関係性次元：支配・優越志向（統制力をもつ）と共感志向（人を思いや

４．方向性次元：自己志向（個人主義）と他者志向（他者と協力する）

　これら計８つの動機づけ状態は対になっており，４対の動機づけのどちらか一方のみが作動している間はもう一方は決して作動しない。

　リバーサルは，意識されずに生じるのであるが，そのリバーサルを引き起こす要因としては，状況，フラストレーション，飽和があげられる。その中で，"場所を変える"ことが，我々に馴染みがあり，かつ統制可能で効果的な方法であろう。

(4) フロー理論

　フロー（flow）は，ポジティブな側面から心理面を捉えるポジティブ心理学の流れの中心的概念を担うものである。フローの概念はチクセントミハイ（Csikszentmihalyi, 1975）によって定義され，１つの活動に深く没入しており他の何ものも問題とならなくなる状態，その経験自体が非常に楽しいと感じられ，純粋にその行為のために多くの時間や労力を費やすような状態である。チクセントミハイは，チェスやロッククライミング，ダンス，バスケットボール，手術，作曲，航海など多岐にわたる分野で自己目的的な活動に携わる多くの人々が，自分が最高の状態の時にどのように感じたかについて「流れている（flow）ような感じだった」「私は流れ（float）に運ばれた」などと説明したところから，この状態を"フロー"と名付けた。雨宮・生田（2008）は，「フローとして経験される感情状態は，自己決定理論でいう外発的動機づけから内発的動機づけに至る連続体の中で，内発的動機づけの極における感情状態として位置づけることができる」と述べている。

　フローには９つの構成要素・特性が見出されている。第１の特性は「挑戦と技能のバランス」である。フローが生じる必要条件として，自分のもっている技能水準と挑戦水準のバランスが取れていることがあげられる（図２−４）。第２の特性は「行為と意識の融合」である。自分のしていることにあまりにも深く没入しているので，その活動が自然発生的，ほとんど自動的になるということである。第３の特性は「明確な目標」であり，活動の目標が明確であり，自分のすべきことが明確になっていることである。第４の特性は「はっきりとし

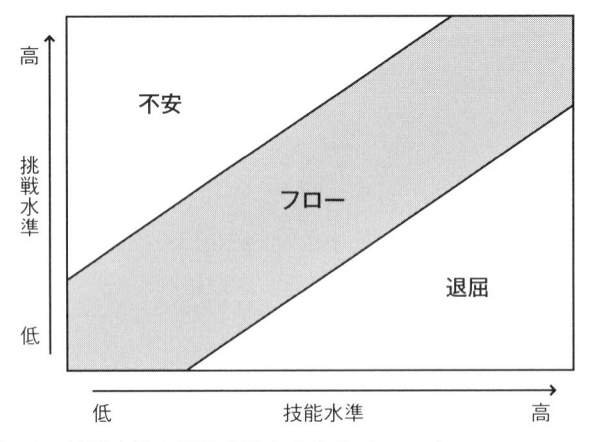

図2-4　技能水準と挑戦水準からみるフロー (Csikszentmihalyi, 1990)

た知覚的フィードバック」である。フローに完全に没入できるのは，目標が常に明確でフィードバックが直接的であるからであり，自分の状態の正確な把握につながる。第5の特性は「今この場の課題への集中」である。フローには楽しい活動を行っていることへの完全な注意の集中が必要とされる。第6の特性は「コントロール感」である。通常の多くの生活状況で典型的に現れる統制喪失の懸念が欠如している状態であり，自分の行為や周りの状況もコントロールできるという感覚である。第7の特性は「自意識の消失」である。今いる現実世界から自己が切り離されると，しばしば環境と融合する感覚を伴う。すると，自分という存在の境界が押し広げられたという感覚にまで自己超越を導き出すことができる。第8の特性は「時間知覚の変容」である。時間が普通とは異なる速さで進み，現実と主観の時間経過が異なるということである。第9の特性には，以上の8特性を踏まえた上での「それ自体が目的となる楽しい経験」が含まれる。最適経験の基本要素は，それ自体が目的であるということである。たとえ初めは他の理由で企てられたとしても，我々を夢中にさせる活動は，内発的報酬をもたらすようになる。杉山（2004）が日本人アスリートを対象に行った研究においても，探索的因子分析の結果，先述の9特性に含まれる内容が統合された7因子が見出されている。

　フローとピークパフォーマンスが結びつけられることがあるが，フローは勝

敗や結果に左右されることはない。それ自体がもっと楽しいと感じられる内発的な経験である。

(5) IZOF理論

　一見肯定的なリラックス，自信があるといった情動でも，その個人にとってはマイナスの要素となったり，心配，怒っているといった否定的な情動が，かえってプラスの方向に働くこともある。ハニン（Hanin, 1997）は，スポーツパフォーマンスに影響する情動の種類は，個人によって異なり，最適な水準（強度）にも個人差があるというIZOF（Individual Zones of Optimal Functioning）理論を提唱した。心理的側面において，従来，不安などの否定的な情動のみが取り上げられることが多かったが，ハニンは，個を意識し，否定的な情動のみならず，肯定的な情動の側面も考慮した，より総合的な情動状態とスポーツパフォーマンスの関係を探った。

　IZOF理論では，情動を「P＋」「P－」「N＋」「N－」の4つに分類している。"P"は一般的にポジティブ，"N"は一般的にネガティブと捉えられる情動，"＋"は選手のパフォーマンスにプラス，"－"はマイナスの作用をもたらす情動を示している。例えば，「P－」については，"P"である自信をもちすぎることによって，油断をしてしまって，本来のプレーができなかったりすることがある。「N＋」については，"N"であるプレッシャーを感じることで，やる気になり，良いパフォーマンスにつながる場合もある。ポジティブな情動が良く，ネガティブな情動が悪いといった一義的な解釈をするのではなく，このIZOF理論は，その個人にとって最適なパフォーマンスにつながるような情動を自分自身で見つけ出すのに有用な理論といえよう。

●文献

雨宮俊彦・生田好重（2008）動機づけのダイナミズム．関西大学社会学部紀要，39（3）：123-165．

Ames, C. and Archer, J. (1988) Achievement goal in the classroom: Students' learning strategies and motivational processes. Journal of Educational Psychology, 80: 260-267.

Apter, M.J. (1982) The experience of motivation: the theory of psychological reversals. Academic Press.

Atkinson, J. W. (1964) An introduction to motivation. Princeton, D. VanNostrad.

ド・シャーム：佐伯　胖訳（1980）やる気を育てる教室－内発的動機づけ理論の実践．金子書房．

Csikszentmihalyi, M. (1975) Beyond Boredom and Anxiety. Jossey-Bass.

Csikszentmihalyi, M. (1990) Flow: The psychology of optimal experience. New York: Harper & Row.

Deci, E. L. and Ryan, R. M. (Eds.) (2002) Handbook of self-determination research. The University of Rochester Press.

Dweck, C. S. (1975) The role of expectation and attribution of learned helplessness. Journal of Personality and Social Psychology, 31: 674-685.

Dweck, C. S. (1986) Motivational processes affecting learning. American Psychologist, 41: 1040-1048.

Elliot, A. J. and Harackiewics, J. M. (1996) Approach and avoidance achievement goals and intrinsic Motivation: A meditational analysis. Journal of Personality and Social Psychology, 70: 461-475.

Hanin,Y. (2000) Emotions and athletic performance: Individual zones of functioning model. European Yearbook of Sport Psychology, 1:29-72.

Lochbaum, M. and Roberts, G. C. (1993) Goal orientations and perceptions of the sport experience. Journal of Sport and Exercise Psychology, 15: 160-171.

中谷素之（2001）社会的動機づけの発達と学業達成過程－社会的責任目標研究に関するレビュー－．名古屋大学大学院教育発達科学研究科紀要（心理発達科学），48：17-232.

Ryan, R. M. and Deci, E. L. (2002) Overview of self-determination theory: An organismic dialectical perspective. In Deci, E. L. and Ryan, R. M. (Eds.) Handbook of self-determination research, The University of Rochester Press, pp.3-33.

セリグマン：平井　久・木村　駿監訳（1985）うつ病の行動学－学習性絶望感とは何か．誠信書房．

杉山卓也（2004）質問紙を用いたFlow及びその周辺概念に関する研究．スポーツ心理学研究, 31（1）：35-48.

Vallerand, R. J. (2001) A hierarchical model of intrinsic and extrinsic motivation in sport and exercise. In: Roberts, G. C. (Ed.) Advances in motivation in sport and exercise. Human Kinetics, pp.263-319.

Weiner, B. (1972) Theories of motivation: From mechanism to cognition. Rand McNally.

Weiner, B. (1979) A theory of motivation for some classroom experiences. Journal of Educational Psychology, 71: 3-25.

Weiner, B. (1980) Human motivation. Holt, Rinehart and Winston, p.392.

コラム①

やる気と脳科学

(1) 脳の中の2つの注意ネットワーク

例えば，今あなたは授業を聞いているとしよう。最初はもちろんやる気が続いて一生懸命授業に集中することができていたが，やがてだんだんとやる気も薄れ，目は開いて黒板のほうを向いているのに頭ではまったく違うことを考えてしまっている。その時，突然に教師が面白い昔話を始めたとしよう。そうすると，別のことを考えていたあなたの意識は自然と教師に向けられ，スムーズにその言葉が頭に入ってくる。

このような自然と動機づけが高まっている状態の時，脳の中ではどのようなことが起きているのであろうか？ 脳の中には，2つの注意をコントロールする神経ネットワークがあるといわれている。1つ目のネットワークは，脳の比較的上層部にある実行ネットワーク（executive network）と呼ばれている。この実行ネットワークは，ある行動を起こそうとした時にそれに必要な注意の配分を司るといわれている。上記の例でいえば，教師のいうことを理解し，ノートに取ろうとする時に働く注意ネットワークだと考えられる。2つ目のネットワークは，顕著性ネットワーク（salience network）と呼ばれるものであり，出来事の顕著な特性（何かハッとするようなこと）を検出し，それに対して必要な注意を無意識的にコントロールしていると考えられている。実行ネットワークが脳の上層部に位置するのに対して，この顕著性ネットワークは，脳のより下のほうに位置している。このネットワークは「突然に教師が面白い昔話を始めた」といったハッとするような顕著な出来事を把握し，その出来事に対して実行ネットワークをコントロールして，注意をその方向に向けさせるようにしているのではないかと考えられている。特に，興味深いのは，この顕著性ネットワークは，脳の右半球でより働くといわれていることである。脳の右半球は感情と深いかかわりがあるとよくいわれるが，この顕著性ネットワークが右半球優位に機能することから由来するものなのかもしれない。

(2)「やる気」に関与する脳の中の隠された島

この顕著性ネットワークの中で最も重要な役割を果たしているのが島皮質（「し・まひしつ」ではなく，「とう・ひしつ」と読む）と呼ばれる脳部位である。島皮質には，以下の2つの機能があると考えら

れている。1つは物事の顕著性を判断しそれに伴い，実行ネットワークをコントロールする働きである。もう1つは，身体からの情報を感知し，それを感情に変えるという働きがあげられる。例えば，心臓がドキドキした時にその情報は島皮質に送られることによって「怖い」という感情が発生すると考えられている。つまり，島皮質は身体の状態をもとに注意や意思決定に影響を与える働きをもっており，「やる気」の発現に大きく関与している可能性がある。

(3) 「やる気」を引き出す身体の状態

脳科学では，動機づけは主に「報酬 (reward)」という観点から研究がなされてきている。これらの外発的動機づけでは，脳の線条体と呼ばれる脳領域などが関与していることがわかっている。しかし，外発的な報酬無しに出現する内発的な動機づけでは，島皮質を含む顕著性ネットワークが関与しているのかもしれない。ある課題に対して「やる気がある」「やる気がない」というのは，島皮質の顕著性ネットワークが，その課題の価値・意味・意義・顕著な特徴を評価し，そして実行系の注意ネットワークをコントロールしているのかもしれない。さらに，それらの活動は身体の状況によって大きく左右される可能性がある。このようなことを考えると，他者の動機づけを高めるには，①その対象が何らかの価値・意味・特徴などの「顕著性（salience）」をもっていること，②顕著性は受け手の身体の状態（すなわち感情）の影響を受ける，ということを理解するのが重要になってくる。

(4) 健全な「やる気」は健全な身体に宿る

学校教育の場では，朝食をしっかり摂ってくること，前の晩によく寝て睡眠時間を十分に確保するようにと教えられるが，島皮質や脳内の注意ネットワークを考えると，「やる気」を引き出すには，日常生活を整え，身体を良好な状態に保つことが非常に重要だと考えられる。身体の状態は，島皮質を経由して感情に変換され，そして注意ネットワーク活性，すなわち「やる気」に影響を与えるのである。

近年，脳科学においては，機器の発達により様々な心理現象が解明されてきた。しかし，研究が進めば進むほど，「昔からいわれていたことが正しかった」と証明されることが多くなってきている。

第3章
スポーツ動機づけの測定尺度

　スポーツの動機づけ研究において，動機づけおよびそれに関連する変数をいかにして測るのかという問題は，非常に重要である。西田（2004）によれば，1960年代あたりから質問紙法による動機づけ尺度が数多く開発されるようになったが，その背景には，質問紙法と同様に動機づけの測定に用いられてきた投影法の信頼性や実用性を再検討する必要性のあったことが指摘されている。それ以降，現在に至るまで，動機づけ研究のための心理尺度が多く開発されてきた。それらの中には，スポーツや体育の場面に限定された尺度も多くある。

　心理尺度とは，認知，行動，情動などにかかわる個人の心理的特徴を測定するものであり，当該概念を反映する複数の項目群から構成される物差しのことをいう。そして，心理尺度が測定したい内容を的確に測定するためには，以下のような条件が求められている。すなわち，何を測るのかという測定概念が明確であること，測定の結果が安定していること（信頼性），そして測りたいものが確かに測られていること（妥当性）である。

　心理尺度によって評価・診断されたものは数値化され，我々が関心を示す対象者の心理的特徴を把握するのに使用される。ある時は，その数値は集団間で比較されたり，他の心理的変数との関連を検討したりするのに使用される。また，ある時は個人の心理的特徴を特定することに使用され，それによって集団内におけるある個人の位置づけを把握することも可能となる。いうまでもなく，これまでのスポーツや体育にかかわる動機づけ研究において，心理尺度は不可欠であった。本章では，スポーツや体育の場面で開発された動機づけ尺度のうち代表的なものをいくつか紹介する。

第1節 スポーツへの動機づけ

(1) 体協競技意欲検査（松田ほか，1981）

　体協競技意欲検査（Taikyo Sports Motivation Inventory: TSMI）は，スポーツ選手の競技意欲を広範囲にわたって評価・診断する測定尺度である。日本体育協会スポーツ医科学委員会研究プロジェクトチーム「スポーツ選手の心理的適性に関する研究班」によって，1981年に作成された。TSMIは，目標への挑戦，技術向上意欲，困難の克服，勝利志向性，失敗不安，緊張性不安，情緒安定性，精神的強靱さ，コーチ受容，対コーチ不適応，闘志，知的興味，不節制，練習意欲，競技価値観，計画性，努力への因果帰属の17下位尺度で構成されている。項目数は146である。

　TSMIの信頼性，妥当性はともに高いことが報告されており，競技者の心理的適性やメンタルトレーニングの効果を検討した研究などにおいて広く使用されている。

(2) 繰り返し可能な競技意欲検査（吉沢ほか，1991）

　メンタルトレーニングの効果を検討する上で，先に紹介したTSMIを用いることは有効であるが，その継続的な使用においては次のような問題点が指摘される。すなわち，TSMIは質問項目（146項目）が多いために回答に時間がかかること，簡単に得点化できるテスト形式ではないので結果を選手にフィードバックする際に時間がかかること，因子数が多く（17因子），その中にはメンタルトレーニングの効果として変化が表れにくい因子も含まれていることである。そこで，吉沢ほか（1991）は，これらの問題点を解決するために，繰り返し測定が可能で，結果のフィードバックがすぐにできる競技意欲検査（Sport Motivation Inventory: SMI）を作成した。この検査は，TSMIを2分した項目の因子分析で抽出された因子からなる平行テストであり，SMI-AとSMI-Bの2つがある。それぞれのテストは，やる気，冷静さ，闘志，コーチ受容，反発心，不安の6下位尺度で構成され，項目数は，各4項目の計24項目である。

　この尺度の信頼性と妥当性は，吉沢ほか（1992）によって検討されている。

まず，信頼性については各下位尺度のα係数が算出され，その値はSMI-Aが.64から.78の範囲，SMI-Bが.70から.79の範囲であった。また，平行テストとしての信頼性を検討したところ，SMI-AとSMI-Bの各下位尺度間の相関係数は.67から.73の範囲であった。妥当性については，基準関連妥当性が検討された。すなわち，SMI-AとSMI-Bの各下位尺度とTSMIの該当する尺度との相関係数が算出された。それらの値は.56から.81の範囲であった。以上のことから，SMIの信頼性と妥当性は，ともに満足できると判断された。

(3) 課題・自我目標志向性尺度 (Duda, 1989)

達成行動場面での動機づけを説明する理論に達成目標理論がある。そこでは，質的に異なる2つの目標，すなわち課題志向性と自我志向性が想定されている（第2章第2節(5)参照）。デューダ (Duda, 1989) は，運動やスポーツ場面においてこれらの志向性を測定する課題・自我目標志向性尺度 (Task and Ego Orientation in Sport Questionnaire: TEOSQ) を開発した。TEOSQは，課題志向性と自我志向性の2下位尺度で構成されている。項目数は，各6項目の計12項目である。

信頼性の検討には，異なる2つのサンプルで下位尺度のα係数が算出され，いずれも高い値が示された（課題志向性：.82と.62；自我志向性：.89と.85）。また，妥当性については，TEOSQとスポーツの目的との関連性が検討され，両者の間に概念的な一貫性が認められた。さらに，TEOSQの信頼性と妥当性に関しては追試も行われた。デューダとホワイト (Duda and White, 1992) は，エリート競技者を対象として調査を行い，下位尺度のα係数や予測的妥当性を検討した。また，リーほか (Li et al., 1996) は構造方程式モデリングによってTEOSQの構成概念妥当性を検討した。これらの検討結果は，いずれもTEOSQの信頼性と妥当性の高さを示すものであった。

(4) スポーツ動機づけ尺度 (Pelletier et al., 1995)

スポーツ動機づけ尺度 (The Sport Motivation Scale: SMS) は，自己決定理論に依拠して大学生の競技者用に作成された尺度である。自己決定理論による動機づけの分類に基づき，無動機づけ，外発的動機づけ，内発的動機づけ

の3つの動機づけが設定されている（第2章第2節（7）参照）。そして，外発的動機づけは，外的調整，取り入れ的調整，同一視的調整といった下位尺度で，また内発的動機づけは，知識，成就，刺激体験といった下位尺度で，それぞれ測定されている。SMSでは，内発的動機づけを単一ではなく3つの下位概念として設定していることから，活動の目的である楽しさや喜びをどのような下位概念に求めているのかを理解することが可能である。項目数は，7下位尺度に対して各4項目の計28項目である。

尺度の信頼性を示すα係数の値は，各下位尺度において十分な値であった。また，5週間後の再テスト法でも，信頼性係数は高い値であったことが報告されている。尺度の妥当性については，7下位尺度と関係のある変数として，有能感知覚とコーチの対人行動が取り上げられ，これらとの関連性からSMSの構成概念妥当性が検討された。その結果，SMSの妥当性は高いことが報告された。

第2節　体育における動機づけ

(1) 体育における学習意欲検査（西田，1989；2004）

西田（1989；2004）は，体育における学習意欲を「体育における学習活動を自発的，積極的に推進させ，それらの学習を一定の卓越した水準まで到達させようとする内発的動機づけ」であると定義し，達成動機づけを中核とした体育における学習意欲検査（Achievement Motivation in Physical Education Test: AMPET）を作成し，その標準化を試みた。AMPETは，①学習ストラテジー，②困難の克服，③学習の規範的態度，④運動の有能感，⑤学習の価値，⑥緊張性不安，⑦失敗不安という7下位尺度とL尺度から構成されている。なお，これらのうち，学習ストラテジーから学習の価値までの下位尺度は，体育学習へ積極的に努力する接近傾向を測定し，緊張性不安と失敗不安の下位尺度は，体育学習から回避しようとする傾向を測定する。

AMPETの信頼性は，α係数と再テスト法により検討されている。各下位尺度のα係数は.80から.95の範囲であり，また，再テスト法の相関係数は.65から.88の範囲であった。このことから，AMPETの信頼性は十分に高いといえる。

妥当性については，①運動能力テスト，体育の成績，体育教師の評価との関連性，②学習動機診断検査（MAAT）との関連性，③因子分析，④運動実施の興味，体育授業の楽しさ，運動能力の自己認知との関連性，⑤運動実施の頻度と1日あたりの運動時間との関連性，⑥運動クラブへの入部状況と出場大会の規模との関連性などの各側面から検討された。それらの結果は，AMPETの妥当性を支持するものであった。

　西田（1989）は，体育における学習意欲の尺度を開発する意義として，個人差としての学習意欲の診断可能性，学習意欲を高めると思われる様々な指導法の有効性についての客観的検証，体育の成績や運動能力などの諸指標との関連性の把握，加齢に伴う学習意欲の変化の把握などをあげている。

(2) 体育における学習意欲診断検査（西田，2003；Nishida, 2007）

　体育における学習意欲診断検査（Diagnosis of Learning Motivation in Physical Education Test：DLMPET）は，教師が子どもの学習意欲を高めようとする際に有益な情報を提供することを目的とした，体育における学習意欲を多面的・総合的に診断する検査である。DLMPETは次の6つの指標を診断に用いる。第1は「体育における学習意欲」で，短縮版AMPETの7下位尺度によって測定される。第2は「学習意欲の類型（タイプ）」で，AMPETの結果から体育における学習意欲のタイプが特定される。第3の「学習意欲の支持要因」は，何が体育における学習意欲を支えているのかを測定する。第4の「学習行動の選好」では，体育の学習場面で子どもがどのような学習行動を好むのかが調査される。そして，第5，第6として「他教科の興味」と「諸活動の興味と体育の楽しさ」が調査される。各指標の内容は，表3-1の通りである。

　各尺度の信頼性は，α係数と4週間後の再テスト法により検討されており，それらの信頼性係数は十分に高い数値を示していた。また，妥当性については，因子的妥当性が確認されている。西田（Nishida, 2007）によれば，DLMPETを使用した5名の体育教師は，この診断検査の現場での使用に肯定的であったことが報告されている。子どもの体育授業への動機づけを高めるために，DLMPETの有効利用が望まれる。

表3-1　DLMPETの測定内容

1. 体育における学習意欲：学習ストラテジー，困難の克服，学習の規範的態度，運動の有能感，学習の価値，緊張性不安，失敗不安
2. 学習意欲の類型（タイプ）：意欲型，平均型，意欲葛藤型，無意欲型，不安型，能力不安型
3. 学習意欲の支持要因：授業の興味，めあて設定，上達の予想，教師の指導，友人の支援，授業の雰囲気，身体的健康
4. 学習行動の選好：個人志向，集団志向，熟慮志向，活動志向，競争志向
5. 他教科の興味：国語，算数，理科，社会，音楽，図工，体育，家庭，道徳，総合学習
6. 諸活動の興味と体育の楽しさ：勉強，運動・スポーツ，屋内遊び，屋外遊び，テレビ視聴，音楽鑑賞，歌唱，漫画，読書，絵画，創作，現在行っている体育の楽しさ

(3) 児童用体育学習動機測定尺度 (伊藤・藤田, 2006)

　伊藤・藤田（2006）によって開発された児童用体育学習動機測定尺度（Learning Motive Scale in Physical Education: LMS-PE）は，達成目標理論の視点から小学生の体育の学習動機を測定するものである。下位尺度には，充実志向，承認志向，実用志向，集団志向，成績志向，優越志向がある。各下位尺度とも4項目の計24項目で構成されている。

　尺度の信頼性に関して，下位尺度毎のα係数は.74から.84の範囲にあった。また，尺度の安定性が1ヵ月後の再テスト法によって検討され，信頼性係数は十分な数値を示していた。これらの結果から尺度の信頼性は高いといえる。妥当性については，現職の小学校教員により下位概念設定の妥当性と下位尺度を構成する項目群の内容的妥当性が検討された。また，体育における学習意欲，スポーツにおける目標志向性，運動有能感などとの関連性が検討され，LMS-PEが妥当性を備えた尺度であることが確認されている。

　LMS-PEに含まれる下位尺度が示す概念は，いずれも体育の教育目標や学習内容などを反映したものである。LMS-PEが，小学生の学習動機の形成や変化にかかわる要因とそのメカニズムを解明するために利用されることが期待される（伊藤・藤田, 2006）。

(4) 体育授業の文脈レベルと状況レベルの動機づけ雰囲気を測定する尺度 (Papaioannou et al., 2007)

　パパイアノウほか (Papaioannou et al., 2007) は，教師が強調する達成目標に焦点を当て，体育授業用の動機づけ雰囲気尺度を作成した。動機づけ雰囲気とは，例えば，教師などの重要な他者によって作られる雰囲気のことであり，どのような目標に重点がおかれているのかということに関する個人の認知を表す (第2章第2節 (6) 参照)。この尺度は2つの動機づけ雰囲気を測定する。すなわち，バレランド (Vallerand, R. J., 1997) によって提唱された内発的・外発的動機づけの階層モデル (第2章第2節 (8) 参照) のうち，文脈レベルと状況レベルの動機づけ雰囲気を測定・評価する。いずれの尺度も，熟達目標，成績－接近目標，成績－回避目標，社会的承認目標の4下位尺度で構成されている。ただし，2つの尺度の項目数や項目記述は同一ではない (文脈レベル尺度は23項目，状況レベル尺度は27項目)。

　尺度の信頼性について，文脈レベル尺度のα係数は.73から.86の範囲であり，6週間後の再テスト法による信頼性係数も十分な高い数値を示した。また，状況レベル尺度のα係数は.78から.88であった。なお，状況レベル尺度は授業1回分の教師行動の影響を測定することが想定されているので，再テスト法による信頼性の検討は行われていない。これらの検討結果から，各尺度の信頼性は高いといえる。

　妥当性については，両尺度とも，検証的因子分析，収束的妥当性，弁別的妥当性が検討された。また，実験群とコントロール群を設定した上で，授業後に生徒が知覚する動機づけ雰囲気が検討された。いずれの検討においても尺度の妥当性を支持する結果が得られた。

　体育授業が熟達志向的な雰囲気であるという認知と，授業に対する生徒の肯定的態度や内発的動機づけとの間には関連性があることが知られている。生徒が意欲的に取り組める授業作りに向けて，この尺度の有効利用が期待される。

　本章では，これまでに開発されたスポーツや体育における動機づけ測定尺度をいくつか紹介してきた。しかしながら，紙幅の制限上，ここで紹介しきれなかった尺度も存在するので，その他の主な動機づけ尺度として表3-2に示した。

表3-2 スポーツや体育において開発された動機づけ測定尺度(本章で紹介した尺度を除く)

尺度名	作成者	下位尺度
心理的競技能力診断検査(競技意欲尺度)	徳永・橋本(1988)	忍耐力,闘争心,自己実現意欲,勝利意欲
自己動機づけ検査(Self-Motivation Inventory)	ディッシュマンほか(Dishman et al., 1980)	なし
参加動機質問紙(Participation Motivation Questionnaire:PMQ)	ギルほか(Gill et al., 1983)	達成・地位,チーム,健康,エネルギーの解放,環境要因,スキル発達,友人,楽しさ
内発的/外発的スポーツ動機づけ尺度(Intrinsic/Extrinsic Sport Motivation Scale)	ヴァイスほか(Weiss et al., 1985)	挑戦,興味,熟達,判断,基準
スポーツ競技特性調査票(Sports Competition Trait Inventory:SCTI)	ファビアンとロス(Fabian and Ross, 1984)	なし
スポーツ志向性調査票(Sports Orientation Questionnaire:SOQ)	ギルとディーター(Gill and Deeter, 1988)	競争性,対人競技での勝利願望,個人目標への達成願望
スポーツにおける個人・社会志向性尺度	磯貝ほか(2000)	スポーツにおける社会志向性,スポーツにおける個人志向性
体育における動機づけ雰囲気測定尺度(Learning and Performance Orientation in Physical Education Clime Questionnaire:LAPOPECQ)	パパイアノウ(Papaioannou, 1994)	学習雰囲気:教師による学習志向,生徒の学習志向 成績雰囲気:生徒の競争志向,生徒の失敗への恐れ,少ない努力での成功志向
スポーツにおける動機づけ雰囲気尺度(Perceived Motivational Climate in Sport Questionnaire:PMCSQ)	セイフリッツほか(Seifriz et al., 1992)	成績雰囲気,熟達雰囲気
チームメイトの動機づけ雰囲気を測定する尺度(Peer Motivational Climate in Youth Sport Questionnaire:Peer MCYSQ)	ドウマニスとヴァゾウ(Ntoumanis and Vazou, 2005)	進歩,関係性/自律支援,努力,チーム内競争,規範的能力,チーム内葛藤
運動における行動調整尺度(Behavioral Regulation in Exercise Questionnaire-2:BREQ-2)	ムーシアほか(Murcia et al., 2007)	内発的調整,同一視的調整,取り入れ的調整,外的調整,無動機づけ
自己決定理論に基づく体育授業用の動機づけ尺度	藤田ほか(2010)	内発的動機づけ,統合的調整,同一化的調整,取り入れ的調整,外的調整,無動機づけ

これらも合わせて概観してみると、とりわけ、競技意欲、参加動機、達成動機、目標志向性を測定する尺度が、これまでに多く開発されてきたと考えられる。また、最近の傾向としては、体育授業やスポーツ集団の動機づけ雰囲気を測定する尺度や自己決定理論に依拠した尺度が多く作成されているのが特徴であるといえる。

●文献

Dishman, R.K., Ickes, W., and Morgan, W.P. (1980) Self-motivation and adherence to habitual physical activity. Journal of Applied Social Psychology, 10: 115-132.

Duda, J.L. (1989) Relationship between task and ego orientation and the perceived purpose of sport among high school athletes. Journal of Sport & Exercise Psychology, 11: 318-335.

Duda, J.L. and White, S.A. (1992) Goal orientations and beliefs about the causes of sport success among elite skiers. The Sport Psychologist, 6: 334-343.

Fabian, L. and Ross, M. (1984) The development of the sports competition trait inventory. Journal of Sport Behavior, 7: 13-27.

藤田 勉・佐藤善人・森口哲史（2010）自己決定理論に基づく運動に対する動機づけの検討．鹿児島大学教育学部研究紀要人文・社会科学編，61：61-71．

Gill, D. L. and Deeter, T.E. (1988) Development of the sport orientation questionnaire. Research Quarterly for Exercise and Sport, 59: 191-202.

Gill, D. L., Gross, J.B., and Huddleston, S. (1983) Participation motivation in youth sports. International Journal of Sport Psychology, 14: 1-14.

磯貝浩久・徳永幹雄・橋本公雄（2000）スポーツにおける個人・社会志向性尺度の作成．スポーツ心理学研究，27（2）：22-31．

伊藤豊彦・藤田志保美（2006）児童用体育学習動機尺度の信頼性・妥当性の検討．山陰体育学研究，20/21：1-12．

Li, F., Harmer, P., and Acock, A. (1996) The task and ego orientation in sport questionnaire: Construct equivalence and mean differences across gender. Research Quarterly for Exercise and Sport, 67: 228-238.

松田岩男・猪俣公宏・落合 優・加賀秀夫・下山 剛・杉原 隆・藤田 厚（1981）スポーツ選手の心理的適性に関する研究－第1報，第2報－．昭和55年度日本体育協会スポーツ科学研究報告．日本体育協会スポーツ科学委員会．

Murcia, J.A., Gimeno, E.C. and Camacho, A.M. (2007) Measuring self-determination motivation in a physical fitness setting: Validation of the behavioral regulation in exercise questionnaire-2 (BREQ-2) in a Spanish sample. The Journal of Sport Medicine and Physical Fitness, 47: 366-378.

西田　保（1989）体育授業における学習意欲検査（AMPET）の標準化に関する研究－達成動機づけ論的アプローチ－．体育学研究，34：45-62．

西田　保（2003）体育における学習意欲診断システムの開発．平成12年度～平成14年度科学研究費補助金（基盤研究C（2））研究成果報告書，1-77．

西田　保（2004）期待・感情モデルによる体育における学習意欲の喚起に関する研究．杏林書院．

Nishida, T. (2007) Diagnosis of Learning Motivation in Physical Education Test (DLMPET) and its applicability to educational practice. International Journal of Sport and Health Science, 5: 83-97.

Ntoumanis, N., and Vazou, S. (2005) Peer motivational climate in youth sport: Measurement development and validation. Journal of Sport & Exercise Psychology, 27: 432-455.

Papaioannou, A. (1994) Development of a questionnaire to measure achievement orientations in physical education. Research Quarterly for Exercise and Sport, 65: 11-20.

Papaioannou, A., Kosmidou, E., Tsigilis, N., and Milosis, D. (2007) Measuring perceived motivational climate in physical education. In: Liukkonen, J., Auweele, Y. V., Vereijken, B., Alfermann, D. and Theodorakis, Y. (Eds.) Psychology for physical educators: Student in focus 2nd ed. Human Kinetics, pp.35-55.

Pelletier, L. G., Fortier, M. S., Vallerand, R. J., Tuson, K. M., Brière, N. M., and Blais, M. R. (1995) Toward a new measure of intrinsic motivation, extrinsic motivation, and amotivation in sports: The Sport Motivation Scale (SMS). Journal of Sport & Exercise Psychology, 17: 35-53.

Seifriz, J.J., Duda, J.L., and Chi, L. (1992) The relationship of perceived motivational climate to intrinsic motivation and beliefs about success in basketball. Journal of Sport & Exercise Psychology, 14: 375-391.

徳永幹雄・橋本公雄（1988）スポーツ選手の心理的競技能力のトレーニングに関する研究（4）－診断テストの作成－．健康科学，10：73-84．

吉沢洋二・山本裕二・鶴原清志・鈴木　壮・岡澤祥訓・米川直樹・松田岩男（1991）繰り返し可能な競技意欲検査作成の試み．名古屋経済大学人文科学論集，47：229-250．

吉沢洋二・山本裕二・鶴原清志・鈴木　壮・岡澤祥訓・米川直樹・松田岩男（1992）SMIの信頼性と妥当性に関する研究．名古屋経済大学人文科学論集，48：53-61．

Weiss, M. R., Bredemeier, B.J., and Shewchuk, R.M. (1985) An intrinsic/extrinsic motivation scale for the youth sport setting: A confirmatory factor analysis. Journal of Sport Psychology, 7: 75-91.

Vallerand, R.J. (1997) Toward a hierarchical model of intrinsic and extrinsic motivation. Advances in Experimental Social Psychology, 29: 271-360.

コラム②　スポーツ動機づけ研究会

スポーツ動機づけ研究会は、「運動やスポーツの動機づけに関心をもつ人たちが、定期的に研究会を開催して議論を深めると共に、会員相互の情報交換やコミュニケーションを図ること」を目的とした研究組織である。2002年の日本スポーツ心理学会において、学会企画のミニシンポジウム「動機づけ理論の現場への適用」が開催されたのを契機として発足し、翌年（2003）には、参加者全員が発表者となって第1回の研究会が開催された。「知的コミュニケーション」をスローガンとし、①発表と質疑応答の時間を長く取ること（1時間）、②参加者全員が議論に加わること、③若い人の発表や質疑時間を確保すること、④建設的な意見交換をすることなどが、本研究会の特徴となっている。また、年1回の研究会では、会員相互のコミュニケーションが活発にできるよう「free communication」の時間が設定され、アットホームな雰囲気の中で意見交換が行われている（写真）。会員数は流動的であるが、58名（2013年現在）の学生や教員などがメーリングリストに登録している。

本研究会では、個人の口頭発表をはじめとして、シンポジウムやワークショップなど、様々なプログラムが取り入れられている。その一部を紹介すると、以下の通りである。

〈口頭発表〉
「体育授業での児童の動機づけ：目標理論からのアプローチ」「体育における学習意欲に及ぼす動機づけ雰囲気の影響」「自尊感情、身体的自己概念の変容に影響する要因」「サッカー指導における指導の相互バイアス的構成」「エキスパート・スポーツ選手の楽しみとは？」「児童生徒の部活動成長感とレジリエンスとの関連」「スポーツ選手の困難な体験：自己のPK失敗体験からの考察」「指導者の対人習慣が競技者の欲求充足に与える影響」「スポーツチームにおける対人魅力過程の検討」「ギリシアにおける動機づけ雰囲気研究の現状」「モチベーションビデオ視聴効果の検討」「トップアスリートへのモチベーションビデオ提供の

事例報告」「一流競技者のスポーツキャリア形成に及ぼす心理的要因の検討」「おもしろい質的研究をやるためには？」「IZOF理論：情動状態とパフォーマンスの関係」「対人関係性の認知と学習動機，意欲，抑うつ性との関連性」
〈シンポジウム〉
「体育やスポーツ活動で学んだことが，他の場面に般化するって，本当？」「チームワークの育成」「スポーツ活動の効果と般化：現実を理解し方法論を探る」
〈キーノートレクチャー〉
「スポーツにおける質的研究の活用」「動機づけ面接」
〈ラウンドテーブル・ディスカッション〉
「スポーツ選手の負けず嫌いを考える」「日本人的なやる気について語り合う」「質の高い研究論文をつくりあげるこつは？」
〈トークセッション〉
「トップアスリートが語る自らの競技に対する動機づけ方略とメンタルトレーニング」
〈ワークショップ〉
「質的研究方法の実践〜基本的な考え方と進め方〜」「アイスブレイク」

　この他にも，日本スポーツ心理学会において，本研究会を中心とした以下のシンポジウムが開催されている。
「動機づけ研究の方法論を考える：量的・質的研究の活用（2007）」「スポーツ動機づけと文化：日本人の特徴とは？（2008）」「内発的動機づけ，外発的動機づけの再考：自己決定理論をめぐって（2009）」「指導者の言葉がけと動機づけ（2010）」「スポーツにおける動機づけの環境要因（2011）」「負けず嫌いの意味を探る：負けず嫌いはトップアスリートの条件なのか？（2012）」

　本研究会は，2012年に10周年を迎え，これを記念した研究会が名古屋大学にて開催された。口頭発表の他に，ラウンドテーブル・ディスカッション「動機づけ研究の成果を現場に活かす―介入実践の課題を考える―」，10周年記念特別シンポジウム「スポーツ動機づけ研究の将来を語る！」が企画され，理論的検証から実践的応用に関する議論などが活発に行われた。

　本研究会のルーツは，1994〜1995年に遡る。動機づけに関する情報交換を目的として，全国から7人ほどの研究者が名古屋に集まった。夜には雪がちらつく寒い日であったが，動機づけ研究を愛する参加者の熱い思いが込められていた。残念ながら，その後は2003年まで中断したが，今後はこの原点に回帰した新たな企画が期待される。

〈入会および問い合わせ先〉
西田　保（名古屋大学）052-789-3952
nishida@htc.nagoya-u.ac.jp

[第Ⅱ部] スポーツ活動の動機づけを理解する

Sport Motivation

第4章

スポーツ参加の動機づけ

第1節 スポーツに関連する動機

　運動やスポーツをする人はたくさんいるが，その目的は様々である。健康のためにする人，レクリエーションのためにする人，競技スポーツとしてする人。また，体育授業の一環として運動・スポーツをする人もいる。さらに詳しくみてみると，自発的に行っている人もいれば，そうでない人もいる。この自発的な行動を説明するものとして，デシとライアン（Deci and Ryan, 1985）の自己決定理論がある。彼らは，従来は内発的・外発的という2側面から捉えられていた動機づけを自己決定（特に自律性）の程度によって外発的動機づけを分類した。これによって，無動機づけから，外発的動機づけ（外的調整，取り入れ的調整，同一化的調整，統合的調整），内発的動機づけまでが連続体として存在することが想定されるようになった（詳細は第2章第2節（7）参照）。外見上は同じ行動でも，動機づけの観点からみると，人は多様な動機や理由に基づいて行動していることがうかがえる。

　人間は本来，身体を動かすことが好きである。特に年齢の低い子どもはこの傾向が強い。このような人間の欲求に関する理論として，マズロー（Maslow, 1954）の自己実現理論を紹介したい。マズローによれば，人間の欲求は低次元なものから高次元なものへと階層的構造をしているとされる。最も基本的で原始的な欲求は「生理的欲求」である。これは，食事・睡眠・排泄などの人間が生きていく上で必要な欲求のことである。生理的な欲求が満たされると，次に，安全で安心した生活を営みたいという「安全の欲求」を求める。これが満

たされると，自分が人に愛されることや自分が何らかの集団に所属をしたいという「所属・愛情の欲求」を求めるようになる。その次には「承認の欲求」があり，これは自分の行動や価値が社会的に評価され，認められることを意味する。そして最終的な欲求として「自己実現の欲求」が存在する。これは，自分自身の能力を高め自分の可能性に挑戦しようとする欲求で，最も高度な欲求である。人間は低次元の欲求が満たされると，より高次元の欲求を満たそうとするのである。スポーツ活動においても，個人によって欲求水準は異なる。

杉原（2003）は，人間の社会的営みの文脈から社会的動機の存在を想定し，そこからスポーツ行動の動機を説明している。この社会的動機には，①親和動機，②獲得動機，③優越動機，④承認動機，⑤顕示動機，⑥達成動機の6つがある。親和動機とは，よい人間関係を作りたいという動機であり，スポーツにはこの動機を満たす機会が数多く含まれる。獲得動機とは，スポーツによってお金や褒美を求める動機である。優越動機とは，他者との比較において優れていたいという動機である。スポーツでは勝敗が明確になるため，負けず嫌いの人にはこの動機が強い。承認動機とは社会的に認められたいという動機のことであり，顕示動機とは自分の印象を示したい，有名になりたいという動機のことである。達成動機とは，物事を卓越した水準で成し遂げたいという動機のことである。スポーツ活動は公にさらされることが一般的で，他人と協力・競争することも多いので，社会とのかかわりという観点から動機づけを捉えることができる。

第2節　スポーツ参加動機

スポーツに参加する動機は，年齢や集団によっても異なる。ヴァイスとチャウメトン（Weiss and Chaumeton, 1992）は，欧米における青年のスポーツ参加に関する研究を概観し，スポーツ参加の動機を，①有能感（スキルの向上や目標を達成すること），②フィットネス（きれいな身体を作ったり，身体を強くすること），③親和（友だちと一緒にいたり，新しい友だちを作ること），④所属（グループやチームの一員であること），⑤競争（勝利したり，成功したりすること），⑥楽しさ（興奮したり，チャレンジしたり，楽しむこと）の

6つの要因に整理している。

　日本人の参加動機についてみてみると，小学生がスポーツクラブに参加するきっかけを尋ねた調査（加藤，1995）では，「うまくなりたい」「面白そう」「そのスポーツが好き」「からだを鍛える」「運動をしたい」といった回答が高くなっている。中学生のスポーツ参加動機を調べた植松・海老原（1993）は，「活動」「技術・体力」「集団・所属」「競争・興奮」「社会的承認」「享楽」「交友」の7因子を見出している。さらに，丹羽・村松（1979）は，女子大学生のスポーツ参加動機を調べた結果，「活動性」「人格形成」「勧誘」「親和」「探索」「社会的承認」「技術・技能」「美容・健康」「達成」の9つの因子を見出した。ここでの探索とは新しいことを経験したい，他人がやっていないことをやってみたいといった動機のことである。このように，青年期のスポーツ参加動機をみてみると，小学生などの少年期ではスポーツ活動自体に魅力を感じて参加しているが，大学生などの青年期ではスポーツ活動を通しての人格形成や健康維持などのように，スポーツをある目的のための手段としても捉えていることがうかがえる。

　中高齢者に関して，65歳以上の高齢者の運動・スポーツ参加動機について調べた蓑内（2002）の調査では，「健康・体力の保持増進」が男女共に最も多かった。2番目に多かった回答は，男性では「運動やスポーツが好き」という理由であったのに対し，女性では「友人との交流」であった。アマチュアゴルファーを対象とした西田（2006）の研究では，成年ゴルファー（24〜49歳）は，今よりもさらにうまくなりたい（能力向上）という参加動機が強いのに対して，中高年ゴルファー（50〜76歳）は，健康の保持増進や体力の強化（健康・体力），ラウンド後の心地よい疲れ（快適疲労）を求めてゴルフを行っていることが示された。また，高井・中込（2003）は，40〜64歳の中高齢者のスポーツキャリアパターンに関する研究から，中高年になると運動に対する有能感よりも健康運動への意識が高まることを示唆している。このように中高年になるとうまくなりたいや勝ちたいといった競技性の要因よりも，健康・体力の向上や良好な人間関係の構築などの要因が，運動・スポーツ参加の動機として強くなることが予想される。

第3節 スポーツの楽しさ

(1) 行う楽しさ，見る楽しさ

　スポーツを行う理由として「楽しさ」をあげることが多い。この「楽しさ」とは何を意味するのだろうか。楽しさとは感情の一種である。感情は，一般的にポジティブな感情とネガティブな感情に分類でき，楽しさはこの中のポジティブな感情に含まれる。他にも，うれしい，好き，安心，爽快などがポジティブな感情に含まれる。一方，ネガティブな感情には，不安，恐怖，心配，怒りなどが該当する。人間はポジティブな感情が生じる場面には接近し，ネガティブな感情が生じる場面からは回避する本能をもっている。そのため，スポーツ活動をすることによって楽しい体験を期待する人は，スポーツ活動を行う可能性が高くなる。反対に，スポーツ活動が不快な体験と結びつく人は，スポーツ活動を避けるようになる。スポーツ活動への参加や継続を考えると，楽しく実施することが重要であることがわかる。

　さて，スポーツには行う楽しさと見る楽しさがある。まず，「行う楽しさ」からみていこう。和田（1988）は，スポーツを行う楽しさの構造についての分析を行い，スポーツを行う楽しさとして，「交友」「自己鍛錬」「開放性（爽快感）」「挑戦」「活動自体」「活動条件」「技能習得」「競争(勝利感)」「主体性」「自己表現」「遊戯性」「体力向上」「戦術」「ルール・マナー」「ファッション」の15因子をあげている。行う楽しさといっても，スポーツ自体に内在するものだけではなく，体力向上などのスポーツを通して得られるものから，ファッションなどのスポーツ活動とは直接的には関係のないものまで，実に多様な楽しみ方があることがわかる。

　次に，「見る楽しさ」について考えてみよう。オリンピックやサッカーのワールドカップでは，世界中で何億，何十億もの人が競技を観戦する。また，ひいきのプロ野球やJリーグのチームのみならず，地域や家族とかかわりのあるチームを応援する人も少なくない。このように多くの人がスポーツを見ることによって楽しんでいる。スポーツを見るという行為は同じであるが，見る水準や楽しむ中身は人によって異なるように思う。応援しているチームの勝敗や応

援している選手の成績を楽しむ人もいれば，試合やプレーの内容を楽しむ人，試合の流れや戦術を楽しむ人もいるだろう。

　見るスポーツに関連するものとして，スポーツのファン行動がある。松岡（2012）は，スポーツマーケティング領域の4つの代表的な研究を概観し，スポーツファンの観戦動機を「心理的ニーズ」「社会的ニーズ」「スポーツ特有のニーズ」の3つに整理している。「心理的ニーズ」には，自尊心，達成，逃避，自己実現などが含まれる。例えば，応援しているチームや選手が勝利したり，優れたパフォーマンスを発揮することによって，ファンも達成感が得られ，自尊心の高まりを感じることができる場合である。オリンピックでの日本チームや日本人の活躍が，見ている人の自信や勇気を高める場合がこれに当てはまる。スポーツファンは，代理的な体験を通して達成感を獲得し，ストレス解消にもつながり，その結果として心理的な恩恵を得ているのである。「社会的ニーズ」には，社交，所属などが含まれる。これはファン仲間や家族と一緒に観戦することで良好な人間関係が育まれ，また，ファン仲間という特定の集団への所属意識の確認につながることである。「スポーツ特有のニーズ」には，美的，スキル精通，エンターテイメントなどの要素が含まれる。これは，選手のプレーや身体の美しさを楽しむという動機やスポーツ観戦がもつドラマ性・娯楽性を楽しむことなどを意味している。格闘技の観戦を楽しむ人の中には，日常の生活では体験できない攻撃性を楽しみにする人もいる。

(2) フロー

　フロー（flow）とは，チクセントミハイ（Csikszentmihalyi, 1975）が提唱した概念で，「全人的に行為に没入している時に人が感じる包括的感覚」のことを指しており，楽しさを規定する一側面として捉えられる。フロー状態の心理的特徴として，①挑戦とスキルのバランス，②行為と意識の融合，③明確な目標，④明確なフィードバック，⑤課題への集中，⑥活動のコントロール感，⑦自己意識の低下，⑧時間感覚のゆがみ，⑨自己目的的経験があげられる。フローについては，第2章第3節（4）も併せて参照されたい。

　フローが生じる条件として，浅川（2006）は，「挑戦とスキルのバランス」「明確な目標」「明確なフィードバック」が存在することを指摘している。スポ

ーツ場面では，多くは明確な目標をもってプレーしており，勝敗や成功・失敗といった明確なフィードバックも即座に得ることができる。そのため，スポーツ場面でのフローの出現には，特に挑戦とスキルのバランスが重要となる。求められる課題の難易度が挑戦的で，選手がもっているスキル水準とバランスが取れている場合，フロー状態が生じやすくなる。しかし，選手のスキル水準と比較して課題の難易度が高すぎる場合，選手は不安になる。反対に，課題の難易度が低すぎる場合，選手は退屈になる。したがってプレーを楽しむには，適切なレベルの相手とプレーすることが鍵となる。

第4節　運動の好き嫌い

　運動に対する好き嫌いについて，谷木・坂入（2003）は，海外で行われた運動・体育に関する態度の研究レビューから，「性別」「年齢・学年」「教師とカリキュラム」「親の態度」などが，運動・体育の好き嫌いに影響することを指摘している。杉原（2003）は，運動を好きになったきっかけについて，女子短大生を対象として小学校からの体育授業を振り返るという回想法で調べ，その要因を「能力」「運動の面白さ」「個人的交流」の3つにまとめている。小学校時代に運動好きになったきっかけとしては，「能力」に関するものが全体の中の約9割を占めている。ここでの「能力」とは，上達したり，できなかったことができるようになった，褒められたといった体験のことである。中学生時代に運動好きになったきっかけとしては，「能力」が約5割，「運動の面白さ」が約3割，「個人的交流」が約2割の割合となる。「面白さ」とは，運動やスポーツを行うときに感じる面白さのことで，例えば，思い通りのプレーができた時の爽快感や達成感などが当てはまる。「個人的交流」とは，仲間との信頼関係やお互いの協力関係のことである。小学生では，運動好きになるきっかけは自分の能力に関することにほぼ限定されるが，中学生になると，運動・スポーツがもっている楽しさや仲間との交流も関係してくるようになり，発達によって運動好きになる要因が変化することが考えられる。

　運動を好きにさせるには，どのようにすればよいのだろうか。岡澤（2003）は，運動嫌いの原因は運動有能感の欠如にあると考え，運動有能感を高めるこ

とが運動を好きにさせることにつながると指摘している。ここで用いられた運動有能感は、「身体的有能さの認知」「統制感」「受容感」の3つの因子で構成されていた。「身体的有能さの認知」とは自己の運動能力や技術についての肯定的認知・自信のこと、「統制感」とは努力すればできるようになるという認知のこと、「受容感」とは教師や仲間から受け入れられているという自信のことである。努力することによってできたという体験、教師やクラスの受容的な雰囲気が、有能感の向上に関係すると考えられる。つまり、教師やコーチが適切な指導を行い、学習環境・練習環境を整えることは、運動好きにさせることにもつながるのである。

運動嫌いになるメカニズムを知ることも、運動嫌いの防止に貢献できるだろう。先述した杉原（2003）は、運動嫌いになったきっかけについても調べている。これによれば、「恐怖」「能力」「汎化」の3つの要因があげられている。「恐怖」とは苦しく辛い体験をしたこと、「能力」とはできない体験や失敗したことを叱られたりひやかされたりした体験のことである。「汎化」とは間接的な体験を通して運動嫌いになったことで、例えば、体育の教師が嫌いで体育が嫌いになった、走るのが嫌いだから運動が嫌いになったといったことが当てはまる。運動嫌いのきっかけとして、小学生では「恐怖」「能力」「汎化」の順に高く、中学生では「能力」「恐怖」「汎化」の順に高い。

運動嫌いになるメカニズムついては、学習性無力感の理論からも説明ができる（第2章第2節（2）参照）。セリグマン（Seligman, 1975）は、逃避不可能な条件で繰り返し電気刺激を与えられた犬は、逃避可能な状況になっても無抵抗に電気刺激を受け入れることを見出した。彼はこの現象を説明するために学習性無力感の理論を提唱し、非随伴性の認知が無力感の形成に関係するとした。非随伴性とは、自分の行動や意思と結果が伴わないことを意味する。これは運動やスポーツにも当てはまり、保坂・杉原（1985）は、高校水泳部員を対象にした調査から、記録が低下・停滞していて将来も記録が伸びないと思っている選手は、記録が向上していて伸びるだろうと思っている選手と比較して、無力感が高いことを報告している。さらに、杉原（2003）は、運動場面で学習性無力感が生じる過程をモデル化している（図4-1）。これによれば、学習性無力感が生じるのは、事実だけに基づくのではなく、選手の帰属や期待の仕

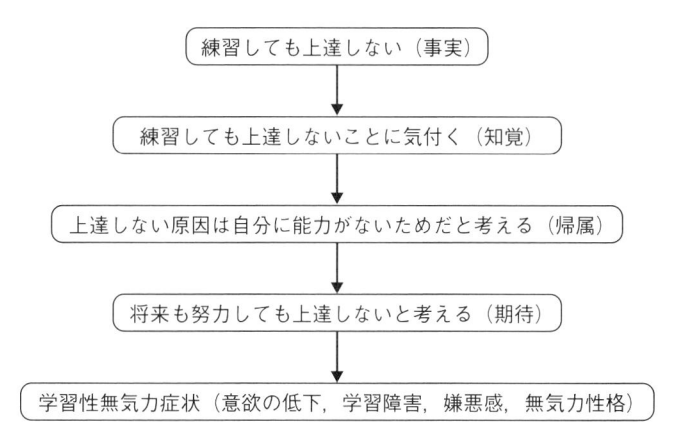

```
┌─────────────────────────────┐
│ 練習しても上達しない（事実）│
└─────────────┬───────────────┘
              ↓
┌─────────────────────────────────┐
│ 練習しても上達しないことに気付く（知覚）│
└─────────────┬───────────────────┘
              ↓
┌───────────────────────────────────────┐
│ 上達しない原因は自分に能力がないためだと考える（帰属）│
└─────────────┬─────────────────────────┘
              ↓
┌───────────────────────────────────┐
│ 将来も努力しても上達しないと考える（期待）│
└─────────────┬─────────────────────┘
              ↓
┌─────────────────────────────────────────────────┐
│ 学習性無気力症状（意欲の低下，学習障害，嫌悪感，無気力性格）│
└─────────────────────────────────────────────────┘
```

図4-1　運動場面で学習性無力感が生じる過程（杉原，2003）

方も影響することがわかる。吉村・中込（1990）は，課題解決のための情報を常に与えることが，学習性無力感に陥らない方法として有効であると報告している。例えば，うまくできない選手に対して，繰り返し同じ練習ばかりをさせるのではなく，努力すれば達成可能な新しい練習やトレーニングを導入することで，学習性無力感に陥ることを防ぐことができると考えられる。

第5節　スポーツコミットメント

　スポーツへの参加・継続を説明する有効な概念として，スポーツコミットメント（sport commitment）がある。スポーツコミットメントとは，スポーツへの傾倒，執着，結びつき，あるいはスポーツ行動やスポーツ集団や組織に自己を投入することを意味し（金崎・橋本，1995），スポーツを継続しようとする願望や決意を反映する心理的な複合概念のことである（和田，2008）。スポーツにコミットしている状態では，スポーツに魅力を感じ，多くのエネルギーを費やし，自分自身を束縛しながらもスポーツへの参加を目指す傾向がある。そしてコミットする対象もスポーツ全般にかかわるものと，特定のスポーツに限定したものとに分けて考えることができる。
　スキャンランとシモンズ（Scanlan and Simons, 1992）は，スポーツコミ

ットメントを規定する要因として，①スポーツの楽しさ（うれしい，楽しいといった感情が高まるとコミットメントも高くなる），②他の選択肢の魅力（スポーツ以外の活動についての魅力が高くなるとスポーツへのコミットメントは低下する），③個人的投資（スポーツにかける時間や労力，お金など），④参加の価値（スポーツを通して得られる友だちや上達の機会，報酬など），⑤社会的束縛（しなければいけないといった社会的な規範やしがらみ。高くなるとコミットメントは低下する）の5つをあげた。これらの要因は，同等にコミットメントに影響するのではなく，個人によって各要因が影響する程度は異なる。

金崎・橋本（1995）は，スポーツコミットメントの形成に関係する要因を分析した。その結果，男女共通の要因として，①両親ともにスポーツが好きであること，②父親のスポーツ経験が豊かであること，③スポーツを実施してきた，あるいは実施している兄弟がいること，④小中学校時代の本人・親・兄弟のスポーツ経験が豊かであること，⑤小中学校時代にスポーツを勧める重要な他者がいたこと，⑥小中学校時代にスポーツをする施設に恵まれていたことなどをあげている。このようなことから，スポーツコミットメントの形成には，子どもの頃の家庭やスポーツ環境が大きく影響することがわかる。

第6節 スポーツの継続とドロップアウト

一度，スポーツをやり始めた人でも，継続してスポーツを行う人もいれば，途中でやめてしまう人もいる。このようなスポーツ活動から途中離脱することをドロップアウトと呼ぶ。スポーツを継続する人とドロップアウトする人はどこに違いがあるのだろうか。

山本（1990）は，大学の運動部員が部活動に参加し続ける動機について調べた結果，「回避」「達成」「健康・体力」「親和」「自由・平等性」「固執」「社会的有用性」の7因子を抽出している。ここでの「回避」とは運動部をやめることによる問題，「達成」とは技術や記録の向上，「自由・平等性」とはチーム内の自由な雰囲気，「固執」とは最後まで続けるという個人の目標，「社会的有用性」とは運動部経験より得られる社会的利益のことを指している。中でも「回避」や「固執」が運動部に参加し続ける重要な要因になっていることを指摘し

ており，これはやめるにやめられないから，最後まで続けたいからという理由で部活動を継続している者が少なくないことを示している。特に女子の補欠選手には，自分の設定した目標にしがみつく傾向が強いことも報告されていた。高校の運動部を対象として約3ヵ年の縦断的な調査を行った横田（2002）の研究でも，レギュラーと比較して，非レギュラーは向上心や意欲が低く，心理的な消耗度も高いことが示された。意欲が低下しながらも退部を回避し続ける背景には，運動部に付加された教育的な価値や「退部＝落ちこぼれ」といった社会的な評価の存在が影響していると考えられる。

　これに対して，高校の運動部員が運動部からドロップアウトする理由を調べた青木（1989）の研究によると，「人間関係の軋轢」「他への関心」「怪我」「勉強との両立」に加えて，自分の意志が弱いという内割的理由もあげている。そして，継続とドロップアウトの違いに大きく影響する要因として，「レギュラー状況」「チームの厳しさ」「感動経験」「指導者への満足度」が関係することがわかった。しかし，チームの厳しさでは男女間で違いがみられ，男子では厳しいほうが，女子では厳しくないほうが継続促進に寄与することが報告されている。

　中高齢者の運動・スポーツについてみてみると，民間フィットネスクラブに通う人を対象にした調査では，男性の場合は「運動技能の向上」を，女性の場合は「社交的楽しさ」や「運動効果」を感じることが，運動継続を高めることにつながるとされている（大工谷ほか，2003）。また，中高年者（40〜69歳）の運動への動機づけや運動実施に影響する要因を検討した研究では，運動やスポーツを実施することの価値観を高めること（運動の価値観），運動やスポーツを一緒に行える友だちや仲間を見つけること（運動仲間）が重要であると報告されている（西田ほか，2000）。これとは逆に，65歳以上の高齢者運動教室参加者の運動教室からドロップアウトした理由では，「体調不良・入院・通院」が約50％で最も多く，次いで「他にやりたいことがある・忙しい」が約30％であった（蓑内，2002）。このように，運動の実施や継続，ドロップアウトへの影響は，年齢，性別，対象者の運動目的などによって異なってくると考えられる。

第7節　スポーツキャリアパターン（スポーツキャリアの移行）

　スポーツ活動への参加やドロップアウトを単一的に捉えるのではなく，参加・継続・離脱・復帰・不参加を時系列的に捉え，その参加形態を分類したのがスポーツキャリアパターンである。キャリアパターンは，①同一種目継続型（1つの種目を継続），②異種目継続型（他の競技に移行しながらもスポーツ活動は継続），③中断復帰型（スポーツ活動をやめるが，ある段階で再度復帰），④離脱型（ある段階でスポーツ活動すべてをやめて現在もやっていない），⑤不参加型（もともとスポーツ活動に参加したことがない）の5つに分けるのが一般的である。

　筒井ほか（1996）は，セルフエフィカシーモデル（自己効力感理論）を利用して大学生のスポーツキャリアパターンについて調査し，結果予期や運動有能感がキャリアパターンに影響していることを示した。結果予期とは，行動がどのような結果を生み出すのかという期待のことで，この場合，あるスポーツをすることによって得られる効果やメリットを指す。つまり，スポーツに対する期待が低かったり，運動有能感が低かったりすると，そのスポーツからドロップアウトする可能性が高くなっていたのである。また，高井・中込（2003）は，中高齢者を対象とした健康運動のキャリアパターン（6類型）を分析し，運動実施に対する情動や結果予期，重要性，健康観などの心理的要因がキャリアパターンに影響することを明らかにした。

　これら2つの研究結果から考えられることとして，いずれの調査においても，結果予期がキャリアパターンを規定する要因としてあげられている点に注目したい。セルフエフィカシーのモデルでは，効力予期（ある行動を実施・成功する自信の程度）と結果予期の2つの予期の存在が想定されている。スポーツ行動の発現・実施という観点では，効力予期は大きく影響するが，行動の継続という観点では結果予期のほうが大きく働くのかもしれない。もしそうだとすれば，運動・スポーツへの参加・継続を促す1つの方策として，結果予期を高めることを重視すべきではないだろうか。具体的には，運動やスポーツに参加することによって得られる効果をわかりやすく説明したり，実際にスポーツによ

る効果を実感させたりするような工夫が考えられる。

●文献
青木邦男（1989）高校運動部員の部活動継続と退部に影響する要因．体育学研究，34（1）：89-100．
浅川希洋志（2006）フロー経験の諸側面．島井哲志編，ポジティブ心理学．ナカニシヤ出版，pp.47-65．
Csikszentmihalyi, M. (1975) Beyond boredom and anxiety. Jossey-Bass.
大工谷新一・鈴木俊明・原田宗彦（2003）中高年者の運動アドヒアランスに影響する因子に関する研究-民間フィットネスクラブ1施設における検討-．理学療法学，30（2）：48-54．
Deci, E.L. and Ryan, R. M. (1985) Intrinsic motivation and self-determination in human behavior. Plenum.
保坂かおる・杉原　隆（1985）競泳選手の記録の変化とLeaned Helplessnessとの関係．スポーツ心理学研究，12（1），16-21．
金崎良三・橋本公雄（1995）青少年のスポーツ・コミットメントの形成とスポーツ行動の継続化に関する研究−中学生・高校生を対象に−．体育学研究，39（5）：363-376．
加藤爽子（1995）社会学的側面からの青少年スポーツ参加に関する研究−小学生・中学生−．1994年度日本体育協会スポーツ科学研究報告集，pp.4-9．
Maslow, A. H. (1954) Motivation and Personality. Harper and Bros. (小口忠彦監訳 (1971) 人間性の心理学．産業能率短期大学出版部)
松岡宏高（2012）スポーツファンの心理と行動．体育の科学，62（8）：586-589．
蓑内　豊（2002）高齢者運動教室参加者の身体に関する認知，運動参加動機，体力について．北星論集（北星学園大学文学部），39：21-29．
西田　保（2006）ゴルフにおける参加動機の特徴および類型化に関する研究．総合保健体育科学，29（1）：5-13．
西田　保・渡辺俊彦・佐々木　康・竹之内隆志（2000）中高年者の運動への動機づけを促進および阻害する要因に関する研究．デサントスポーツ科学，21：15-26．
丹羽劭昭・村松洋子（1979）女子大生のスポーツ参加の動機に関する因子分析的研究．体育学研究，24（1）：25-38．
岡澤祥訓（2003）運動好きと自己有能感．体育の科学，53（12）：905-909．
Scanlan, T. K., and Simons, J. P. (1992) The construct of sport enjoyment. In G. C. Roberts (Ed.), Motivation in sport and exercise. Human Kinetics, pp.199-215.
Seligman, M. E. P. (1975) Helpless: on depression, development and death. W. H. Freeman and Company.
杉原　隆（2003）運動指導の心理学．大修館書店．
高井和夫・中込四郎（2003）中高年者の健康運動キャリアパターンと心理的要因の関連性．

筑波大学体育科学系紀要，26：87-97.
筒井清次郎・杉原　隆・加賀秀夫・石井源信・深見和男・杉山哲司（1996）スポーツキャリアパターンを規定する心理学的要因－Self-efficacy Model を中心に－．体育学研究，40（6）：359-370.
植松秀也・海老原　修（1993）中学生にみられるスポーツ参加の動機に関する研究．日本体育学会第44回大会号（A）p.151.
和田　尚（1988）スポーツの楽しさに関する考察－する立場からの分析－．京都体育学研究，3：1-10.
和田　尚（2008）運動の楽しさ．日本スポーツ心理学会編，スポーツ心理学事典．大修館書店，pp.273-277.
Weiss, M. R., and Chaumeton, N. (1992) Motivational Orientations in Sport. In T. S. Horn（Ed.）, Advance in sport psychology. Human Kinetics, pp.61-99.
谷木龍男・坂入洋右（2003）運動・体育の好き嫌い（態度）に関する研究レビュー．体育の科学，53（12）：940-944.
山本教人（1990）大学運動部への参加動機に関する正選手と補欠選手の比較．体育学研究，35（2）：109-119.
横田匡俊（2002）運動部活動の継続及び中途退部にみる参加動機とバーンアウトスケールの変動．体育学研究，47（5）：427-437.
吉村　功・中込四郎（1990）学習性無力感形成過程における随伴性認知の強度と判断の確実さ．体育学研究，35（2）:157-171.

コラム③ 感情体験と動機づけ

　運動・スポーツ等の活動を実施した際，あまりに楽しくて，その活動をこれからも続けていこうと考えたことや，忘れられないほど苦しい思いをして，一生その活動はやらないでおこうと考えたことはないだろうか。

　ドラマチック体験というキーワードがある（橋本，2005）。これは，「練習や試合を通して体験した心に残る良い出来事や悪い出来事を含むエピソード」と定義され，運動・スポーツ場面における劇的な瞬間，例えば試合中の逆転勝利（敗北）等だけではなく，普段の練習の過程でもみられる様々なエピソードも含めて捉えられている。生きる力，ポジティブ特性，メンタルヘルスなどとの関連性について研究が進められている。

　本コラムでは，「普段の練習の過程でもみられる様々なエピソード」のドラマチック体験に着目し，通常の体育実習時において学生はどのようなドラマチック体験，感情変化を経験しているのかについて検討した。エピソードは，体育実習時に提出されたワークシート記述をもとに探索した。

　授業履修者：対象とした授業は必修科目で，77名の女子大学生が履修していた。うち31名はバスケットボールに対し「苦手意識」や「不安」をもっていると記述していた。記述内容から，授業開始時点での学生の授業参加に対する動機づけは，必ずしも高いものではなかったことが推

表　バスケットボールの授業内容

```
11月12日　ガイダンス
11月19日
・「今日の目標」記入
・ウォーミングアップ／ボール慣らし
・ボールを用いた鬼ごっこ等／シュート練習
・感想と目標に対する自己評価
12月3日
・「今日の目標」記入
・ウォーミングアップ／ボール慣らし
・ボールを用いたグループゲーム／シュート練習
・感想と目標に対する自己評価
12月10日
・「今日の目標」記入
・ウォーミングアップ／ボール慣らし
・ハーフコート2対2／シュート練習
・感想と目標に対する自己評価
12月17日／24日
・「今日の目標」記入
・ウォーミングアップ／ボール慣らし
・ハーフコート3対3／5対5／シュート練習
・感想と目標に対する自己評価
1月14日（最終授業）
・「今日の目標」記入
・ウォーミングアップ／ボール慣らし
・リーグ戦オールコート5対5
・感想と目標に対する自己評価
・授業全体の感想
```

測できる。
授業内容：授業内容は前頁の表の通りである。基礎練習を中心とした7回の授業を実施した。
提出用ワークシート：学生のバスケットボールに対する意識変化の過程を把握するために，毎回ワークシートの提出を求めた。
授業運び：学生がやる気を損ねず，楽しいと感じられるよう，①目標設定と自己評価，②講師からのフィードバック，③仲間で協力するミニゲームを積極的に行った。特に③では，その日の学生の参加態度や雰囲気に合わせて臨機応変に内容やチーム編成をすることで，「やる気」が高まるよう工夫した。
ワークシート記述から推察するドラマチック体験：バスケットボールに対してネガティブな感情をもっていた学生(31名)に焦点を絞り，ドラマチック体験と推察できる記述を探し出した。その結果，「シュートが入った」，「回を重ねるごとに上達できたと実感した」，「ボールに慣れた」の3つの体験が，「楽しい」や「うれしい」等の記述を導き出していた。さらに，苦手意識をもつ31名中9名は最終日の感想の中で，バスケットボールまたは他種目の運動・スポーツへの継続的な参加の意思を記述していた。

　これらの体験は，バスケットボールの心得のある人たちにとっては，あまり印象に残らないような体験であろう。だが，「苦手意識」や「不安」を訴えていた学生にとっては，バスケットボールへの考え方を変え，積極的な継続意欲をも表出する劇的な体験であったと推察することができる。
まとめ：ドラマチック体験は，定義でも示した通り「良い出来事や悪い出来事」の両側面を含む。本コラムでは，授業を通じて得られた良い出来事をドラマチック体験として取り上げたが，取り組み方や捉え方次第では，ポジティブな感情をネガティブな感情へと変化させるようなドラマチック体験もあることを理解しなければならない。

　ドラマチック体験に関する研究は，現在進行中であり，先行研究も多くない。また，ドラマチック体験であると判断する評価基準や，ドラマチック体験に影響を与える要因等についても明確にされていない。いつ起こるか分からないがゆえにドラマチックであるともいえるが，感情変化や継続意欲について検討していく上で，今後解明が期待されるキーワードの1つであるといえるだろう。

●文献
橋本公雄（2005）スポーツにおけるドラマチック体験と生きる力の養成―質的研究から―．日本体育学会大会予稿集，pp.188．

第5章

健康スポーツの動機づけ

　人々にとって健康の維持・増進やQOLの向上を目的に運動を始めること，すなわち健康スポーツへの参加は比較的容易であるものの，継続していくことは難しいといわれる。健康スポーツを長期間継続している人はどのように動機づけられているのか，もしくは，人が健康スポーツを始めてから習慣化する過程で，どのように動機づけが変化しているのかを明らかにすることは，健康スポーツの指導において有益な情報になる。近年，スポーツや運動を含めた総称として「身体活動」が用いられるようになったため，以下では総称として身体活動を使用する。本章では，まず，身体活動の規定因に関するレビューを，心理的要因を中心に紹介する。続いて，わが国での身体活動に関する動機づけ研究を紹介する。最後に，身体活動分野で介入手段として注目されている動機づけ面接法について解説を行う。なお，動機づけ介入の対象となる者を総称してクライアントとする。

第1節 身体活動の規定因

　身体活動を規定する要因とは，身体活動に影響を及ぼしている再現可能な関連事象，あるいは身体活動を予測できる変数のことである（堤，2004）。横断的研究によって身体活動との関連が明らかになった変数は，関連因（correlates）と表現される。また，縦断的研究によって身体活動との関連が明らかになった変数は，決定因（determinants）と表現される。決定因は関連因に比べ強い因果関係があるといえる。

身体活動の規定因のレビューは，これまで複数の研究者によって実施されている。堤（2004）によると，身体活動の規定因を研究することの重要性は2点あげられる。1つ目は，健康障害のリスクの高い集団や環境を特定することによって，集団や環境に応じた取り組みが可能になる点である。2つ目は，決定因を知ることによって介入の際，何をどう変えるのかが明らかにできる点である。本節では，中高年者の身体活動を規定する要因について，それらを開始（initiation）と継続（maintanance）に分けてレビューしたバンストラレンほか（van Stralen et al., 2009）の研究を中心に紹介する。

　表5-1は，バンストラレンほか（2009）のレビューの結果の一部を示したものである。ここでは，身体活動を規定する要因として，①心理的要因，②人口統計学的および生物学的要因，③行動特性要因，④社会的および文化的要因を取り上げた。このレビューで対象となった研究は，すべて縦断的研究もしくは実験デザインを用いた研究であり，決定因としての解釈が可能である。この研究における身体活動の開始の定義は，何らかの身体活動を始めて6ヵ月未満であり，身体活動の継続は，何らかの身体活動を始めて6ヵ月以上としている。以下では心理的要因とその他の要因に分けて説明する。

(1) 心理的要因

　身体活動に対する決定因として，これまで最もよく知られる心理的要因は，自己効力感である（第1章第2節(5)参照）。身体活動の開始に対して，自己効力感および運動への意図は正の影響を及ぼす決定因である。これは身体活動を始めようと思っている程度や続けることができると考えている程度が，実際の行動に影響していることを表している。しかしながら，両変数とも身体活動の継続に対しては研究結果にばらつきがあり，影響が不確実な状況である。興味深い結果は，これまでその重要性が指摘されてきた自己効力感が身体活動の開始を予測する変数といえるものの，継続は予測できる変数とはいえないことが明らかになった点である。すなわち，身体活動を継続できるという自信が高いからといって長期間身体活動を継続できるわけではないと考えられる。これらの結果は，縦断的研究のみを対象としたレビューから導き出されたものであることから信頼できるだろう。活動計画は同様に，身体活動の開始に対して，

表5-1　中高年者における身体活動の開始と継続に関する規定因
(van Stralen et al., 2009より改変)

決定因	開始	継続
心理的要因		
態度	結論づけられない	決定因ではない
運動への意図	正の決定因	結論づけられない
活動計画	正の決定因	報告なし
自己効力感（セルフエフィカシー）	正の決定因	結論づけられない
変容ステージ	正の決定因	正の決定因
ストレス	報告なし	負の決定因
身体活動の種類と主観的努力度	報告なし	決定因ではない
身体的効果に対する気づき	報告なし	正の決定因
心理的効果に対する気づき	報告なし	正の決定因
人口統計学的および生物学的要因		
年齢	決定因ではない	決定因ではない
教育	決定因ではない	決定因ではない
性	決定因ではない	決定因ではない
収入・社会経済状態	決定因ではない	決定因ではない
結婚歴	決定因ではない	結論づけられない
人種・民族	決定因ではない	決定因ではない
健康状態・健康感	結論づけられない	正の決定因
過体重・肥満	結論づけられない	決定因ではない
行動特性要因		
成人期の身体活動経歴	正の決定因	正の決定因
社会的および文化的要因		
友人・仲間からのソーシャルサポート	結論づけられない	決定因ではない
社会的規範	報告なし	決定因ではない

正の影響を及ぼす決定因とされている。活動計画とは，身体活動をいつ，どこで，何をするのかを計画することである。これらの計画をしっかり立てることの重要性が研究によって明らかにされている。

　変容ステージは，身体活動の開始および継続に正の影響を及ぼす変数である。変容ステージとは，過去および現在における実際の行動とその行動に対する準

備性を表したものであり,「前熟考ステージ」「熟考ステージ」「準備ステージ」「実行ステージ」および「維持ステージ」の5つのステージに分けられる。

前熟考ステージは,行動を変えることに抵抗を示している段階であり,「ある行動を現在行っておらず,今後も行うつもりはない」状態を指す。熟考ステージは,行動を変えるかどうかの岐路に立っている段階であり,「ある行動を現在行っていないが,今後行うつもりはある」状態を指す。準備ステージは,行動を変える準備が整った状態であり,「ある行動を不定期に行っている,もしくは,今すぐにでも行おうとしている」状態を指す。実行ステージは,すでに行動を実行に移している状態であり,「ある行動を定期的に行っているが,まだ始めたばかり(運動行動の場合,6ヵ月未満の継続)」の状態を指す。維持ステージは,好ましい習慣が形成されている状態であり,「ある行動を定期的に継続して行っている(運動行動の場合,6ヵ月以上の継続)」の状態を指す。これらのステージは,直線的に後期のステージに移行するのではなく,前後のステージを行ったり来たりしながら,らせん状に移行すると考えられている。

身体的効果および心理的効果に対する気づきは,身体活動の規定因に関するレビューにおいて,これまでほとんど報告されてこなかった変数である。しかしながら,バンストラレンほか(2009)のレビューでは,両変数とも身体活動の継続への正の影響を認めている。これらの変数は,個人が行動した結果に対する報酬とも考えられる。行動科学的視点から解釈すると,身体的効果および心理的効果に対する気づきがあることによって,身体活動という行動が生起しやすくなり,その行動が継続されていると考えられる。これら正の影響をもつ変数とは逆に,ストレスが高い状態であることは身体活動の継続に負の影響をもたらす。

(2) その他の要因

人口統計学的および生物学的要因は,健康状態・健康感を除いて,おおよそ身体活動の開始と継続の決定因として作用していないと考えてよいかもしれない。

行動特性要因である成人期の身体活動経歴は,身体活動の開始および継続に正の影響を及ぼす変数である。すなわち,その人が以前に行ってきた身体活動

レベルや運動習慣は，その後の身体活動の開始や継続に正の関連を示す。

　社会的要因である友人・仲間からのソーシャルサポートは，十分なエビデンスが蓄積されていないものの，身体活動の開始において正の影響を及ぼす決定因である可能性が高い。これは，友人・仲間などの自分にとっての重要な他者の存在が身体活動の開始には有効に作用することを意味している。しかし，身体活動の継続に対しては，15の研究のうち，わずか3つの研究しかその関連を明らかにできなかった。したがって，継続に対しては決定因ではないと結論づけられている。社会的規範も同様に，継続に対しては決定因ではないと結論づけられている。

　以上のレビュー結果から，身体活動の開始と継続に対して心理的要因が重要であることがわかる。心理的変数は介入によって変容可能であり，また介入の効果を検証する上でも有用な変数といえる。今回取り上げた心理的要因の中でも，変容ステージは開始と継続のどちらにも影響を及ぼす決定因であった。運動への意図，活動計画，および自己効力感は身体活動の開始の決定因であり，ストレス，身体的効果に対する気づき，および心理的効果に対する気づきは身体活動の継続の決定因であった。このように，身体活動を歩数や消費カロリーというように単に量的に捉えるだけでなく，開始と継続という行動的観点から規定因を明らかにしたバンストラレンほか（2009）の研究は，介入プログラム作成時の介入ターゲットを決定する際に，非常に有用な情報を提供している。つまり，指導者がクライアントの何を評価し，また変化させなければならないのかを説明してくれている。またその逆もしかりであり，開始や継続という観点からみると，何が重要でない要因なのかを理解することができる。次節では身体活動の介入で使用する行動変容理論として，最近その有用性が注目されている「トランスセオレティカル・モデル」と「自己決定理論」を紹介する。

第2節　行動変容と動機づけ

　身体活動の研究分野では，身体活動の参加や継続を支援する方策の計画，実践，評価のために，行動科学の理論やモデルを適用することが常識になりつつある。中でも，プロチャスカとディクレメンテ（Prochaska and DiClemente,

1983)のトランスセオレティカル・モデル（Transtheoretical Model：以下，TTMとする）は，理解しやすく実践的であるため，研究と実践の両領域で幅広く使用されている。TTMの特徴は，人が行動を変容し，維持していく過程を5つのステージに分類している点と，行動に対する個人の準備性（レディネス）に応じて介入する内容を変える必要性を強調している点にある。TTMは，単一の概念で形成されている理論・モデルではなく，「行動変容ステージ」「自己効力感（セルフエフィカシー）」「意思決定バランス」および「変容プロセス」の4つの構成要素から成り立つ包括的モデルといえる（上地・竹中，2008）。

「行動変容ステージ」は，前述の通り5つのステージに分けられる。TTMでは，新しい行動は突然身について起こるのではなく，新しい行動のための準備性を徐々に高めて獲得していくと考えられている。

TTMでの準備性に関連した主要な概念が，「自己効力感」と「意思決定バランス」である。これらは変容ステージとともに変化するため，教育の評価指標としても用いられることが多い（赤松・武見，2007）。TTMが優れている点は，人の行動変容の説明だけに留まらず，「どのようにすれば人の行動を変容させることができるか」という具体的方略を示している点にあるといわれており，その方略が「変容プロセス」と呼ばれる。変容プロセスは，10の方略からなり，大きく認知的プロセス（思考，態度，意識など）と行動的プロセス（行動など）の2つに分けられる（表5-2）。マーカスとフォーサイス（2006）によると，変容プロセスは，クライアントの変容ステージに応じて使い分けることが重要とされる。例えば，初期段階（前熟考および熟考ステージ）の人に対しては，主に認知的プロセスに焦点を当てる。したがって，これらの人を対象としたプログラムでは，身体活動の恩恵を理解させたり，自らが活動的になることによってどのような変化があるか考えさせたりすることがポイントになる。一方，後期段階（準備，実行および維持ステージ）の人に対しては，主に行動的プロセスに焦点を当てる。したがって，運動靴を見えるところに置いておくなど身体活動について思い出すようにしておくことや周りのサポートを自ら作っておくことの重要性を理解させ，その行動を実践させることがポイントになる。

また，近年，デシとライアン（Deci and Ryan, 1985, 2002）によって提唱された自己決定理論（第2章第2節(7)参照）を用いた身体活動に関する

表5-2 身体活動についての変容プロセス (松本, 2012)

認知的プロセス	行動的プロセス
◎意識の高揚 　身体活動に関する知識を増やす	◎逆条件づけ 　代わりの身体活動を行う
◎情動的喚起 　身体活動量の不足が及ぼすリスクに気づく	◎援助関係の利用 　周囲からの支援を取り付ける
◎環境の再評価 　自分の行動が他人へ及ぼす影響について考える	◎褒美 　自分に報酬を与える
◎自己の再評価 　身体活動の恩恵について理解する	◎コミットメント 　身体活動を行うことを決意し，表明する
◎社会的解放 　身体活動を増やす機会に気づく	◎環境統制 　身体活動について思い出せるようにしておく

研究も盛んに行われるようになった。図5-1に，自己決定理論による動機づけの分類と，自己決定理論に基づく身体活動の動機づけの例を示した。自己決定理論に基づく身体活動の研究を概観したレビュー論文によると，身体活動の継続に内発的動機づけや同一視的調整などの自律的な動機づけが重要であることがわかる (Teixeira et al., 2012)。一方，身体活動の開始に関しては，外発的動機づけの影響を示唆する結果も報告されている (Ingledew et al., 1998)。著者らの研究グループは，この自己決定理論を運動場面に適用した尺度を作成し，成人を対象に，運動行動との関連について横断的および縦断的研究を行っている (松本ほか，2003; Matsumoto and Takenaka, 2004；松本ほか，2004)。横断的研究の結果では，クラスター分析により明らかになった自己決定動機づけ傾向の運動動機づけパターン，すなわち内発的動機づけおよび同一視的調整などの自律的な動機づけが他の動機づけと比較して高かった者は，他のパターンを示した者と比較して，行動変容ステージの維持ステージに位置する人数が統計的に有意に多かった。また，縦断的研究の結果から，自己決定動機づけ傾向の運動動機づけパターンを示した者は，長期にわたって定期

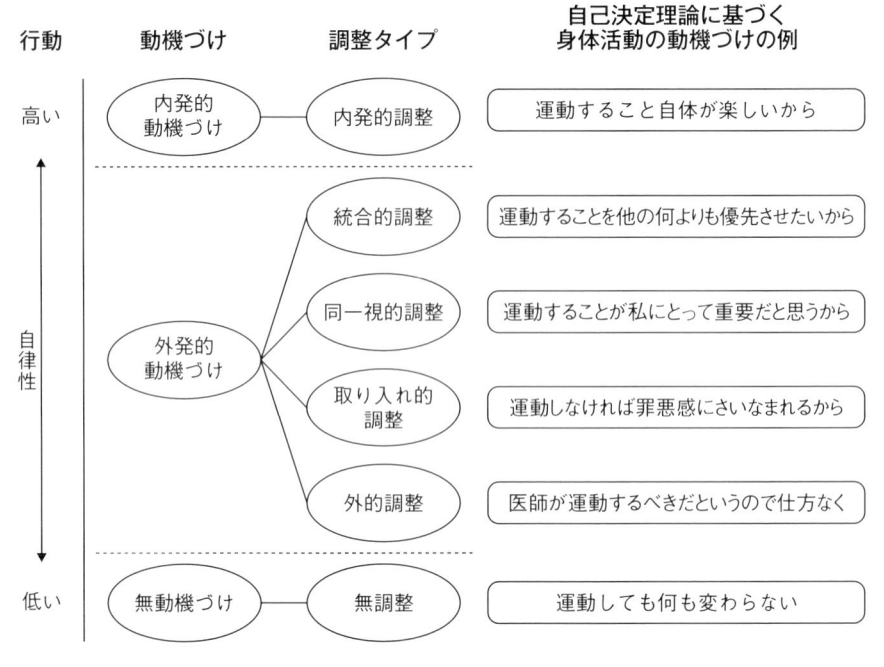

第Ⅱ部　スポーツ活動の動機づけを理解する

行動	動機づけ	調整タイプ	自己決定理論に基づく身体活動の動機づけの例
高い↑ 自律性 ↓低い	内発的動機づけ	内発的調整	運動すること自体が楽しいから
	外発的動機づけ	統合的調整	運動することを他の何よりも優先させたいから
		同一視的調整	運動することが私にとって重要だと思うから
		取り入れ的調整	運動しなければ罪悪感にさいなまれるから
		外的調整	医師が運動するべきだというので仕方なく
	無動機づけ	無調整	運動しても何も変わらない

図5-1　自己決定理論の概要と身体活動の動機づけの例
（Deci and Ryan, 2002を基に筆者が作成）

的な運動行動を継続していることが明らかになった。また，運動開始時に自己決定動機づけ傾向の動機づけパターンを示していなかった者でも，その後，定期的な運動を長期にわたって継続した者は自己決定の程度が増加，つまり動機づけが自己決定の高い方向へ移行していることがわかった。これらの研究から，長期にわたる定期的運動行動の継続に内発的動機づけや同一視的調整といった自律的な動機づけが重要であることが明らかになっている。要約すると，運動実践を動機づけの側面からみた場合，外的調整や取り入れ的調整のような外部からの働きかけによって生起する動機づけよりも，同一視的調整，統合的調整，および内発的動機づけのような自律性の高い動機づけのほうが，運動を実践していくのに望ましいと考えられる。

第3節 動機づけの介入実践

　身体活動を開始させ，継続していく際に重要となる自律的な動機づけを，我々はどのようにして高めることができるのだろうか。この問いに対して，デシとライアンは，基本的な心理的欲求という概念を提示している。ここでは，以降「基本的欲求」と呼ぶ。

　自己決定理論では，人間は本来，積極的で能動的な存在であり，人間の中には自分自身の成長と発達を目指す志向性があるとしている（安藤・岡田，2007）。このような人間の特徴の基となるのが基本的欲求であり，①有能さへの欲求，②自律性への欲求および③関係性への欲求の3つが仮定されている。デシとライアンは，人を内発的に動機づけ，また行動を内在化させるためには，その3つの基本的欲求の充足が重要であると述べている（Deci and Ryan, 2002）。つまり，この3つの欲求が満たされる環境で人は自律的に動機づけられると考えられる。

　有能さへの欲求とは，周囲の環境と効果的にかかわりたい，有能であると感じたいという欲求である。次に，自律性への欲求とは，自らが自らの行動の原因でありたいといった欲求である。自己決定理論においても，他者に決められるのではなく，自分自身で自分の行動を決定したいという自律性への欲求は，自律的な動機づけの基になる概念である（安藤・岡田，2007）。そして，関係性への欲求とは，個人間における個人的，感情的な結びつきや愛着への欲求であり，他者と良好な結びつきをもちたいという欲求といえる。

　それでは，身体活動場面においてクライアントの基本的欲求を満たすことは，どの程度重要なのだろうか。身体活動場面における基本的欲求と動機づけとの関連を検討した欧米の先行研究を概観してみると，両者の間には肯定的な関連が認められている（McDonough and Crocker, 2007; Vlachopoulos and Michailidou, 2006）。例えば，エドモンズほか（Edmunds et al., 2006）は，369名の地域住民を対象に横断的調査を行った結果，運動場面における3つの基本的欲求と内発的動機づけおよび同一視調整といった自律的な動機づけとの間に正の相関があることを明らかにしている。したがって，クライアントが有

能さや自己決定を感じ，また，指導者に受け入れられていると感じることができるような介入を行うことが，身体活動の行動変容に向かう動機づけを増強させる介入のポイントといえよう。

　デシとライアンによれば，有能さ，自律性，および関係性への欲求は，本来人間が有しているものであり，これらの欲求を満足させることが活動に対して自律的に動機づけることにつながる。逆にいえば，その人が活動に対して自律的に動機づけられていない場合は，基本的欲求が妨げられているのかもしれない。

第4節　動機づけ面接法

(1) 動機づけ面接法とは

　動機づけ面接法とは，「クライアント中心主義的であると同時に，アンビバレンス（両価性）を探索し解決することによって，変化に対する内発的動機づけを高める指示的な方法」と定義される（Miller and Rollnick, 2002）。アンビバレンスとは，その人の現状と望ましい状態の矛盾といえる。例えば，「健康のために運動を始めたいけど，汗をかいたり，筋肉痛になりたくない。」と相反する気持ちをもっている状態といえる。動機づけ面接法はクライアント中心主義で，クライアントが現在何を求めているのか，何を心配しているのかに焦点を絞る。そして，アンビバレンスの解決を意図して意識的に進められ，特定の変化（健康，回復，成長など）を目指して行われる。また，面接者がクライアントに何かをするものではなく，自然な変化を呼び覚ますように対話を進めていく。動機づけ面接法は，外的な圧力（法的圧力，罰，社会的圧力，金銭的報酬など）によって，強制的に行動を変えようとするものではなく，行動を変えようとする内発的な動機づけを引き出すことに焦点を当てている。

(2) 動機づけ面接法の4つの原理

　動機づけ面接法の基礎となる4つの原理を表5-3に示す。以下では，これらの4つの原理を，有能さ，自律性および関係性のサポートとの関連を交えながら説明する。これらの原理は，行動の変容が困難なクライアントに対して，

表5-3 動機づけ面接法における4つの原理 （Miller and Rollnick, 2002を一部改変）

第1の原理：共感を表現する
　受容は，その人が変わることを促進する
　上手な振り返りの傾聴は基本である
　アンビバレンス（両価性）は一般的な現象である

第2の原理：矛盾を拡大する
　健康支援者ではなく，クライアントが変化について話すべきである
　変化は，現在の行動と重要な個人的目標や価値との矛盾によって，動機づけられる

第3の原理：抵抗に巻き込まれながら，転がりながら進む
　変化に関する直接的な議論は避ける
　抵抗には直接的な反論はしない
　新しい見方を提案するが，押し付けない
　クライアントの中にこそ，最良の解決法や解答を見出すことができる
　抵抗は応答を変えるための信号である

第4の原理：自己効力感を援助する
　変化の可能性を信じることは動機づけの大切な要因である
　健康支援者でなく，クライアントが変化を選択し，実行する責任をもつ
　健康支援者が，クライアントの変化する能力を信じていると，予測が的中して現実になる

どのようにアプローチしていくかを探索するヒントといえる。

　動機づけ面接法の第1の原理である「共感を表現する」は，関係性を高めるサポートとして有効である。共感とは，クライアントの考え方や価値観を批判することなく受け入れることである。クライアントの価値観が指導者の価値観と異なっていたとしても，それらをゆがめることなく，そのまま受け入れる。また，「そうですよね」といったクライアントの考え方や価値観を認める言葉を示すことで関係性への欲求は充足される。逆に，指導者がクライアントと直接議論したり対立したりすると，クライアントは防衛的になり行動の変容は起こりにくくなる。

　第2の原理である「矛盾を拡大する」は，有能さを高めるサポートといえるだろう。クライアントに身体活動を行わないことによる個人的な危険性や問題を客観的にフィードバックすることによって，クライアントの目標や価値観と

現在の行動の不一致を見つけさせ，将来の目標と現在の行動との間の差異を理解，認識させることができる。例えば，大学時代，登山部だった太り気味のAさんは「定年退職したらネパールにトレッキングに行こう！」という計画を立てているものの，現在は駅の階段を上るだけで息切れがするという状態である。Aさんの将来の目標と現在の行動との間の違いを認識させることが，行動変容のきっかけになる。クライアントの考えを引き出す際は「はい」や「いいえ」で答えられない質問をして，クライアントの話す内容のポイントをまとめて要約することで，クライアント自身の中に存在する矛盾に気づく機会を与えることができる。フィードバックは対象となる行動を自分の価値観として内在化させるために必要なアプローチである。

第3の原理である「抵抗に巻き込まれながら，転がりながら進む」は，自律性を高めるサポートとして活用できる。動機づけ面接法では，クライアントの抵抗に対して直接的に反論せず，抵抗を受け入れながら進むことで，クライアントを問題解決の過程に積極的に巻き込んでいく。その目的は，変化を起こすのはあくまでクライアント自身の選択の自由と責任においてであることを理解させることである。クライアント自身が行動変容への決定権をもつことによって，変化することに対する心理的な抵抗は軽減され，自律性への欲求を満たすことができる。さらに，それまでと違った身体活動を日常生活に取り入れるための助言や運動を継続していくための助言をする際は，指示的および高圧的でない口調でわかりやすく伝える。指導者は，「運動するべきである」や「運動をやらなければならない」という言葉を使用してクライアントに負担感をもたせるより，「運動を続けることができるようにあなたを励まし続けます」ということによって，クライアントとの良好な関係を築くことができる。そして，身体活動の内容，目標，行動変容技法などに関する選択肢は，クライアントに与えるようにする。例えば，指導者はクライアントの能力や状態に応じて，運動内容，強度および時間などの選択肢を予め複数提示して行わせるようにする。身体活動に関する選択肢を与えられなかったクライアントは外的に統制されている感覚をもち，行動を変えようとする際の心理的な抵抗感が増す。また，クライアントの内発的動機づけを低下させるきっかけにもなる。

第4の原理は，「自己効力感を支援する」であり，有能さを高めるサポート

として利用できる。自己効力感を支援するとは，クライアントが特定の目標を達成できるという自己効力感を高めさせることである。行動変容に対する自己効力感の増加は，有能さへの欲求の充足につながる。また，指導者がクライアントの変容が可能であると楽観的に振る舞うことやクライアントの行動変容が起こると信じることも大事である。

　これらの動機づけ面接法を，クライアントの動機づけの段階に応じて使い分けることは，効果的に身体活動に対する内発的動機づけを高め，また行動を内在化させるために意味があるといえる。外発的に動機づけられた行動をまず始めに引き起こすのは，重要な他者（ここでは家族，友人，および指導者など）により価値づけられた行動であり，内在化の初期段階においては関係性に関するサポートが重要である。また，さらなる行動の内在化，例えば，義務的な身体活動の実施から自発的な身体活動の実施への移行や内発的動機づけの増強のためには，有能さや自律性のサポートに配慮が必要といえるだろう。

(3) 動機づけ面接法の実際

　短期動機づけ面接法は，動機づけ面接法の実践方法を簡略化させた面接法である。藤澤（2012）を参考に，短期動機づけ面接法の流れを説明し，身体活動の動機づけを高めるアプローチを紹介する。

　短期動機づけ面接法は，方略リストと呼ばれる8つのステップをクライアントに合わせて使用することによって，熟練した動機づけ面接法の技術を身につけていない指導者でも活用できるようなプロトコルになっている。以下では，身体活動介入における短期動機づけ面接法の8つのステップの例を示す。

　①開始方略（日常生活と身体活動）

　クライアントの生活習慣および不活動を引き起こすような関連事項（仕事に多忙であることや人間関係によるストレスなど）について，「はい」や「いいえ」で答えられない質問を用いて尋ねる。例えば，「普段はどのくらい運動していますか？」といった質問の回答から，クライアントの身体活動状況を理解する。

　②開始方略（健康と身体活動）

　不活動でいることが健康に対してどのような影響があるのかについて尋ねる。クライアントの健康問題に関する考えを確認する。

③典型的な１日

クライアントの最近の行動について尋ねる。一般的な会話をすることで，指導者とクライアントとの関係性の構築を行う。

④良い点，悪い点

クライアントに罪悪感をもたせることなく，身体活動に対する気持ちを引き出す。例えば，「現在の状態（不活動）でいることの良い点は何ですか？」あるいは「悪い点は何ですか？」と質問することで，対象者の考えを引き出すとともに，何が問題となっているのかを気づかせる。

⑤情報提供

クライアントの身体不活動を改善するために，適切なアドバイスを行う。アドバイスはクライアントに合った内容ではなく，一般的な内容にとどめる。それによりクライアントの行動を強制しないようにする。

⑥将来と現在

将来と現在を意識させることによって，自分の言動の矛盾に気づかせる。ここでは主に理想的な将来像について尋ねる。例えば，身体活動を行うことによってどんな自分になりたいのかといったイメージを具体化させる。なりたい具体像がありながらも，できていない自分に気づかせ，矛盾を広げさせることが重要である。

⑦心配事の探索

クライアントが身体的に不活動であることに対する不安や心配事をもっている場合に，どのような不安や心配があるのか，クライアント自身に表出させる。「将来と現在」と同様に，矛盾を拡大する効果がある。

⑧意思決定の支援

身体活動の実践に向けた意思の確認を契機に，クライアントの決断を支援する。例えば，「それでは，これから具体的に何を実施しますか？」という質問を，行動を強制しないよう，中立的な言い方で尋ねる。

本章では，身体活動の動機づけの促進に役立つ様々な理論・モデルを紹介した。ヘルスプロモーション活動において，どの理論やモデルに基づいて身体活動介入を行うかは，クライアントの規模や場面に応じて選択されることが多い。

しかしながら，身体活動の開始と継続に関する決定因が異なることを鑑みると，それらも考慮に入れて，理論・モデルならびに介入ターゲットを選択することが望ましいといえる。

●文献
赤松利恵・武見ゆかり（2007）トランスセオレティカルモデルの栄養教育への適用．日本健康教育学会誌，15：3-17.
安藤史高，岡田　涼（2007）自律を支える人間関係．中谷素之編，学ぶ意欲を育てる人間関係づくり．金子書房，pp.35-55.
Deci, E. L., and Ryan, R. M. (1985) Intrinsic motivation and self-determination in human behavior. Plenum.
Deci, E. L., and Ryan, R. M. (2002) Handbook of self-determination research. The University of Rochester Press.
Edmunds, J., Ntoumanis, N., and Duda, J. L. (2006) A test of self-determination theory in the exercise domain. Journal of Applied Social Psychology, 36: 2240-2265.
藤澤雄太（2012）個別コンサルテーション．竹中晃二編，運動と健康の心理学．朝倉書店，pp.81-92.
Ingledew, D. K., Markland, D., and Medley, A. R. (1998) Exercise motives and stages of change. Journal of Health Psychology, 3: 477-489.
マーカス・フォーサイス：下光輝一ほか監訳（2006）行動科学を活かした身体活動運動支援—活動的なライフスタイルへの動機付け—．大修館書店．
松本裕史（2012）運動行動の変容—トランスセオレティカル・モデル．中込四郎・伊藤豊彦・山本裕二編，よくわかるスポーツ心理学．ミネルヴァ書房，pp.118-119.
松本裕史・竹中晃二・髙家　望（2003）自己決定理論に基づく運動継続のための動機づけ尺度の開発：信頼性および妥当性の検討．健康支援，5: 120-129.
Matsumoto, H., and Takenaka, K. (2004). Motivational profiles and stages of exercise behavior change. International Journal of Sport and Health Science, 2: 89-96.
松本裕史・竹中晃二・野老　稔（2004）運動動機づけプロフィールと二年間に及ぶ運動継続に関する縦断的検討．日本スポーツ心理学会第三十一回大会研究発表抄録集，229-230.
McDonough, M. H., and Crocker, P. R. E. (2007) Testing self-determined motivation as a mediator of the relationship between psychological needs and affective and behavioral outcomes. Journal of Sport and Exercise Psychology, 29: 645-663.
Miller, W. R., and Rollnick, S. (2002) Motivational interviewing: Preparing people for change (2nd ed.). Guilford Press.

Prochaska, J. O., and DiClemente, C. C. (1983) Stages and processes of self-change of smoking: toward an integrative model of change. Journal of consulting and clinical psychology, 51:390-395.

Ryan, R. M., and Deci, E. L. (2002). Overview of Self-determination theory: An organismic dialectical perspective. In E. L. Deci & R. M. Ryan (Eds.), Handbook of self-determination research. The University of Rochester Press, pp.3-33.

Teixeira, P. J., Carraça, E. V., Markland, D., Silva, M. N., and Ryan, R. M. (2012) Exercise, physical activity, and self-determination theory: a systematic review. The international journal of behavioral nutrition and physical activity, 9: 78.

堤　俊彦（2004）身体活動・運動行動を規定する要因（決定因）．日本スポーツ心理学会編，最新スポーツ心理学―その軌跡と展望―．大修館書店，pp. 109-118.

上地広昭・竹中晃二（2008）青少年における身体活動・運動行動へのトランスセオレティカル・モデルの適用．健康心理学研究，21: 68-79.

van Stralen, M. M., De Vries, H., Mudde, A. N., Bolman, C., and Lechner, L. (2009) Determinants of initiation and maintenance of physical activity among older adults: a literature review. Health Psychology Review, 3: 147–207.

Vlachopoulos, S. P., and Michailidou, S. (2006) Development and Initial Validation of a Measure of Autonomy, Competence, and Relatedness in Exercise: The Basic Psychological Needs in Exercise Scale. Measurement in Physical Education and Exercise Science, 10: 179-201.

コラム④ パラリンピアンの動機づけ

近年，オリンピックと同様に，パラリンピックにも注目が集まっている。そこで，本コラムでは，パラリンピックの変遷について簡単に説明し，日本のパラリンピアンの動機づけについて紹介したい。

(1) パラリンピックとは

パラリンピックの起源は，1948年のロンドンオリンピック開会式と同日に，イギリスのストーク・マンデビル病院の医師であるルードウィッヒ・グッドマン卿によって開催された「ストーク・マンデビル競技大会」であるとされている。1960年に，グッドマンを会長とした国際ストーク・マンデビル大会委員会が組織され，この年にオリンピックが開催されたローマで「国際ストークマンデビル競技大会」が開催され，この大会が第1回パラリンピックとされている。その後，1989年に，国際パラリンピック委員会が設立された。2000年シドニーオリンピックでは，国際オリンピック委員会との間で協定が結ばれ，オリンピック開催都市でパラリンピックを開催することが正式義務となった。現在は，夏季20競技，冬季4競技で実施されている。

(2) 日本のパラリンピアンの動機づけ

日本のパラリンピアンの動機づけについて，日本パラリンピック委員会（JPC）の行っている科学支援事業の中から，パラリンピアンを対象とした心理的競技能力診断検査（DIPCA.3）の競技意欲（忍耐力・闘争心・自己実現意欲・勝利意欲）について紹介する。

JPC科学支援事業は，2006年度から実施されており，DIPCA.3の調査は，その年から2012年ロンドンパラリンピックまで継続している。本コラムで紹介するのは，2008年の北京パラリンピックのデータである。初めに，北京パラリンピック出場選手と健常者の国際大会出場選手（徳永，2001）の値を比較すると，両者は概ね同等であった（図1）。このグラフによると，北京パラリンピック出場選手と健常者の国際大会出場選手の動機づけの強さには，ほとんど差がないことがわかる。障がい者トップアスリートは，健常者トップアスリートと比較して，動機づけ面で劣ると考えられているが，図1からは，健常者のトップアスリートとほとんど同じであることがわかる。このことから，健常者・障がい者という枠組みで競技への動機づけを考えるのではなく，どちらも競技者であるという枠組

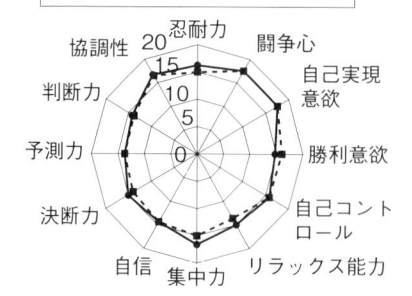

図1　北京パラリンピック出場選手と健常者国際大会出場選手のDIPA.3の比較

(日本パラリンピック委員会, 2009を一部改変)

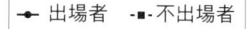

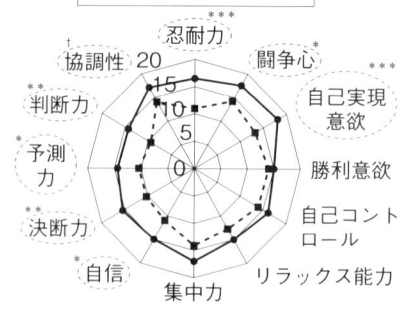

図2　北京パラリンピック出場選手と非出場選手のDIPA.3の比較

(日本パラリンピック委員会, 2009を一部改変)

みでみていく必要があろう。

　次に, 北京パラリンピック出場選手と非出場選手を比較する (図2)。このグラフによると, 同じ障がい者のトップアスリートでも, パラリンピック出場者のほうが非出場者よりも, 動機づけが高かった。障がい者競技の世界でも, 各競技で世界選手権等の国際大会があるが, パラリンピックは特別な存在であり, パラリンピック出場を勝ちとった選手は, 動機づけが高いといえるだろう。

　最後に, 土田和歌子著の『身体障がい者スポーツ完全ガイド—パラリンピアンからのメッセージ』の中から, 国枝慎吾選手 (車いすプロテニスプレーヤー:北京パラリンピック金メダル, ロンドンパラリンピック金メダル, 4大大会グランドスラム達成) の印象的な言葉を紹介する。「車いすでも, プロテニスプレーヤーとして活躍できるんだということを, 子どもたちに知ってもらえるように頑張りたいです。(中略) 健常児が『野球選手になりたい』と思うのと同じように, 障がいがあっても夢を持てるんだということを証明してみせる。」

　国枝選手にとっては, 自分自身が車いすプロテニスプレーヤーとして活躍し, 子どもたちに夢を与えることが, 競技選手としての動機づけの一要因になっているのであろう。

●文献

日本パラリンピック委員会 (2009) 平成20年度障害者競技スポーツ科学サポート事業基礎調査 (栄養・メンタル) 報告書. 日本障害者スポーツ協会編, pp.1-117.

第6章

体育活動の動機づけ

第1節 体育授業の動機づけ

　わが国において，子どもの体力低下の問題が叫ばれて久しい。この問題は欧米に比べても深刻で，幼少年期の身体活動の不足は，この時期の子どもの体力の向上や健康の維持・増進に暗い影を落としていると同時に，生活習慣病の原因になるといった生涯にわたる健康の問題にも大きな影響を及ぼすことが懸念されている。また，活動的な子どもとそうでない子どもへの二極化や，活動的な子どもであっても特定のスポーツ経験しかなく基本的な動作の習得が欠如している子どもの増加など，体育の学習指導を取り巻く問題はより複雑化しているといえよう。

　このように様々な問題を抱える現在にあって，体育の指導は極めて難しい課題に直面しているが，この状況にあるからこそ，すべての子どもが参加する体育の役割はますます大きくなってきているといえる。

　体育の目標は，子どもの体力の向上や健康の保持・増進にあることはいうまでもないが，仲間との協力や教え合いなどを通した他者とかかわることのできる力の育成や，記録や技の伸びを通した自尊感情の向上など，現在の教育課題である「生きる力」を育てる大きな可能性を秘めているといえる。しかしながらその一方で，体育の授業が退屈なものであったり，何度やってもできないという無力感を感じたり，仲間に笑われる，バカにされるといったマイナスの評価を受けたりすることがあれば，体育の授業はたちまちその魅力や効果を失うだけでなく，その後の生涯にわたる運動の実践にも大きな負の影響を及ぼすと

考えられる。

体育の教育目標を達成するためにいかに優れたカリキュラムが用意できたとしても、子どもが意欲的に取り組まなければその効果は期待できない。このような意味において、体育授業における動機づけは、子どもを理解し、子どもの意欲的な取り組みを支えるために極めて重要であるといえる。

第2節　動機づけ方略

前節では、体育授業における動機づけの重要性について論じた。本節では、期待価値理論、達成目標理論、および自己決定理論の3つの主要な動機づけ理論（第2章第2節参照）の視点から導かれる動機づけ方略について考えていきたい。

まず、期待価値理論では、自分が成功できそうだという期待とその成功の価値の積（期待×価値）によって動機づけが規定されるという。したがって、子どもには、体育を学習することの意味や価値を理解させる必要がある。一般に、他者との比較に関心のある子どもは、仲間や相手チームに勝つことを重視する傾向がある。勝利の追求は競争という文化を内包する「スポーツ」では当然であり、それによって学習が促進されるという側面をもつことは理解できる。しかし、「体育」は一人ひとりの身体を丈夫にして身体を鍛えるものであること、練習による記録の向上や仲間と協力して運動する楽しさを味わえることなど、体育学習の多様な価値を理解させる必要がある。

また、子どもに取り組ませる教材や課題は、特定の資質・能力をもった子どもしか成功の見込みのないものではなく、誰もが成功の可能性のある一人ひとりの能力にあった達成可能なものを用意する必要がある。また、進歩に応じて新たな目標を設定することができる課題が望ましい。

第2に、達成目標理論では、個人や集団にかかわらず、他者に自分の能力を誇示することを目標にする成績目標よりも、個人の進歩や向上を目標とする学習目標をもつことが動機づけにとって望ましいことが明らかにされている。このことは体育の授業において、教師は一人ひとりの進歩・向上とそのプロセスを重視する学習目標を強調することが重要であることを示している。また、仲

間との比較や勝敗を過度に強調しないといった成績目標の回避も必要となる。過度の成績目標の設定は，子どもが自分の能力を誇示するために少ない努力で勝とうとしたり，能力の低さを隠すために回避的な学習方略を採用する可能性が高い。このことは，とりわけ能力が低い子どもの不安を少なくし，競争に伴う自尊心への威嚇効果を低減させる上で重要であると考えられる。さらに，仲間との教え合いを強調し，協同を必要とする課題を導入することは，体育の授業に協同志向的な動機づけ雰囲気を形成することを通して，クラス全体を学習目標に向かわせる基礎的・補完的な役割を果たすことが期待できる。

これに関してエイムズ（Ames, 1992）は，学習目標を育てる教室環境として，課題構造（課題と学習活動のデザイン），権威構造（権威と責任の配分に関するデザイン），および評価構造（評価実践と報酬の使用についてのデザイン）の3つを取り上げ，熟達（学習）目標を進める教授方法を図6-1のように提案している。

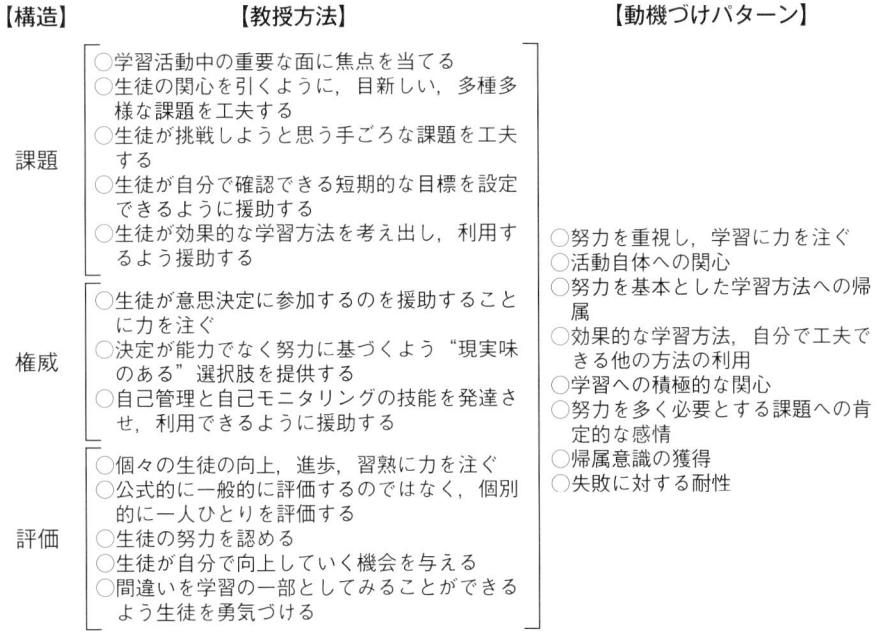

【構造】	【教授方法】	【動機づけパターン】
課題	○学習活動中の重要な面に焦点を当てる ○生徒の関心を引くように，目新しい，多種多様な課題を工夫する ○生徒が挑戦しようと思う手ごろな課題を工夫する ○生徒が自分で確認できる短期的な目標を設定できるように援助する ○生徒が効果的な学習方法を考え出し，利用するよう援助する	○努力を重視し，学習に力を注ぐ ○活動自体への関心 ○努力を基本とした学習方法への帰属 ○効果的な学習方法，自分で工夫できる他の方法の利用 ○学習への積極的な関心 ○努力を多く必要とする課題への肯定的な感情 ○帰属意識の獲得 ○失敗に対する耐性
権威	○生徒が意思決定に参加するのを援助することに力を注ぐ ○決定が能力でなく努力に基づくよう"現実味のある"選択肢を提供する ○自己管理と自己モニタリングの技能を発達させ，利用できるように援助する	
評価	○個々の生徒の向上，進歩，習熟に力を注ぐ ○公式的に一般的に評価するのではなく，個別的に一人ひとりを評価する ○生徒の努力を認める ○生徒が自分で向上していく機会を与える ○間違いを学習の一部としてみることができるよう生徒を勇気づける	

図6-1　熟達（学習）目標を進める学級の構造と教授方法（Ames, 1992）

一般に，運動やスポーツは先天的な能力で決まると考えられることが多い。それ故に，体育で用いる教材は，誰もが成功を経験できるような努力によって進歩・向上が可能なものが望ましい。例えば，幅跳びよりは3段跳び，短距離走よりはハードル走やリレーなどといったものである。また，適切な目標の設定を援助したり，上達可能なプログラムを提供したりすることにより，努力と結果とのつながりの認識を支援することも望まれる。さらに，距離，時間，回数，選手の数，コートの広さ，プレー上の制限，得点の仕方などを変化・工夫することにより，課題を自分の能力に合わせる方法を学習させることも重要である。

　第3に，自己決定理論，とりわけ基本的心理欲求理論では，自律性，有能さ，および関係性への欲求を充足させることが，自律的な動機づけを左右することが明らかにされている。したがって，子どもに自ら工夫することを励まし，子どもに意見を聞いたり選択の機会を提供したりすることによって自律性への欲求を充足させることが求められる。また，最適な挑戦の機会を用意し，目標設定を励まし，適切なフィードバックを与えることによって，子どもの有能さへの欲求に応えることも必要である。さらに，仲間との協同的な学習の機会を用意したり，教師が一人ひとりの進歩や向上を支援したりすることによって，子どもの関係性への欲求を充足させることも有効である。

第3節　自己調整学習

　中央教育審議会（2003）は，今後の教育目標とされる「生きる力」の知的側面としての確かな学力について，「知識・技能に加え，自分で課題を見つけ，自ら学び，主体的に判断し，行動し，よりよく問題を解決する資質や能力」をあげている。高度情報化社会に代表される変化の激しい社会にあって，学習は一生涯続く過程となり，生涯学習の基盤として自分で学習し能力を高めることのできる資質や能力がより重視されるようになってきたといえよう。このような自ら学ぶ力の育成は，心理学では「自己調整学習（self-regulated learning）」の問題として検討が進められている。

　ジマーマン（Zimmerman, 1989）によると，自己調整学習とは「学習者が，

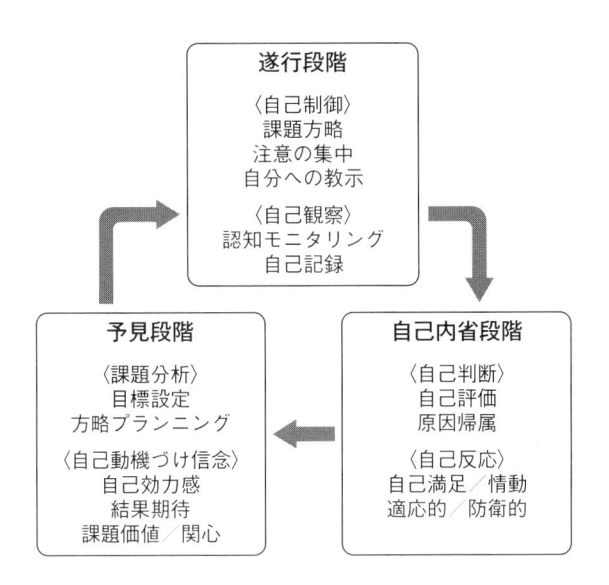

```
         ┌─────────────────┐
         │   遂行段階       │
         │  〈自己制御〉     │
         │   課題方略       │
         │   注意の集中     │
         │   自分への教示   │
         │                 │
         │  〈自己観察〉     │
         │  認知モニタリング │
         │   自己記録       │
         └─────────────────┘
          ↑              ↓
┌─────────────────┐  ┌─────────────────┐
│   予見段階       │  │  自己内省段階    │
│  〈課題分析〉     │  │  〈自己判断〉    │
│   目標設定       │← │   自己評価       │
│  方略プランニング │  │   原因帰属       │
│                 │  │                 │
│〈自己動機づけ信念〉│  │  〈自己反応〉    │
│   自己効力感     │  │  自己満足／情動  │
│   結果期待       │  │  適応的／防衛的  │
│   課題価値／関心 │  │                 │
└─────────────────┘  └─────────────────┘
```

図6-2　自己調整の循環的段階モデル（ジマーマン，2009）

メタ認知，動機づけ，行動において，自分自身の学習過程に能動的に関与すること」であると定義される。また，自己調整学習を進めている人は，「習得目標を設定し，効果的な学習方略を実行し，目標の進行をモニターおよび評価し，学習を促進するための環境を整備し，必要な援助を要請し，努力をし続け，方略を調整し，今の目標が達せられるともっと効果的な目標を設定する」といった特徴がみられるという（シャンク・ジマーマン，2009）。

このような自己調整学習のプロセスは，図6-2にあるように，「予見」「遂行」「自己内省」の3つの段階からなるものと考えられており，それぞれ動機づけと密接な関連があることがわかる。例えば，活動の準備段階と考えられる「予見」の段階では，目標設定や自己効力感の高さ，目標志向などが課題遂行のための計画を左右する。また，「遂行」の段階では，自分の行動をモニターしながら適切な学習方略を効果的に採用しているか，さらに，「自己内省」の段階では，自分の学習成果に適切な原因帰属をしているか，というように自己調整学習の各段階において動機づけが重要な役割を果たしている。

例えば，体育学習場面における動機づけ雰囲気と学習方略との関連を検討したオムンドセン（Ommundsen, 2006）は，熟達志向的な雰囲気がメタ認知方略や努力調整方略といった熟達を促す学習方略を採用させる傾向にあるのに対して，成績志向的な動機づけ雰囲気は，課題回避目標や浅い学習方略，回避的学習方略を採用する傾向を高めることなどを報告している。また，自己調整の源泉の1つと考えられる子どもの内発的動機づけに及ぼす教師の自律性支援的行動に関連して，小学校教師の「自律性支援－行動制御」にかかわる信念に着目した鹿毛ほか（1997）は，自律性支援の志向性が高い教師のクラスの子どもは，そうでない子どもと比べ，内発的動機づけや学力において差が認められないものの，有能感や教師・友人に対する適応的態度が高かったことを報告している。つまり，教師の自律性支援は小学1年生という学校教育の初期の段階においてさえも自己調整の能力の発達に影響していることがわかる。

　前述した自己調整している子どもの特徴は，内発的に動機づけられた子どものイメージと重なる部分が大きい。このことは，児童・生徒の自己調整学習能力を育む上で，動機づけ要因は欠かせない重要性をもつことを示している。したがって，教師には，学習の目標を明確化し，方略をモデリングし，生徒の学習が方略的なものとなるように働きかけるといった自己調整学習のそれぞれの段階での支援が求められる。また，必要がなくなったらこれらの支援を控え，学習内容の統合や応用に挑戦させる課題に自律的に取り組む機会を用意することも必要と考えられる。

第4節　体育における学習意欲

　体育における学習意欲に関しては，西田が一連の研究を行っている。ここでは，それらの一部を紹介する。

(1) 体育における学習意欲の概念と測定尺度の開発

　児童・生徒の学習活動をいかに積極的にさせるのかという問題は，学校教育における長年の重要な研究テーマであった。情報化，高齢化，国際化などが叫ばれる現代社会においても，生涯を通じて主体的に学び続ける意欲の重要性が

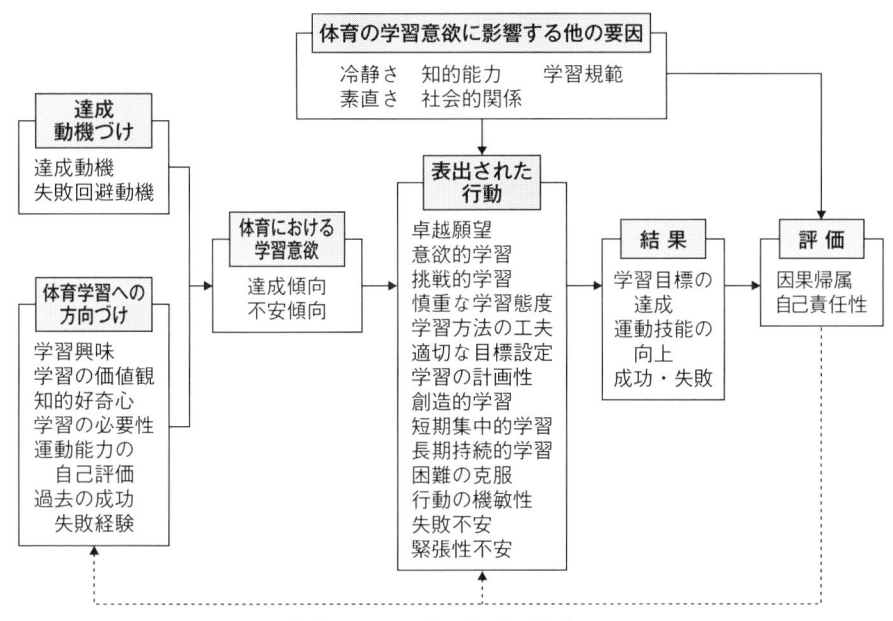

図6-3 体育における学習意欲の構造 (西田, 1986)

指摘される。

　西田 (1989) は，体育における学習意欲を説明する中核として達成動機づけを位置づけ，「体育における学習活動を自発的・積極的に推進させ，それらの学習を一定の卓越した水準にまで到達させようとする内発的動機づけ」であると定義した。一般的な達成動機づけが，情緒的要因（体育学習への興味や知的好奇心など），価値的要因（体育学習に対する価値観，目的意識，必要性など），認知的要因（運動能力の自己評価など），経験的要因（過去の成功や失敗など）によって体育学習に方向づけられたものであると考えたのである（図6-3）。

　体育における学習意欲研究を推進させていくために，この考え方に依拠した体育における学習意欲検査 (Achievement Motivation in Physical Education Test: AMPET) が開発された（西田，1989）。全国の各地域（大都市，中小都市，郡部）から抽出された小学校4年生から高校3年生までの男女計10,055名を調査対象者として，信頼性と妥当性が種々検討され標準化された。体育における学習意欲の意欲的側面（学習ストラテジー，困難の克服，学習の

規範的態度，運動の有能感，学習の価値）と回避的側面（緊張性不安，失敗不安）の計7下位尺度で構成されている。

　AMPETの開発により体育における学習意欲の高さが客観的に測定できるようになったが，学習意欲の高低だけでなく，それらは何によって支えられているのか，子どもたちはどのような学習方法を好んでいるのか，どのような事柄に興味や関心があるのかなどを多面的・総合的に把握することによって，学習意欲を高める有効な働きかけや介入が可能になってくると考えられる。このような背景から，教師が子どもの学習意欲を高めようとする際に有益な情報や手がかりを提供することを目的とした体育における学習意欲診断検査（Diagnosis of Learning Motivation in Physical Education Test：DLMPET）が開発された（Nishida, 2007）。診断結果として，「体育における学習意欲，学習意欲の類型（タイプ），学習意欲の支持要因，学習行動の選好，他教科の興味，諸活動の興味と体育の楽しさ」が，1枚のプロフィールとして提示される。

　AMPETおよびDLMPETは，第3章第2節および研究資料に詳しく紹介されている。併せて参照されたい。

(2) 体育における学習意欲の規定因 ―期待・感情モデル―

　体育における学習意欲は，個人，対人関係，学習環境など様々な要因によって規定されている。しかしながら，どの要因が最も強く規定しているのか，それぞれの要因間にはどのような因果関係が認められるのか，規定要因には順序や階層があるのかなどについては明確にされていなかった。

　そこで，西田・澤（1993）は，これらの問題点を解消するために，体育における学習意欲を規定する「期待・感情モデル」を提唱した（図6-4）。このモデルは，過去の研究を踏まえ，実証的なデータを収集して構築されたのであるが，基本的な考え方は，体育における学習意欲を規定する中核（一次的要因）となる変数は，期待および感情であるという点である。期待とは，与えられた学習課題がうまくできるかどうかの予想や見通しであり，成功への期待（どの程度うまくできると思うのか），能力向上への期待（どのくらい上達すると思うのか）のことである。一方，感情とは，学習課題そのものと成功後の予想に関連して生じる正の感情である。体育学習で経験する感情，運動そのものに対

第6章 体育活動の動機づけ

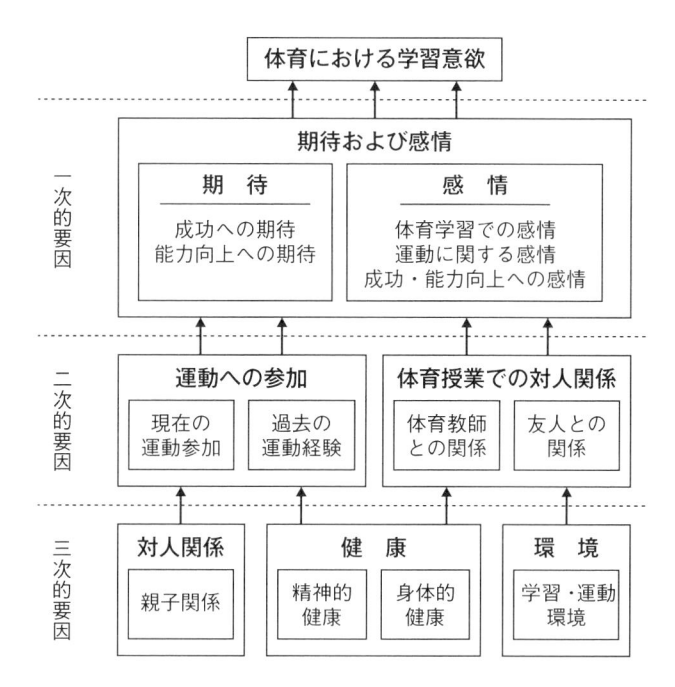

```
                体育における学習意欲
                        ↑
         ┌──────期待および感情──────┐
一次的要因 │   期　待          感　情      │
         │ 成功への期待    体育学習での感情  │
         │ 能力向上への期待 運動に関する感情  │
         │                 成功・能力向上への感情│
         └────↑──────────↑────┘

二次的要因 ┌─運動への参加─┐ ┌体育授業での対人関係┐
         │ 現在の   過去の │ │体育教師   友人との │
         │ 運動参加 運動経験│ │との関係    関係   │
         └──↑──────┘ └──↑────↑──┘

三次的要因  対人関係      健　康        環　境
          親子関係   精神的  身体的    学習・運動
                    健康    健康       環境
```

図6-4　体育における学習意欲を規定する期待・感情モデル（西田・澤，1993）

して抱いている感情，成功や能力向上に関連して生じる感情である。具体的には，それぞれの状況における興味，楽しさ，面白さ，うれしさ，喜びなどである。

　そして，期待および感情を規定している二次的要因として，運動への参加（現在の運動参加，過去の運動経験），体育授業での対人関係（体育教師との関係，友人との関係）があげられ，それらを支えている三次的要因として，対人関係（親子関係），健康（精神的健康，身体的健康），環境（学習・運動環境）が想定された。そして，小学校高学年を対象にしたデータの重回帰分析によってこれらの因果関係が検証されたのである。

(3) 体育における学習意欲喚起の実践的研究

　期待・感情モデルに依拠した実践が，小学校5年生の跳び箱運動を対象として行われた（Nishida, 1998；西田, 2004）。子どもたちの期待および感情を

95

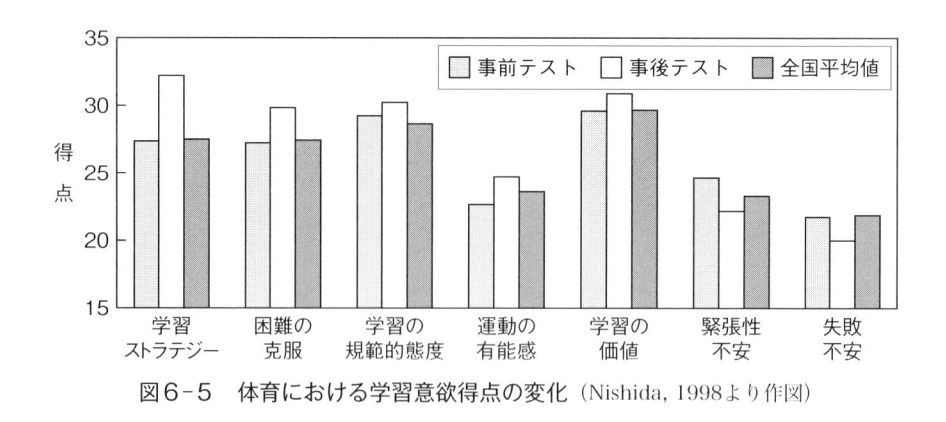

図6-5 体育における学習意欲得点の変化（Nishida, 1998より作図）

高めることにより，体育における学習意欲が高まるという仮説が設定された。具体的なプログラムは，努力すれば運動がうまくできるようになり，体育の授業が楽しくなってくるという経験を，認知レベルと行動レベルで積ませることであった。この実践は，通常の体育授業の中で計8回（週2～3回）行われ，プログラムの有効性を検討するための様々な調査がプログラム開始前後（事前，事後）に実施された。その結果，子どもたちの体育における学習意欲（図6-5），体育学習での期待および感情，楽しさ，内発的動機づけが高くなった。また，友人関係が良好になり，体育教師の学習活動の評価も肯定的に変化した。そして，これらの効果は比較的長期（約5ヵ月）にわたって持続することも明らかとなった。本実践は，学習者の期待および感情を高める働きかけの重要性を示すものとして注目される。

第5節 言葉がけと動機づけ

対人関係の中で行われている体育の授業では，先生や仲間から発せられる言葉がけが生徒の動機づけに大きな影響を及ぼしている。一般的には，賞賛（褒め言葉）や激励（励まし言葉）は学習者の意欲的な取り組みを引き出すのに対して，命令（言い付け言葉）や叱責（叱り言葉）はやる気を阻害するとされている。ここでは，体育教師の授業中の発言（言葉がけ）が，子どもの動機づけや学習意欲に及ぼす影響について考えてみる。

小学校4年生の体育授業を対象として，個人内評価を重視した教師の言葉がけが，子どもの動機づけとどのような関係があるのかを検討した研究がある。長谷川（2004）は，例えば，体育教師が「パスが前よりもうまくなってきたね」「前よりシュートが成功するようになったね」「今までで最高の記録だね」といった個人の進歩を強調した言葉がけを多く用いることによって，児童の動機づけが高まるのかどうかを検討した。

　主な結果として，児童が認知した言葉がけの数と動機づけ関連変数との間に相関関係が認められた。すなわち，体育教師からの言葉がけが多いと認知していた児童ほど，熟達や進歩を目標とする課題志向性や，クラス全体が課題志向的であると認知するマスタリー雰囲気が高く，体育の得意さ，体育の愛好的態度，体育授業の満足感が高いといった関係が認められた。また，勝敗や能力が重視されるパフォーマンス雰囲気が低くなるという関係がみられた。このように，個人内評価による進歩を強調した体育教師の言葉がけは，児童の動機づけ状態を良好にするのに有効であることが示された。

　ところで，先に述べた「期待・感情モデル」に依拠すると，体育における学習意欲の高い子どもは，体育教師から期待や感情が高まるような発言や言葉がけを体育授業の中で数多く受けているのではないかと仮定される。西田（1996, 2004）は，この点を明らかにするために，小学校5年生にAMPETを実施し，体育における学習意欲の高いクラスと低いクラスを抽出した。そして，それぞれのクラスを担当する体育教師の授業中の発言を収集し，その中に期待や感情を高める言葉がどの程度含まれているのかを分析した。

　予想されたように，体育における学習意欲の高いクラスを担当している体育教師は，期待および感情を高めると思われる発言が多く，それらの割合は発言総数全体の56.2%にまで及んでいた（表6-1）。具体的にいえば，是認（運動の結果や授業中の行為に対する是認，承認，容認など），助言（技術向上へのアドバイス，学習方法のヒント，重要ポイントの指摘など）といった内容が多くみられた。子どもの学習活動を是認し助言を与えるといった指導が中心であった。一方，体育における学習意欲の低いクラスを担当する体育教師は，発問（質問や問いかけなど）や指示（呼びかけ，命令，行動の促進，依頼，要求など）の発言が多く，期待および感情に関連した発言数は全体のわずか11.6

表6-1　体育における学習意欲の高いクラスと低いクラスの教師の発言分析 (西田, 1996)

	高いクラスの教師		低いクラスの教師	
	回数	%	回数	%
〈期待および感情〉				
目標提示	9	1.8		
助言	58	11.9	16	7.4
KR	40	8.2	2	0.9
是認	116	23.7		
自信向上	15	3.1		
賞賛	33	6.7	6	2.8
激励・援助	4	0.8	1	0.5
合計	275	56.2	25	11.6
〈その他〉				
指示, 発問, 注意など	214	43.8	190	88.4

%にしかすぎなかった。子どもへの発問や指示が中心の授業であったと想像される。

　この研究では，体育における学習意欲の高いクラスを担当している体育教師は，それらが低いクラスの体育教師よりも，体育学習において期待や感情を高める発言の多いことが明らかにされた。この事実は，逆の見方をすれば，日頃から期待や感情を高める発言の多い体育教師に指導されていると，子どもの体育における学習意欲が高まってくることを示唆するものである。今後の授業において，このような視点での取り組みが期待される。

　本節では，子どもの動機づけや学習意欲を高める言葉がけに関して2つの研究を紹介した。そして，「個人の進歩を強調した言葉がけ」や「期待や感情を高める発言」が有効であることが示された。また，冒頭にも示したが，一般的に広く紹介されている賞賛（褒め言葉）や激励（励まし言葉）も効果的である。しかしながら，これらの言葉がけがさらに有効に機能するためには，いくつかの条件をクリアする必要がある。例えば，①体育教師がそれらの言葉がけを，どのような意図をもち，どのような状況で発したのか，②子どもは，それらをどのような気持ちや意識で受けとめたのか，③体育教師と子どもとのどのよう

な関係性の中で言葉がけが行われたのか，などがあげられる。これらの中では，教師と子どもとの相互の関係性（信頼，理解，受容など）が最も重要だと思われる。「自分は信じてもらえている」「自分のことをよく知ってくれている」「温かく受け入れられている」「親身になって話を聞いてもらえる」と感じられる教師の言葉がけは，子どもの心にいつまでも強く残るものであり，人を動かすことができるのである。

第6節　ストレス適応と動機づけ

(1) ストレス

　ストレスは，金属の外側からの力に対する内側からの反発力を意味する言葉として用いられてきた。現在では生体に対する環境からの刺激やそれによって生じる生体内外の環境の変化に適応するための，生理的あるいは心理的システムを説明する言葉としても用いられている。後者の場合，生体に影響を及ぼす要因をストレス刺激（ストレッサー），それによって生体に生じる生理的な反応や心理行動的な反応をストレス反応と定義している。また，ストレス刺激とストレス反応の関係に影響を与える個人の心理行動的要因として，認知的評価と対処行動（コーピング）の重要性が指摘されている。認知的評価とは，ストレス刺激がどの程度自分にとって脅威であるか，そしてそれに対して何ができるかが検討される過程であり，対処行動の選択と実行はそれに基づいて行われるとされている。

(2) 体育授業やスポーツ活動のストレッサー

　体育授業でやる気が起きない，あるいは部活動をやめたなどという場合，活動にかかわって生じていた嫌悪感を抱かせる出来事や事柄がストレス刺激となり，その結果として意欲の低下や退部というストレス反応が起こった可能性がある。したがって，そのような出来事や事柄が起こらないようにすれば，活動意欲の低下や運動部活動からの離脱などを防ぐことができると考えられる。表6-2は，体育授業や運動部活動にかかわるストレス刺激をまとめたものである。指導者は，これらのことが指導場面で生じないように配慮することが大切であ

表6-2　体育授業や運動部活動におけるストレス刺激

体育授業 (中学生対象の調査結果：佐々木，1997)	運動部活動 (高校生対象の調査結果：渋倉，2001)
・効力感の欠如（うまくできない） ・教師の不適切な指導・態度 　（先生がすぐおこる） ・仲間からの中傷（嫌みをいわれる） ・仲間の不真面目な授業態度 　（だらだらしている） ・体調不備（身体がだるい）	・指導者 　（指導者の考えが自分の考えと合わない） ・練習時間（練習時間が長い） ・競技力（競技能力が低い） ・仲間（仲間と気が合わない） ・怪我・病気 　（怪我や病気で試合に出られない）

る。

(3) 体育授業やスポーツ活動におけるストレス適応

　運動やスポーツに対する動機づけが低下しないようにするためには，ストレス刺激にうまく対応し，状況の変化に適応できるようにするための認知的評価と対処行動を個人が身につけておくことも重要である。

　佐々木ほか（2009）は，中学生を対象に体育授業中に友だちとの間に生じる困ったことや嫌な出来事に対する認知的評価と対処行動のあり方（合わせて，友人ストレッサー対処スキル）をバスケットボールの単元前に学習させ，さらに毎時間その実施状況と対処結果から学ぶことができたことを振り返らせるという介入授業を実施した。その結果，単元後に，友人ストレッサーを自分のやり方で気にならないようにすることができるようになったとする生徒が多く見られるようになり，さらに学習課題に工夫して取り組もうとしたり，周りの友だちと協調したりする行動が増えたことが示された。また，体育授業に対する肯定的な感情もより強くなっていた。表6-3は，介入内容の一部を示したものである。

　運動やスポーツの活動には，対人的問題以外にも様々なストレス刺激が潜在する。それらによるストレス状況に遭遇しても，運動やスポーツを行うことの楽しさを見失わず活動意欲を維持し向上させていくためには，ストレス適応のための方略を身につけ日頃から実践しておくことが重要であると考えられる。

表6-3 体育授業中のストレス対処スキルに関する事前学習要旨
(佐々木ほか,2009:介入資料の一部)

【知識】	①ストレス状況では「気持ち」「からだ」「考え」「すること」の４つが相互に影響し変化する。 ②しかし,ストレス状況の意味をいかに考えるかで,気持ち,からだ,することは変えられる。
【実習】	授業中に友だちから悪口を言われるなどイヤなことが起きたときの対処法を考えよう。 　　「考え」(認知的評価)　　　　　　　　　　　　「すること」(対処行動) A:「気になるなあ」「この後が不安だな」──→その友だちから少しはなれよう B:「自分の人づきあいの力を高める 　　良いチャンスだ」──────────→つながりを持つように話しかけよう AとBは「考え」と「すること」が違います。「気持ち」と「からだ」がそれぞれでどう変わるか考えよう。
【知識】	①起こったことは自分にとってどのような意味があるのかを慎重に考える。 ②「行動」は場合に応じていろいろ変える。いつも同じ内容にならないようにする。

●文献

Ames, C. (1992) Classroom: Goals, structures, and student motivation. Journal of Educational Psychology, 84: 261-271.

中央教育審議会 (2003) 初等中等教育における当面の教育課程及び指導の充実・改善方策について (答申).

長谷川悦示 (2004) 小学校体育授業における「個人の進歩」を強調した教師の言葉かけが児童の動機づけに及ぼす効果.スポーツ教育学研究, 24:13-27.

鹿毛雅治・上淵　寿・大家まゆみ (1997) 教育方法に関する教師の自律性支援の志向性が授業過程と児童の態度に及ぼす影響.教育心理学研究, 45:192-202.

西田　保 (1986) 体育における学習意欲に関する基礎的研究.総合保健体育科学,9:1-18.

西田　保 (1989) 体育における学習意欲検査 (AMPET) の標準化に関する研究-達成動機づけ論的アプローチ-.体育学研究, 34:45-62.

西田　保 (1996) 体育における学習意欲の喚起に関する教師の発言分析.総合保健体育科学,19:1-8.

Nishida, T. (1998) Arousal of achievement motivation for learning in physical education class: A study based on the Expectancy-Affect model. Nagoya Journal of Health, Physical Fitness and Sports, 21:1-9.

西田　保 (2004) 期待・感情モデルによる体育における学習意欲の喚起に関する研究.杏林書院.

Nishida, T. (2007) Diagnosis of Learning Motivation in Physical Education Test (DLMPET) and its applicability to educational practice. International Journal of Sport and Health Science, 5:83-97.

西田　保・澤　淳一（1993）体育における学習意欲を規定する要因の分析．教育心理学研究，41：125-134．

Ommundsen, Y. (2006) Pupils' self-regulation in physical education: The role of motivational climates and differential achievement goals. European Physical Education Review, 12: 289-315.

佐々木万丈（1997）体育授業における中学生用心理的ストレスレベル測定尺度の開発．スポーツ心理学研究，24：17-26．

佐々木万丈・西田　保・伊藤豊彦・磯貝浩久・杉山佳生・渋倉崇行（2009）体育授業におけるストレス適応能力の育成：生きる力へのアプローチ．日本スポーツ心理学会第36回大会研究発表抄録集，pp.42-43．

シャンク・ジマーマン：塚野州一訳（2009）モチベーション－自己調整学習の基本的特質－．ディル H. シャンク・バリー J. ジマーマン編：塚野州一編訳，自己調整学習と動機づけ．北大路書房，pp.1-23．

渋倉崇行（2001）高校運動部員の部活動ストレッサーとストレス反応との関連，新潟工科大学研究紀要，6：137-146．

Zimmerman, B. J. (1989) A social cognitive view of self-regulated academic learning. Journal of Educational Psychology, 81: 329-339.

ジマーマン：塚野州一訳（2009）目標設定－学習の自己調整の基本的能動的源－．ディル H. シャンク・バリー J. ジマーマン編：塚野州一編訳，自己調整学習と動機づけ．北大路書房，pp.221-243．

コラム⑤ 体育における学習意欲の発達的推移

子どもたちの体育における学習意欲は、学年が進行するに伴ってどのように変化するのだろうか。発達的な推移が把握できれば、学習意欲の変化に影響している要因を学年別に分析したり、それらの変化に応じた学習指導が可能になってくる。

そこで、体育における学習意欲検査（AMPET）を標準化した時のデータを用いて、児童・生徒の体育における学習意欲の強さが、彼（彼女）らの発達に伴ってどのように変化していくのかを調べてみた。本来ならば、このような目的には、個人を経年的に追跡していく縦断的研究が望ましいのであるが、ここでは横断的なデータで分析した。

調査対象者は、全国の各地域（大都市、中小都市、郡部）から抽出された小学4年生から高校3年生までの男女計10,055名であった。体育における学習意欲の測定には、第3章第2節(1)で紹介したAMPETを用いた。この検査は、体育における学習意欲の意欲的側面（学習ストラテジー、困難の克服、学習の規範的態度、運動の有能感、学習の価値）と回避的側面（緊張性不安、失敗不安）を測定できるように構成されている。

(1) 意欲得点

AMPETの意欲得点（学習ストラテジー、困難の克服、学習の規範的態度、運動の有能感、学習の価値の合計点）を学年別に示したのが、図1である。総じていえば、小学4年生から高校3年生にかけての体育における学習意欲は、男女とも一般的に徐々に低下する傾向が示されたといえる。特に小学生から中学生にかけての低下が大きい。また、男子のほうが女子よりも学習意欲の高い傾向が認められた。

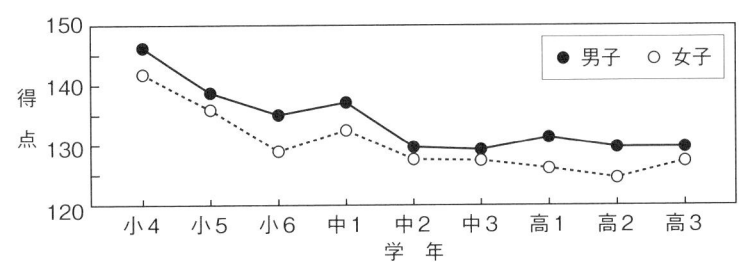

図1 AMPETの意欲得点の発達的推移（西田・西田，1990）

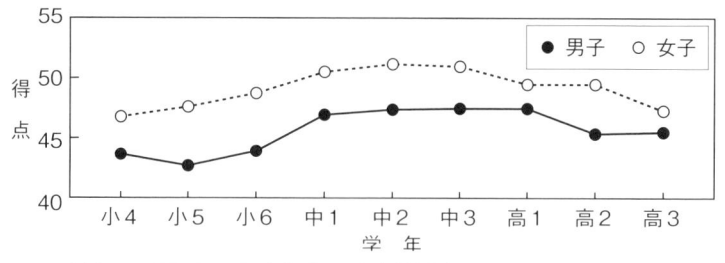

図2　AMPETの不安得点の発達的推移（西田・西田，1990）

これらの結果に対して，いくつかの原因が考えられる。例えば，①小学生と比較して中学生や高校生の活動欲求が一般的に低いこと，②中学生や高校生になると価値観が多様化してくるので，体育学習への価値観が相対的に低くなってくること，③学年の進行に伴って身体運動への興味が低下すること，④体育嫌いや運動嫌いが小学生から中学生や高校生にかけて増えてくること，⑤自己認知に客観性がみられるようになり，より現実的な評価や判断を下すようになることなどがあげられる。

また，AMPETの意欲得点は，小学6年生から中学1年生にかけて高くなっていた。これは男女とも共通していた。中学校に入ることによって気持ちが新鮮になったり，部活動に参加する機会が多くなることなどから，体育における学習意欲が一時的に高まったのではないかと推察される。

(2) 不安得点

一方，AMPETの不安得点（緊張性不安と失敗不安の合計点）を学年別に示した図2によると，全学年とも女子のほうが男子よりも得点が高かった。この結果は，これまでの不安に関する研究結果と一致しており，一般的な不安の性差が，体育の学習場面にも影響を及ぼしたと考えられる。また，男女ともAMPETの不安得点が，小学生から中学生にかけて高くなる傾向がみられた。これは，児童期から青年期への過渡期にいる中学生は，身体的には大きく成長する一方で，精神的にはいろんな面で動揺しやすい時期であることから，そのような中学生の心理的特徴が，体育学習での緊張性不安や失敗不安を高めたのではないかと思われる。

●文献
西田　保・西田紀江（1990）体育における学習意欲の発達的推移．総合保健体育科学，13：47-54．

［第Ⅲ部］スポーツ競技の動機づけを知る

Sport Motivation

第7章

ジュニアスポーツと動機づけ

第1節 有能感と動機づけ

(1) ジュニア世代の有能感

　自己決定理論では，内発的動機づけを高める要因の1つとして，有能さへの欲求の充足があげられている（第2章第2節(7)参照）。これは，有能感の獲得とみなすことができるものである。すなわち，有能感が得られることによって内発的動機づけが高まるということになる。

　ところで，有能感の獲得プロセスは，発達段階によって異なることが指摘されている（ホーンとハリス，2008）。このことは，ジュニア世代のスポーツ参加者の動機づけを高めるための方策にも，発達段階による違いがあることを示唆している。そこで本節では，ホーンとハリス（2008）に基づき，幼児期（3～6歳），児童期（7～12歳），青年期（13～18歳）の発達段階に特徴的な有能感の発達パターンを詳述した上で，それらを踏まえた動機づけの方法を考究する。

(2) 幼児期の有能感と動機づけ

　就学前のこの年代の子どもは，自己の有能性を課題の完遂によって感じると考えられている。特に，何かを成し遂げたということが，視覚や聴覚によって具体的に認識されることが重要である。成し遂げられた課題がやさしいか難しいかは，あまり問題ではない。

　サッカーのシュートを例にあげてみよう。大人にとっての成功であるボール

がゴールラインを割って得点となることを，幼児期の子どもは必ずしも達成とは思わない。それよりも，ゴールネットを大きく揺らすことのほうが達成感を生み出し，ひいては有能感の獲得に至るようである。さらにいえば，ボールがゴールに入らずに，ポストをたたき大きな音が出るといったことも，この年代の子どもにとってはある種の達成となる。このように，ルールに基づいた抽象的な達成よりも，視覚や聴覚で確認できる具体的な達成が有能感をもたらす。

　一方，親や指導者といった大人からの評価も，有能感の獲得にとって重要な要因である。この年代の子どもは，重要な他者からの評価を言葉どおりに受け取る傾向がある。親や指導者が上手だといえば，子どもも自分は上手であると思い，有能感が得られる。客観的なパフォーマンス水準は低くても，そのパフォーマンスを称賛することで，子どもは自分にはできるという有能感を感じるようになる。

　このようにして向上した有能感は，内発的動機づけにつながると考えられていることから，幼児期の子どもの動機づけを高めるには，目に見える形での達成体験と褒めることが必要だといえるだろう。確かに，スポーツ指導において，ルールに基づいた評価や正確なパフォーマンス評価は重要であり，幼児期の子どもにそれらを理解させることは可能ではある。しかしながら，その一方で，スポーツ参加への動機づけを高めることも重要な課題であり，そのためには，この年代の子どもの発達的特徴を踏まえて，有能感を高めるような対応をすることが求められる。

(3) 児童期の有能感と動機づけ

　自己の有能性の捉え方は，発達段階が進むにつれて変化する。その1つは，仲間との比較を用いるようになることである。幼児期では，親や指導者の褒め言葉をそのまま受けとめる傾向があったが，児童期になると，それらの言葉を自分と仲間のパフォーマンスを比較した上で解釈するようになる。

　ある課題を行い，指導者が「よくできた」と褒めるような場面を想定してみよう。幼児期の子どもは，言葉どおりに「自分はできる」という有能感を得ることができる。一方で，児童期の子どもは，他の仲間のパフォーマンスとの比較をも，有能性の判断基準に用いるようになっている。そのため，他者と比べ

て自分のパフォーマンスが良ければ，指導者の褒め言葉は信憑性があると判断され，有能感の獲得に結びつくと考えられる。しかし，自分のパフォーマンスが他者より低いにもかかわらず，「よくできた」という言葉が投げかけられると，それは，自分の有能性がもともと低く見積もられているからであると解釈することになる。言い換えれば，「他の子よりもうまくできていないのに褒めるということは，自分の能力は他の子よりも低いと評価されている」と考える可能性があるということである。このような場合，この子どもは称賛を受けたからといって，有能感を高めることはできないだろう。したがって，この年代の子どもに対しては，とにかく褒めればよいというわけではなく，「適切に褒める」ことが必要であり，そのことが有能感を得ることにつながり，スポーツ活動への動機づけを高めることになる。

　これらの傾向は，いくつかの情報を総合して判断することができるという認知的能力の発達に基づくものと考えられる。しかし，この年代では，まだ思考は具体的に行われやすい。そのため，スポーツでは，具体的な指標の代表ともいえる「試合の結果」に基づいて，有能性を評価するという傾向がみられる（Watkins and Montgomery, 1989）。この試合結果には，チームとしての結果も含まれていることから，チームが勝つ（負ける）と自分個人の有能性は高い（低い）と解釈することもある。このため，児童期の子どもの有能感，そしてスポーツへの動機づけを高めるためには，個人であれチームであれ，勝利を経験することが望ましいということになる。しかしながら，勝敗への過度のこだわりは，成績志向を助長し，内発的動機づけを低下させるとも考えられるので，注意が必要である。

(4) 青年期の有能感と動機づけ

　中学生以降になると，抽象的思考能力の発達に伴って，自己の有能性の判断に自己比較や自己決定された基準を用いるようになる（Horn et al., 1993）。

　自己比較では，自分がどれだけ上達したかによって有能性の向上を判断する。すなわち，過去の自分よりも上手になっていれば，有能性は高まったと判断する。このような比較をするためには，「過去の自分」という記憶の中にある概念的な対象を用いなければならないため，抽象的思考能力が必要になる。し

がって，認知的な発達に伴って，このような比較ができるようになると考えられる。

また，過去の自分との比較に加えて，自己決定的に判断基準を設定できるようにもなる。すなわち，目標とするパフォーマンスの水準を自分で設定し，それを達成することで有能感を高めることができるようになる。このことは，どのようなパフォーマンス水準であっても（上手であっても，そうでなくても），また，どのようなチーム水準であっても（強いチームであっても，そうでないチームであっても），有能感の獲得・向上が可能になるということを意味している。

このように，青年期の子どもは，抽象的思考能力の発達に伴って自律的に有能感を高めることができ，そこから，スポーツ活動への意欲が生み出されることになる。すなわち，スポーツへの動機づけには，過去や未来を抽象的に考えることができる能力が重要な役割を果たしているということになる。

(5) まとめ

スポーツ参加あるいは活動への内発的動機づけを高めるためには，有能性への欲求を満たす必要があり，そのためには，発達段階に応じた方法を考える必要があることが示唆された。有能感の獲得のために褒めることは重要であるが，それは特に年少の子どもに当てはまるものである。また，認知的発達が進むにつれて，複数の情報源，例えば，他者との比較や自己の過去との比較などが参照されるようになることを，指導者は認識しておく必要がある。一方で，年少者に高度の抽象的思考を要する判断や理解を要求することは，有能感の充足をもたらさず，その結果，スポーツに対する動機づけが低下することになるかもしれない。これは，ジュニア世代にかかわるスポーツ指導者が，特に留意すべき点であるだろう。

第2節　競争と動機づけ

(1) 社会的比較と動機づけ

スポーツの本質を構成する要素の1つは，いうまでもなく競争である。また，

子どもたちは，この競争を通して自己の有能性を判断することもある。しかしながら，スポーツへの動機づけを高めるためには，発達段階に応じた競争の導入が必要である。

パッサーとウィルソン（2008）は，競争に対する心の準備状態を「動機づけ的レディネス」と呼んだ。そして，この動機づけ的レディネスが適切な状態になるまでは，競技，言い換えれば勝つためのスポーツをすべきではないと主張している。

このレディネスは，社会的比較に対する動機づけの発達と連動して形成されるが，それは児童期に入ってからだと考えられる。この点は，前節の有能感にかかる議論でも述べたように，認知的発達と関係している。すなわち，自分の能力を他者と比較した上で評価するようになるのは，いくつかの情報を総合的に判断できるような認知的能力が身につく小学生期からということになる。

これらのことから，幼児期の子どもにとって競争を強調するスポーツ活動は，子どもたちが有する社会的比較能力の水準にふさわしいとはいえず，スポーツ参加に対する動機づけの維持という点からみても，必ずしもすすめられるものではない。もちろん，年少の子どもにスポーツをさせるべきではないといっているわけではない。スポーツの楽しさを，発達段階の早い時期から体験することは重要である。そのためには，オーリック（2008）が提案しているように，競争的ではなく協調的なゲームあるいはスポーツの導入を，指導者は検討すべきということである。

(2) 成績雰囲気と動機づけ

競争に対する動機づけが子どもの発達にどのような影響を及ぼすのかについては，動機づけ雰囲気（第2章第2節（6）参照）にかかる議論からも示唆が得られるだろう。達成目標理論をもとに概念化された動機づけ雰囲気は，熟達雰囲気と成績雰囲気に大別されている。熟達雰囲気は，活動の場が努力や上達が成功であると評価される環境であることを，また，成績雰囲気は，他者よりも優れた成績を残すことが評価されるような環境であることを意味している。したがって，熟達雰囲気の中では，自分の上達に向けて動機づけられ，一方，成績雰囲気においては，他者との競争に勝つという目標に動機づけられていく

ことになる。

　理論的には，この熟達雰囲気と成績雰囲気は，互いに「独立」しているとみなされている。言い換えれば，一方が高ければ他方が低くなるといった関係にあるわけではなく，双方を高くすることが可能である。多くの先行研究では，熟達雰囲気が高いことは望ましいが，成績雰囲気が高いと参加者の不安を増大させ，満足感を低減し，スポーツ活動への動機づけを下げると指摘されており，一般的には低いほうが望ましいと考えられている（マカードルとドゥダ，2008）。しかしながら，スポーツの重要要素の1つが競争であり，子どもでも，児童期以降になると競争を心理的あるいは認知的に受け入れられるようになることを踏まえると，成績雰囲気が高いことは，必ずしもネガティブな結果をもたらすとは限らないと考える必要があるかもしれない。中須賀・杉山（2011）は，学校体育における調査において，授業の成績雰囲気が，自我志向性を介して運動有能感の下位因子である他者基準有能感（藤田ほか，2010）の高さと有意に関係していることを示した。このように，ある種の有能感は，成績雰囲気のもとで形成されるという可能性が示唆されている。成績雰囲気的な動機づけ環境が，子どもたちの競争能力やその他の心理社会的側面にどのような影響（特に，ポジティブな影響）を及ぼしうるのかについては，検証を重ねていくことが期待される。

(3) まとめ

　競争と子どもたちの動機づけとの関係を検討するために，ここでは，どの発達段階で競争を導入することが，スポーツ関与への動機づけを効果的に高めることができるのかという問題と，競争に対して動機づけることが，スポーツへの動機づけや子どもの発達にどのような影響を及ぼすのかという問題を取り上げた。子どもたちにとって，スポーツは競争を体験できる場であり，社会において必要な競争力を身につける恰好の場でもあると考えられることから，競争を通してスポーツへの動機づけを高める方策だけでなく，競争力の獲得に対する動機づけを生み出す方法についても，今後，追究していく必要があるだろう。

第3節 人間関係と動機づけ

(1) 仲間関係

　スポーツは，当然のように集団で行われることが多い。そこで，仲間，いわゆるチームメートと様々な関係を形成することになる。ブルースタッドとパートリッジ（2008）は，子どものスポーツ集団にみられる関係として，「仲間受容と拒絶」「友情」「仲間いじめ」の3つをあげている。

　「仲間受容」とは，仲間集団から好意を得て受け入れられている状態，一方で，「仲間拒絶」は，その集団から好意を得られず拒否されている状態である。仲間受容は，様々な活動における成功を通して生じうるが，スポーツもその1つである。すなわち，子どもたちにとって，スポーツでの成功は仲間から受容される重要な要因であり，そのことがスポーツ参加への動機づけとなりうると考えられる。ヴァイスとダンカン（Weiss and Duncan, 1992）は，身体的有能性の高い子どもが，仲間から受容されていることを報告している。このように，スポーツや身体にかかる有能性の発揮が仲間受容と結びつくことからすると，仲間受容への欲求が子どもたちをスポーツ参加へと導く場合もありうると考えられる。これに対して，仲間受容が得られることで，スポーツ参加あるいは継続が実現する（反対に，仲間拒絶によってスポーツからの離脱が生じる）こともあるだろう。チームメート間の相互受容を促すことは，子どもたちのスポーツ参加あるいは継続への動機づけを高める上で，指導者が留意すべき重要な点であると考えられる。

　この仲間受容が集団からの受け入れであるのに対し，「友情」は，2人の間に生じる情緒的な強い結びつきを意味している。また，「仲間いじめ」は，関係を拒絶するだけでなく，直接的な身体的あるいは言語的攻撃を含む行動である。ヴァイスとスミス（Weiss and Smith, 1999）によって「スポーツ友情クオリティ尺度」が作られ，スポーツにおける友情の問題が扱われるようになってきてはいるものの，このような友情や仲間いじめが，スポーツ参加や継続への動機づけにどのような影響を及ぼしているのかについては，ほとんど検討されていないといってよい。今後の研究の進展が期待されるところである。

(2) 指導者と選手の関係

　指導者と選手との関係は，ジュニアスポーツに限らず，動機づけに多大な影響を及ぼすと考えられる。ホルトとホッグ（Holt and Hogg, 2002）は，女子サッカーワールドカップ優勝チームにおける選手のストレス源を調査し，指導者とのコミュニケーションの問題を第一の要因としてあげている。特に，試合中のミスを非難するような言動に対して，大きなストレスを感じていることが指摘されている。このような事例からも，指導者のかかわりが選手の動機づけに一定の影響を及ぼしていることがうかがわれる。

　ジュニア選手については，スモールとスミス（2008）が，指導者の行動と選手の態度との関係を検討している。その結果，適切な励ましや技術的な教示を与える指導者のもとでは，子どもたちは指導者に友好感をもち，また，競技を楽しんでいた。一方で，指導者の懲罰的あるいは批判的な行動は，子どもの指導者に対する肯定的な態度と負の相関を示していた。指導者に対する友好性とチームの勝率との関係は認められなかった。これらのことから，指導者の支援的態度あるいは適切な教示行動が，子どもたちをスポーツ活動に動機づけていることが示唆されよう。

(3) まとめ

　スポーツ活動の際に自ずと生じる仲間や指導者との人間関係は，子どもたちのスポーツ参加や継続に対する動機づけに多大な影響を及ぼしている。そのため，指導者は自身の行動が適切であるのかを振り返るとともに，子どもたち同士の関係にも気を配らなければならない。特に，仲間関係については，時間とともに変容することが予想されるので，それらを絶えずモニターしておくことが望まれる。

第4節　ライフスキルと動機づけ

(1) ライフスキルとは

　ライフスキルは，「日常生活で生じる様々な問題や要求に対して，建設的かつ効果的に対処するために必要な能力（WHO, 1997）」などと定義されてい

るが，健康的かつ健全な生活を送るために，人々，特に青少年が身につけるべき能力・技能であると考えられている。そして，その本質は，運動スキルと同様に，練習を通して獲得されるというところにある（杉山，2004）。

このライフスキルは，単一のスキルで成り立っているわけではない。WHO（1997）は，5つのカテゴリーに分類された10種のライフスキルをあげている。それらは，「意志決定，問題解決」「創造的思考，批判的思考」「効果的コミュニケーション，対人関係スキル」「自己意識，共感性」「感情への対処，ストレスへの対処」である。また，スポーツメンタルトレーニングにおいて習得が必要とされている心理的スキル（日本スポーツ心理学会，2005）の中にも，ライフスキルとみなすことができるものがある。目標設定，注意集中，イメージ，積極的思考にかかるスキルなどがそうである。このように，日常場面で用いられる様々な種類の心理社会的なスキルが，ライフスキルを構成している。

ここでは，ライフスキルに含まれるすべてのスキルについて論じることは困難であることから，スポーツ参加や実践への動機づけと特に関係が深く，また，ジュニア世代の心身の発達・成長にとっても重要であると考えられる，コミュニケーション・対人関係スキル，ストレス対処スキル，および，目標設定スキルを取り上げる。そして，それらと動機づけとの関連性を述べる。

(2) コミュニケーション・対人関係スキルと動機づけ

前節でも述べたように，仲間からの受容はスポーツ参加への動機づけをもたらすと考えられるが，その受容を得るために，コミュニケーションスキルあるいは対人関係スキルが有効であるだろう。仲間と適切にコミュニケーションをとり良好な対人関係を形成することで，仲間から受容される可能性は高まり，その仲間と一緒にスポーツ活動を継続していこうという気持ちがいっそう強くなると考えられる。もちろん，適切なコミュニケーションや対人関係を作り出すためには，それらにかかるスキルを練習によって身につける必要がある。

このようなコミュニケーション・対人関係スキルの練習を効果的かつ効率的に行うためには，対象とするスキルの構造を把握しておくことが望まれる。例えば，相川・藤田（2005）や藤本・大坊（2007）は，コミュニケーションスキルを，「伝達系（記号化，表現力）スキル」「解読系（解読，解読力）スキル」

「統制系（感情統制，自己統制）スキル」という３種類の下位スキルに分類している。したがって，コミュニケーションスキル獲得のための練習プログラムは，これらの下位スキルそれぞれについて構成される必要があるだろう。

(3) ストレス対処スキルと動機づけ

スポーツ活動を行う際に，様々なストレスに出会う可能性が高い。「思うように上達しない」「指導者に叱られる」「チームメートとの関係が悪い」などといったことがストレスとなりうる。スポーツは行いたいという強い動機づけをもちながらも，上記のようなストレスに対処できずに，スポーツ参加への動機づけが失われ，スポーツ活動を中断あるいは離脱するという場合もあるだろう。

このような時に，ストレス対処スキルを身につけて，ストレスを適切に処理することができれば，参加動機を維持し，スポーツ活動からの離脱を回避することができるかもしれない。繰り返しになるが，このストレス対処スキルも，練習によって身につけることができるものであり，自らの努力によって状況を改善することができる。

具体的なストレス対処スキルには，リラクセーションスキルや認知的変容スキルなど目的に応じていくつかの技法があり，それらを適宜練習していけばよいだろう。一方で，他のライフスキルにも当てはまることではあるが，このようなスキルを練習することに対しての動機づけを高めていくことも必要である。

(4) 目標設定スキルと動機づけ

目標設定スキルは，前述したように，心理的スキルとして取り上げられることが多いが，日常生活の種々の問題に対応するためのスキルという点で，ライフスキルとみなしてもよいものである。実際，WHO（1997）が提案している教育プログラムにおいては，問題解決スキル学習プログラムの一部に，目標設定が用いられている。

この目標設定スキルは，動機づけを高めるための重要な技法の１つと位置づけられている。目標設定に際しては，ロックとラザム（Locke and Latham, 1985）が提唱したものをはじめ，いくつかの原則に則ることが求められているが，ここでは，SMART（S）システム（Hodge, 2004）としてまとめられ

ている原則を紹介しておこう。

　S ＝Specific　一般的（general）ではなく，具体的な目標を設定する。
　M＝Measurable　できるだけ測定できる目標を設定する。
　A ＝Adjustable　目標は，状況に鑑みて，適宜，修正すべきである。
　R ＝Realistic　困難（challenging）ではあるが，実現可能な目標を設定する。
　T ＝Time-referenced　目標設定においては，期限（締切）を決める。
　S ＝Strategy to achieve goal(s)　目標を達成するための方略を検討する。

　他にも，「長期，中期，および短期目標を設定する」「結果目標だけでなく，パフォーマンス目標，プロセス目標を設定する」「設定した目標や達成に対する評価は，目に見える形で書き出す」といった原則もある。

　「目標設定スキルを獲得する」とは，以上のような原則を踏まえながら，自ら適切に目標設定を行うことができるようになることである。また，この「目標設定」という言葉の中には，ただ単に目標を決めるというだけでなく，目標の修正や評価，達成に向けて何をすべきかを検討することなども含まれている。指導者は，これらのことを十分に認識して目標設定スキルの指導にあたる必要がある。

●文献

相川　充・藤田正美（2005）成人用ソーシャルスキル自己評定尺度の構成．東京学芸大学紀要 1部門，56：87-93．

ブルースタッド・パートリッジ：杉山佳生訳（2008）スポーツによる子どもの心理社会的発達：親および仲間の影響．スモール・スミス編著：市村操一・杉山佳生・山本裕二監訳，ジュニアスポーツの心理学．大修館書店，pp.59-72．

藤本　学・大坊郁夫（2007）コミュニケーション・スキルに関する諸因子の階層構造への統合の試み．パーソナリティ研究，15：347-361．

藤田　勉・西種子田弘芳・長岡良治・飯干　明・前田雅人・高岡　治・守口哲史・佐藤善人（2010）大学生を対象とした運動有能感下位尺度の検討．鹿児島大学教育学部研究紀要 人文・社会科学編，61：73-81．

Hodge, K. (2004) Sport motivation. A & C Black Publishers.

Holt, N. L. and Hogg, J. M. (2002) Perceptions of stress and coping during preparations for the 1999 women's soccer world cup finals. The Sport Psychologist, 16: 251-271.

Horn, T. S., Glenn, S. D., and Wentzell, A. B. (1993) Sources of information underlying personal ability judgments in high school athletes. Pediatric Exercise Science, 5: 263-274.

ホーン・ハリス：杉山佳生訳（2008）子どもの有能感：コーチおよび親に対する示唆．スモール・スミス編著：市村操一・杉山佳生・山本裕二監訳，ジュニアスポーツの心理学．大修館書店，pp.109-128.

Locke, E. A. and Latham, G. P. (1985) The application of goal setting to sports. Journal of Sport Psychology, 7: 205-222.

マカードル・ドゥダ：杉山佳生訳（2008）ジュニアスポーツにおける動機づけ雰囲気．スモール・スミス編著：市村操一・杉山佳生・山本裕二監訳，ジュニアスポーツの心理学．大修館書店，pp.93-107.

中須賀巧・杉山佳生（2011）体育授業における状況要因が志向性及び有能感を介して態度に与える影響．日本スポーツ心理学会第38回大会研究発表抄録集，34-35.

日本スポーツ心理学会編（2005）スポーツメンタルトレーニング教本 改訂増補版．大修館書店.

オーリック：近藤明彦訳（2008）ジュニアスポーツと生活経験の向上．スモール・スミス編著：市村操一・杉山佳生・山本裕二監訳，ジュニアスポーツの心理学．大修館書店，pp.129-137.

パッサー・ウィルソン：西野 明訳（2008）スポーツを始める適切な時期：動機づけ的，情動的，認知的要因．スモール・スミス編著：市村操一・杉山佳生・山本裕二監訳，ジュニアスポーツの心理学．大修館書店，pp.1-14.

スモール・スミス：市村操一訳（2008）ジュニアスポーツにおけるコーチ行動の研究と介入．スモール・スミス編著：市村操一・杉山佳生・山本裕二監訳，ジュニアスポーツの心理学．大修館書店，pp.73-84.

杉山佳生（2004）スポーツとライフスキル．日本スポーツ心理学会編，最新スポーツ心理学—その軌跡と展望．大修館書店，pp.69-78.

Watkins, B. and Montgomery, A. B. (1989) Conceptions of athletic excellence among children and adolescents. Child Development, 60: 1362-1372.

Weiss, M. R. and Duncan, S. C. (1992) The relationship between physical competence and peer acceptance in the context of children's sports participation. Journal of Sport and Exercise Psychology, 14: 177-191.

Weiss, M. R. and Smith, A. L. (1999) Quality of youth sport friendships: Measurement development and validation. Journal of Sport and Exercise Psychology, 21: 145-166.

WHO編：川畑徹朗ほか監訳（1997）WHO・ライフスキル教育プログラム．大修館書店.

コラム⑥ 子どもの動機づけと親の関係

　競技生活を続けている今の自分にとって，「親の存在が大きかった」という言葉を残しているある野球選手の雑誌記事を目にしたことがある。幼少時，その選手は仕事帰りの父親とキャッチボールをするのが日課であったという。最初はこちらにめがけて飛んでくるボールに怖さを感じたものの，次第にうまく捕球できるようになっていった。そうなると今度は難しいボールを捕りたくて，フライや難しくバウンドするボールを投げてくれるよう父親に要求した。うまく捕球できると父親から褒められ，失敗すると笑われながらも正しい捕球法を教えてもらい，自分が納得したプレーができるまで，何度もボールを投げてもらった。下手ながらもボールをうまく捕れた時の嬉しさがたまらなくて，それからはどんどん野球に魅了されていった。

　子どもがスポーツを開始するきっかけとして，親の関与があることは一般的に知られている。この野球選手のように，子どものスポーツ行動に親が適切にかかわることができれば，その子はその後もスポーツに意欲的に取り組みたいと思うだろう。しかし，子どもに対する親の接し方が不適切だった場合はどうであろうか。例えば，子どものほうからキャッチボールをしようと親であるあなたに声をかけてきたとしよう。あなたは張り切って遊び始めたまではよいが，子どもがエラーや暴投をしたりする度に怒り声を上げていたのでは，子どもにとって楽しいはずのキャッチボールも台無しになってしまう。子どもがそのような体験を繰り返せば，スポーツをしたいという意欲は減退してしまうだろう。

　この例にみられるように，子どもが運動やスポーツをしたいと思うかどうかということ，すなわち，子どもの運動やスポーツ行動にかかわる動機づけに対して，親が果たす役割は非常に大きい。子どもの動機づけに及ぼす親の影響に関しては，これまでにも様々な動機づけの理論に基づいて研究が行われてきた。それらの知見も踏まえた上で，運動やスポーツにかかわる子どもの動機づけを高めるために，親が果たすべき役割をいくつかあげてみた。

①「できた」という感覚をもてるようにする

　子どもは自分の有能さを感じたいという欲求をもっている。物事の達成や上達が実現される機会を設けるとともに，それを子ども自身が感じられるように気づ

かせることが大切である。

②自分で「やっている」という感覚をもてるようにする

人にやらされているのではなく，自分の意志でやっていると思えることが大切である。子どもの発言や提案を尊重し，共感の姿勢を示すことによって，子どものやる気を促進したい。

③自分も「できそうだ」と思えるようにする

子どもはできそうだと思う活動には意欲を示す。逆に，できそうもないと思うことには挑戦をためらってしまう。子どもが安心して取り組める環境を親が整えることは重要だろう。自分と似たような友達がうまくできている姿を見聞きさせることも効果的である。

④活動それ自体を「楽しめる」ようにする

子どもが楽しいと感じることは，スポーツや運動遊びにおいて最も大切なことである。当該活動の楽しさを子どもの目線で考え，それを親も一緒になって楽しむことができるとよい。

⑤自分は「期待されている」と感じられるようにする

親からの応援や賞賛は子どもにとって大きな喜びであるとともに，活動の原動力となるものである。子どもの活動に積極的にかかわって関心を表し，愛情をもってその活動を見守りたい。

⑥運動やスポーツをすることが「大切なことだ」と思えるようにする

運動やスポーツが自分に楽しさや喜びを与えてくれるのであれば，それはその子にとって価値ある活動となる。スポーツ活動に参加することによる付随的な効果（ライフスキルの育成等）についても子どもと話し合いたい。

以上のように，運動やスポーツ活動への動機づけを高める上で，親が子どもにしてあげられることは多くある。それは子どもの周辺にいる誰からの働きかけよりも大きな影響力を発揮する。なぜなら，親は子どもにとって一番身近な存在であり，最も重要な社会化のエージェントだからである。

私たちが子どもに体育やスポーツの指導を行う時，その影響の範囲は目の前の子どもだけに限らない。運動やスポーツに対する何らかの態度を形成した子どもが成長し，やがて親になった時，今度は彼らが自分の子どもを動機づける側に立つ。したがって，体育やスポーツ指導に携わる者は，自らの指導が世代を超えたところにも影響が及ぶことに，十分留意しておく必要があろう。

第8章
トップアスリートの動機づけ

「ぼくは別に足も速くないし力も強くない。でも，他の人が考えないようなところでサッカーのことを考えていたし，他の人が映画を見ているようなところでもサッカーのビデオを見ていたりとか，サッカーのことばかり考えていましたよ。そして毎日どうしたらうまくなるかって考えながら一人でボールけっていましたよ」。

ある元日本代表サッカー選手は，自分の少年時代を振り返ってこのように語っている。サッカーが大好きで，サッカーに夢中になって日々過ごしている様子がうかがえる。この選手にとってサッカーへの情熱が動機づけの原点であったようだ。そして，その後も強い動機づけを持ち続け，トップアスリートとして成長していったのである。

本章では，こうしたトップアスリートの動機づけに焦点を当て，トップアスリートがどのようにしてやる気を高めてきたのか，そしてそのやる気をどのように維持するのか，具体的な事例も含めてみていきたい。

ところで，オリンピックや世界選手権といった世界のトップレベルの大会でプレーするスポーツ選手や，プロとして非常に高いレベルで活躍を続けるプロフェッショナル選手たちの優れたパフォーマンスを目にする時，私たちはその卓越性に驚かされる。こうしたトップアスリートの卓越したパフォーマンスの背後には，卓越したパフォーマンスを獲得するに至るまでの厳しく長い熟達化の過程が存在する。そしてトップアスリートの域に達した後も，その卓越性を維持し，ライバル選手と競い合い，自身のさらなる熟達を追求し続ける厳しい競技生活が存在する。トップアスリートは実に，常に過酷な心理状態におかれ

ているといえる。この点に関して，グスタフソンほか（Gustafsson et al., 2008）によるスウェーデンのトップアスリートを対象とした研究によれば，当初は高く動機づけられてプレーしている選手でも，結果を求められるプレッシャーや思い通りの結果を出せない自分へのいら立ち・嫌悪感によって動機づけが低下し，その結果バーンアウトに至る場合がある。したがって，高いレベルで動機づけを維持し続けることは，トップアスリートにとって不可欠な心理的条件ともいえる。

それでは，トップアスリートはどのようにして動機づけを高く維持していくのだろうか。以下みていきたい。

第1節 スポーツ技能の熟達化と動機づけ

トップアスリートであっても，練習を積み重ねる中で技能を高めていく，いわゆる上達の道のりとしての熟達化過程を経て卓越性を獲得している。ここでいう熟達化とは，「学習を通して，できなかったことができるようになること」である。こうした熟達化過程においては，様々に変化する多種多様な動機づけが存在している。例えば，フレッチャーとサーカー（Fletcher and Sarker, 2012）が12名のオリンピック金メダリストを対象として行った調査によれば，メダリストたちが当該競技を始めた時期はスポーツへの情熱によって動機づけられていた。しかし次第に熟達化が進むにつれ，動機づけは自身の最高のパフォーマンスを発揮することで自らの存在意義を他者へ表現することへと移行しているのである。

そこで，まずは熟達化過程における動機づけの変化について概観した後，その中でトップアスリートはどのような動機づけによって日々の厳しい練習に臨んでいるのか，みていくことにする。

(1) 熟達化過程における遊びと動機づけ

コテほか（Côté et al., 2007）やコテ（Côté, 2009）は，スポーツにおける熟達化過程を3つの経路に分けて捉えている（図8-1）。まず第1に，楽しみながらスポーツを体験し，趣味として運動技能が熟達化していくゆるやかな

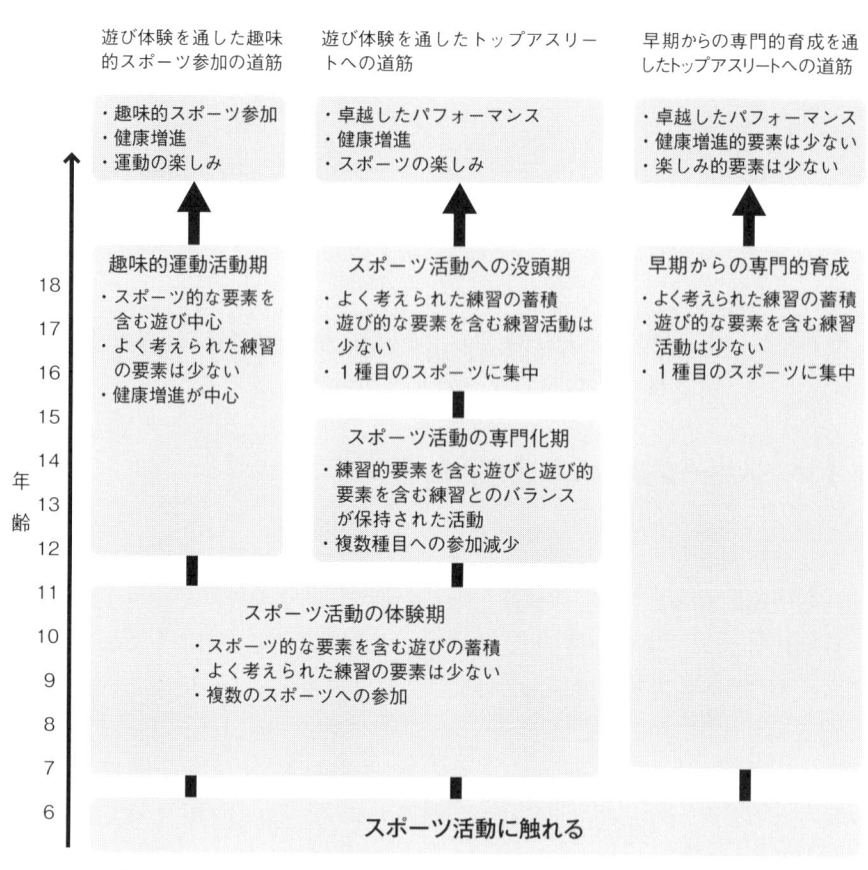

第Ⅲ部　スポーツ競技の動機づけを知る

```
遊び体験を通した趣味        遊び体験を通したトップアスリー    早期からの専門的育成を通
的スポーツ参加の道筋        トへの道筋                       したトップアスリートへの道筋

・趣味的スポーツ参加         ・卓越したパフォーマンス          ・卓越したパフォーマンス
・健康増進                   ・健康増進                        ・健康増進的要素は少ない
・運動の楽しみ               ・スポーツの楽しみ                ・楽しみ的要素は少ない

         ↑                           ↑                               ↑
趣味的運動活動期              スポーツ活動への没頭期              早期からの専門的育成
・スポーツ的な要素を          ・よく考えられた練習の蓄積          ・よく考えられた練習の蓄積
  含む遊び中心                ・遊び的な要素を含む練習活動は      ・遊び的な要素を含む練習
・よく考えられた練習            少ない                              活動は少ない
  の要素は少ない              ・1種目のスポーツに集中             ・1種目のスポーツに集中
・健康増進が中心

                              スポーツ活動の専門化期
                              ・練習的要素を含む遊びと遊び的
                                要素を含む練習とのバランス
                                が保持された活動
                                ・複数種目への参加減少

                              スポーツ活動の体験期
                              ・スポーツ的な要素を含む遊びの蓄積
                              ・よく考えられた練習の要素は少ない
                              ・複数のスポーツへの参加

                              スポーツ活動に触れる
```

年齢: 6〜18

図8-1　スポーツの熟達化モデル（Côté et al., 2007を一部改変）

熟達経路，第2に，楽しみながら様々な動きを体験し，練習的な要素を含む遊び体験を蓄積した後，技能向上を目的とする質の高い練習に没頭し熟達していく経路，そして第3に，早期から専門的育成を受け，質の高い練習を蓄積して熟達化を果たす経路である。このうち，第2と第3の経路がトップアスリートに向かう熟達化過程と位置づけられる。それぞれの経路ではいくつかの期に分かれており，各期において遊び体験や練習活動のタイプや量が異なっている。この熟達化モデルの中で動機づけを捉える際の重要な点として次の3点があげられる。

①遊び体験や練習的要素を含む遊び体験は，子どもがスポーツ活動を継続していく動機づけを高める潜在的な影響要因となっている（Côté et al., 2007）。
②幼少期に，練習的な要素を含む遊びと，遊び的な要素を含む練習のバランスが保持された楽しいスポーツ活動体験を通して，その後のスポーツ活動における動機づけが高められていく。
③熟達化過程において活動の目的や意義が変化していくため，動機づけに対するアプローチも各期に応じて変化し得る。

コテによる熟達化モデルでは，1つの競技種目の専門的な練習と遊び的な要素を含むスポーツ体験のバランスが強く意識されている。例えば，幼少時の体験期では80％が遊び的体験，20％が練習活動という比率を推奨している。続く専門化期ではその比率は50％と50％に，最後の没頭期では20％と80％としている。したがって，トップアスリートの熟達化過程においては，初期の体験期に多様な文脈の中で多様な動きを体験し，スポーツや運動の楽しさを体感することの重要性を再確認することが求められる。その上で，より専門性の高い練習活動における動機づけの在り様を考えることが重要であろう。

次に，こうしたより専門性の高い練習活動に焦点を当て，トップアスリートがどのように練習の中で動機づけを高めたり維持しているのかについて，みていくことにする。

(2) 熟達化過程におけるよく考えられた練習と動機づけ

エリクソンほか（Ericsson et al., 1993）やエリクソンとレーマン（Ericsson and Lehman, 1996）の研究によれば，スポーツ選手が卓越した競技レベルに到達するまでには1万時間の練習が求められる。北村（2001）は，水泳，サッカー，卓球等，多種目のトップアスリートを対象とし，トップレベルに至るまでの熟達化過程について調査を行っている。その調査結果からエリクソンほかの報告と同様に，国際的な競技レベルに至るまでには1万時間以上の練習が蓄積されていることが報告されている（図8-2）。

さらにスポーツの熟達化においては練習の量と同時にその質の高さが重要となる。この質の高い練習とはどのようなものなのだろうか。エリクソンとレー

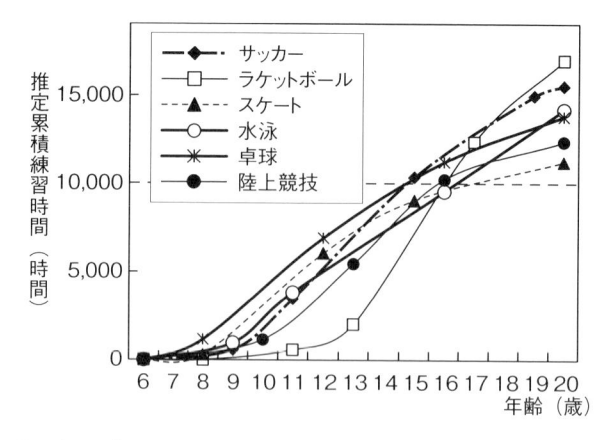

図8-2　トップアスリートの累積練習時間（北村，2001を基に一部改変）

マン（1996）は、この質の高い練習をよく考えられた練習（deliberate practice）の概念で捉え、次のように説明している。①適切な難度で個々の技能レベルに応じて設定された合理的な練習課題、②適切なフィードバック、そして③技能向上のみに焦点化された反復と修正である。実際、多くのトップアスリートは、このよく考えられた練習に対して共通する姿勢・態度で臨んでいる。表8-1はこうしたトップアスリートの練習態度について、指導者が評価した調査結果を示している（Oliver et al., 2010）。トップレベルであるほど、練習に臨む姿勢は、目標や課題が自分の上達にとってどのような意味をもつかといった自分の納得する理由によって決定され、行動へと具体化されている。

しかしながら、こうした技能向上に向けた長く厳しい質の高い反復練習自体は本来的に楽しいものではなく、やる気を喚起するものでもなく、高いレベルの努力と集中が求められる（Ericsson et al., 1993）。そのため、選手や指導者にとって、いかにやる気を高めて質の高い練習を確保するかが問われるのである。例えば、グリーンデマーズほか（Green-Demers et.al., 1998）は、練習の質を高める方策として、①挑戦する状況の設定、②練習に多様性をもたせる、そして③自分にとって意味のある理由をもつ課題の設定などをあげ、こうした方策が練習中の興味関心を高め、状況に応じたモチベーションを形成する上で有効に機能するとしている。

表8-1 トップアスリートが練習に臨む姿勢
(Oliver et al., 2010を一部改変)

準備万端整えて練習に臨む	プロ意識
時間管理を徹底する	
誠実さ	
指導者や仲間に敬意をもつ	
仲間への敬意	
トップを目指す	動機づけ
成功の追求	
競争的	
自分自身でやる気を高める	
目標の達成を目指す	
失敗を補うよう一生懸命努力する	対処法
挫折に向かう前向きの姿勢	
成功体験を向上につなげる	
心理的な強さ	
専念する	専心
休まない	
自主練習をする	
練習の質の高さ	努力
必死で練習する	
期待以上の努力	
疑問をもち質問する	上達に向けた探索
指導者からの質問に答える	
自己評価をする	
フィードバックを求める	
向上のために否定的なフィードバックを活用する	
指導に耳を傾ける	集中
集中をきらさない	
注意深く行動する	
うめき声をあげる	否定的な行動
否定的なコメントをする	
物に当たる	
わめき散らす	

では，こうした厳しい姿勢をもって日々の質の高い練習に臨みパフォーマンスを高めてきたトップアスリートは，どのような動機づけの特徴をもつのだろうか。次にみてみたい。

(3) トップアスリートの動機づけの特徴

マレットとハンラハン（Mallett and Hanrahan, 2004）によるオーストラリアのエリート陸上競技選手を対象とした研究では，選手の動機づけは表8-

表8-2　トップアスリートの動機づけ要因　(Mallett and Hanrahan, 2004を一部改変)

技能向上 自己ベスト更新 完璧なパフォーマンス 自分の目標達成	課題志向	課題志向・ 自己決定的動機づけ	自分の 目標と達成
練習を楽しむ 興奮・熱狂 楽しさ	内発的動機づけ		
ハードワークの重要性 自己管理意識	自己決定的な動機づけ		
相手を倒す 競争を愛する	自我志向	自我志向的・ 非自己決定的動機づけ	
金銭的報酬	外的報酬		
特別さ 認知度 人気 敬意 知名度 得意	社会的認知		
自分への信頼 一時的な自信喪失	強い自己信念	強い自己信念	強い 自己信念
社会的関係の重要性 人と会う ライフスタイルを楽しむ 旅行	社会的かかわり	陸上競技を 中心とした生活	自身の 生活の中心 に陸上競技 をおく
陸上トラックは私の人生 陸上競技は私の仕事 陸上と暮らす 陸上中心の生活	競技と仕事の同一化		
人間的成長	性格特性の変化		

2に示すような要因によって構成されている点が報告されている。

　トップアスリートの動機づけを構成する要因として注目される点は，必ずしも外的な報酬や勝利という結果が決定的な要因ではない点である。むしろそれらは，自身の有能性を証明する素材として捉えられ，自身の目標を高いレベルで達成することがより強い動機づけ要因となっている。先述した練習への対策として，自分にとっての意味を問う課題設定が示されたことと関連する点である。

　次に，こうした特徴がみられるトップアスリートの動機づけのより詳細な具体的事例について，みていくことにする。

第2節　個人スポーツの事例

(1) オリンピック水泳選手　―初期の快体験が動機づけを高める―

　まず，オリンピックで日本代表水泳選手として活躍したA選手の事例を取り上げ，熟達化過程の中で動機づけがどのように変化していったのかみてみたい。特に水泳を始めた初期の快体験が，この選手の動機づけの源泉となっている点に注目したい。

　A選手が水泳を始めたきっかけは，泳げない両親が練習のために毎週通った市民プールに一緒について行って遊んだことだった。父親とのやりとりの中でA選手はプールにいることや泳ぐことが好きになり，どんどん競泳にのめり込んでいった。この時の様子について，A選手は次のように語っている。

> 「毎週，日曜日にお父さんとお母さんと私と妹の4人でプールに行きました。プールの中で追いかけっこをしたり，潜ったりして，それをお父さんが『すごい，すごい』って褒めてくれるんです。それがとってもうれしくて，水泳が大好きになりました。」

　既にみてきたように，トップアスリートに至る熟達化過程は厳しい質の高い練習を継続して蓄積することが求められる。そのため，アスリートとしての自分らしさをもち，そのスポーツを心から愛し，自分ならやれるという自信をもつことが重要となる。こうした心理的要素を形成する1つが，先述した体験期（図8-1）の快体験である。この点について，コテほか（2007），そして北村

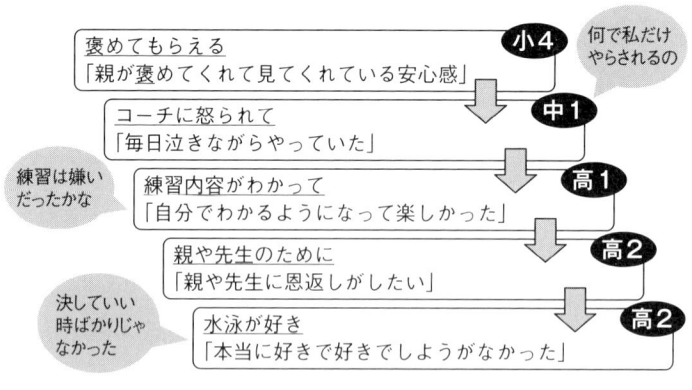

第Ⅲ部　スポーツ競技の動機づけを知る

```
褒めてもらえる                    小4    何で私だけ
「親が褒めてくれて見てくれている安心感」      やらされるの
                              ↓
コーチに怒られて                    中1
「毎日泣きながらやっていた」
                              ↓
練習は嫌い  練習内容がわかって          高1
だったかな  「自分でわかるようになって楽しかった」
                              ↓
         親や先生のために              高2
         「親や先生に恩返しがしたい」
                              ↓
決していい  水泳が好き                高2
時ばかりじゃ 「本当に好きで好きでしようがなかった」
なかった
```

図8-3　A選手の動機づけの変化

(2001, 2009, 2011) は，当該領域に初めて触れる時期に至極の楽しい体験をもつことにより，内発的な動機づけをもって当該スポーツ体験に向かうことができる点を指摘している。また，こうした快体験をもつ選手はバーンアウトになりにくいという報告もなされている（コテほか，2007）。

A選手の場合，水泳が大好きになった初期の動機づけは，その後，「泣きながら」やらされる外発的な動機づけ（外的調整）や，「恩返しがしたい」という動機づけ（関係志向的）へと様々に変化しながら，「本当に好き」という内発的動機づけに至っている（図8-3）。

A選手の事例から，①トップアスリートの動機づけは熟達化の過程で様々に変化すること，および②初期の楽しい体験はその後の熟達化過程全体の動機づけの在り様に潜在的な影響を及ぼし得ることが読み取れる。

(2) プロゴルファー ―「練習」を通して動機づけを高める―

プロゴルファーのB選手の動機づけは，徹底した厳しい練習に裏づけられた自信にある。プロである以上，パフォーマンス向上をとことん追求する。他のプロ選手も皆「努力して，練習して，上手になっている」環境の中で，「練習すればうまくなる」という信念のもと，自分を分析し，自分を知り，もっと上手になるために「まだやれることがある」と，自身を追い込んでいく。もちろんそこに至る過程では，仲間に先を越される焦燥感や勝てない挫折感も経験し

ている。こうした状況の中での練習の様子についてB選手は次のように述べている。

「毎日パターマットで連続で100回入らなきゃ終わらないという練習をやりました。99回目ではずしたらまた1からやり直す。気合ですよ，もう。素振りも何回って決めて。」

実際にB選手は，ある試合のプレーオフで，これを入れたら優勝というパットの時，偶然似たようなラインと距離を，その試合の前に4時間を費やして練習していた。そのため，試合のパットの時は自信をもって打てたという体験を語っている。

こうした厳しい条件を自らに課す背景には，プロ選手の自覚が存在している。プロ選手の練習について次のように述べている。

「練習の内容が違うんです。素振りでも何百回もやるんですよ，朝早くから。プロって単調なことを深くやるんです。根気がありますし，同じパターンを繰り返せる。再現性が高い。そこが全然違います。」

先輩プロの練習に向かう厳しい姿勢から学んだプロとしての自覚が，自身のパフォーマンスの基準の設定とそれを維持する練習行動につながっている。動機づけは，プロ選手である自分らしさの追求とその結果としての自信に見出すことができる。

別のプロゴルファーのC選手にあっても，練習の重要性についての認識はB選手と同様である。ただしC選手は，「練習が嫌い」な自分に対して練習を続ける方策が必要となる。

「あまり練習好きではないです。好きじゃないんですけど，自分を飽きさせないようにする練習の方法は，人より優れているんじゃないかと思いますね。例えば，パターの練習だと，僕は単調な動きがものすごくダメで，時間が経つと飽きてくるタイプなんです。それを人とゲーム感覚でしたり，垣根の上にボールを置いて練習をしたりします。実際ゴルフってそこに行く可能性だってあるんですよ。思いつくのは楽しいですよ。飽きずに練習しながらいろいろな範囲でレベルアップできるような感じですね。」

自分を分析し，自分を知り，「練習環境を自分で作る」ことで，自身のパフォーマンス向上を志向していく。この点についてC選手は次のように語っている。

「練習場のお手伝いをする。例えばボールを拾ったり，ボールを補給したり，機械が壊れたら直すとか。その代わりにどれだけでも球を打っていいよっていう話がありまして。それで夜の11時ぐらいまで球を打ち続けていたので，ほとんど毎日行っていました。練習が嫌いなのでそういう環境を自分で作っていましたね。だから嫌々でも絶対に行かないとダメですし，どんなに身体がだるくても絶対に行かなきゃいけない状況になっているので，行ったらもちろん球を打ちますし，そういう練習環境を自分で作っていました。」

　C選手の場合は，練習環境を設定し工夫する中で，「結果がどんどんついてくる」ことがさらに高度な練習環境の設定に向かい，「練習したり努力したりすると結果がついてくる」という確信につながっている。

　プロゴルファーの事例から，①没頭期の厳しい練習の中では，練習の意味や目的の理解が重要になること，および②自分自身を分析し知った上で自分にとって最適な練習に向けた物理的・心理的な環境を作り出すことも，動機づけを高める重要なポイントになることが読み取れる。

第3節　チームスポーツの事例

(1) サッカーチーム　―「負けず嫌い」が動機づけを高める―

　日本代表選手として活躍するD選手の動機づけの源泉は，負けず嫌いにある。D選手は「うまくなりたい」という気持ちと「サッカーが好き」という気持ちをもってサッカーに取り組んでいる。日本代表そして海外という，より高いレベルでプレーをする経験を積む中で力の差を感じ，だからこそ「自分が必要とされる選手になりたい」という強い思いがD選手のやる気を高めている。この点について，D選手は次のように語っている。

　「自分は負けず嫌いだから，絶対負けないっていう気持ちと，認めてもらいたいっていう思いが強くて。じゃあうまかったら認めてもらえるだろうって考えて。自分は足が速いとか，そういうのはもっていないから，考えてやらなきゃっていうのを思っていて。練習の時も，何が目的なのかをすごく考えて，じゃあそうするためにどうしていくかみたいなことは考えてやりますね。」

　D選手の場合，他の選手に負けて悔しいという気持ちではなく，認められ

自分，必要とされるプレーができる自分であることに対する「負けず嫌い」が，具体的な問題解決のための行動に向かわせていると考えられる。

サッカー選手としてトップアスリートであるE選手も同様に，負けず嫌いが動機づけを高めている点を，次のように述べている。

「チームメートで上手な人は，練習でも全然手を抜いていないですね。だから余計頑張ろうと思うんです。負けないように。絶対それはあると思います。周りの人が頑張っていると，それに負けないようについていこうって。」

E選手の場合は，切磋琢磨して自分のパフォーマンスを高めていく，その契機として「負けない」気持ちが行動に向かわせている。チームメート一人ひとりの練習での意識も高く，「どれだけ集中しているかが強さの秘訣かなと思う」というような雰囲気の中でチーム全体が課題に取り組んでおり，他選手との競い合いと，自ら設定した目標達成を志向する意識が，動機づけにつながっている。

サッカー選手の事例から，①負けたくない気持ちを自身のパフォーマンス向上という個人の目標設定につなげることで有能感が高められること，②チームメンバーが高い意識をもって取り組む姿勢がチーム内の雰囲気を高め，個人の動機づけにつながることが読み取れる。

まとめ

本章では，トップアスリートの動機づけに焦点を当て，トップアスリートがどのようにしてやる気を高めてきたのか，そしてそのやる気をどのように維持するのか，具体的な事例も含めてみてきた。その結果，トップアスリートの動機づけは，①スポーツを始めた初期に快体験をもつこと，②練習の意味や目的を理解して取り組むこと，③他者との競い合いの中で自身の有能感を追求すること，および④集中して取り組む過程を大切にする雰囲気をチーム全体でもつことが重要である点が浮かび上がってきた。指導者としてトップアスリートとかかわる際の1つの手がかりとして捉えていただければ幸いである。

● 文献

Côté, J. (2009) The road to continued sport participation and sport excellence. In:

Hung, T., Lidor, R., and Hackfort, D. (Eds.) Psychology of Sport Excellence. Fitness Information Technology, pp.97-104.

Côté, J., Baker, J. and Abernethy, B. (2007) Practice and play in the development of sport exercise. In:Eklund, R. and Tenenbaum,G. (Eds.) Handbook of Sport Psychology (3rd ed.). Hoboken, pp.184-202.

Ericsson, K.A., Krampe, R.T., and Tesch-Romer,C. (1993) The role of deliberate practice in the acquisition of expert performance. Psychological Review, 100: 363-406.

Ericsson, K.A., and Lehman, A.C. (1996) Expert and exceptional performance: Evidence on maximal adaptations on task constraints. Annual Review of Psychology, 47: 273-305.

Fletcher, D. and Sarkar, M. (2012) A grounded theory of psychological resilience in Olympic champions. Psychology of Sport and Exercise, 13: 669-678.

Green-Demers, I., Pelletier, L.G., Stewart, D.G., and Gushue, N.R. (1998) Coping with the less interesting aspects of training: Toward a model of interest and motivation enhancement in individual sports. Basic and Applied Social Psychology, 20 (4) : 251-261.

Gustafsson, H., Hassmen, P., Kentta, G., and Johansson, M. (2008) A qualitative analysis of burnout in elite Swedish athletes. Psychology of Sport and Exercise, 9: 800-816.

北村勝朗（2001）スポーツにおける構造的練習（deliberate practice）がパフォーマンス獲得に与える影響－異なる競技種目選手を対象とした定性的データ分析を通して－．東北体育学研究，19（1）：8-19．

北村勝朗（2009）理数科の才能を育てる．無藤隆編，理科大好きの子どもを育てる．北大路書房，pp.58-78．

北村勝朗（2011）熟達化の視点から捉える「わざ言語」の作用－フロー体験に至る感覚の共有を通した学び－．生田久美子・北村勝朗編著「わざ言語－感覚の共有を通した学びへ－」．慶應義塾大学出版会，pp.33-63．

Mallett, C. and Hanrahan, S.J. (2004) Elite athletes: why the 'fire'burn so brightly?. Psychology of Sport and Exercise, 5: 183-200.

Oliver, E.J., Hardy, J., and Markland, D. (2010) Identifying important practice behaviors for the development of high-level youth athletes: Exploring the perspectives of elite coaches. Psychology of Sport and Exercise, 11: 433-443.

コラム⑦ 負けず嫌い

「私，ものすごく負けず嫌いなんですよ。負けることの悔しさを思えば，練習漬けの毎日も苦になりません。」2012年ロンドン・オリンピック，女子レスリングにおいて3大会連続金メダルを獲得した吉田沙保里選手が語った言葉である。「負けず嫌い」は，スポーツ選手自身が自らを振り返る言葉として，また，マスメディアが選手の人となりを説明する言葉としてもよく用いられる。広辞苑によれば，「勝気で，他人に負けることをとりわけいやがる性質。まけぎらい。」のことである。

スポーツ競技に限らず，競争の場面には勝ち負けの事実（結果）が生じる。しかし，その事実がどのように受け止められているのかを考えれば，多くの場合は，「勝ち・負け」という事実ではなく，そのことに対して主観的に生じる「優・劣」という社会的価値に焦点がおかれているのではないだろうか。すなわち，「勝ち・負け」という事実の違いにかかわらず，その事実が自分にとって劣位を意味づけるものであると認知され，かつ，その劣位が自分には受け入れられないと自覚された時に起こる行動，あるいはその行動の背景となっている心理的要素が負けず嫌いではないだろうか。

ところで，スポーツ選手とかかわりの深い心理的要素と思われる負けず嫌いであるが，スポーツ選手におけるその実態や動機づけなどとの関連はどのようなものなのであろうか。実は，スポーツ選手に焦点を当てて負けず嫌いを検討した研究は，これまでのところはほとんど報告されていない。あまりに身近な心理的要素として，これまで取り上げられてこなかったということなのかもしれない。以下ではスポーツとは離れるが，これまでに指摘されている負けず嫌いの研究報告を概観する。

まず，渡辺・土井（2007）は，小学校児童の学習場面の負けず嫌いを検討している。それによれば，負けず嫌いは，①頑張って自分を高めようとする意思，②他者と比較して自分が優位でありたいという志向，③他者からの賞賛を得たいという願望，そして④悔しいという感情によって成り立つことが指摘された。また，これらと社会性や友人関係との関連を検討した結果，負けず嫌いは個人の競争的な側面のみが強調されるのではなく，周りとの交流を促すこととの関連がみられるなど，児童期における人格形成の全般に対して積極的な意味をもつのではな

いかということも指摘された。負けず嫌いは社会的な関係性の中で生じるものではあるが、単に自分の優位性を求めることだけで機能するものではないことが示唆されたことは、注目できるように思われる。

次に、太田（2011）は、競争心を多面的に捉えた場合には負けず嫌いが含まれると考え、大学生を対象に競争心と競争的な場面（体育授業におけるバドミントンの試合：シングルスとダブルスを想定）における目標志向性（勝利志向：絶対に勝つようにする、努力志向：自分が良い成績をとる、関係維持志向：相手との関係を崩さないようにする）との関連を検討した。その結果、競争を意識しやすい場面では負けず嫌いの強い者は勝利志向と努力志向を高める傾向がみられた。しかし、関係維持志向との間には関連性は認められなかった。競争場面において、負けず嫌いが勝つことだけでなく努力することにも関係していることは、冒頭に引用した吉田沙保里選手の言葉からも納得できることである。しかし、関係維持志向との関連性がみられなかった点は、渡辺・土井の研究結果と異なっている。双方の研究条件の違い（一般的な学習場面とスポーツ競技に近い学習場面）や、小学生と大学生という発達段階の違いなどが、負けず嫌いの表れ方に影響しているのかもしれない。今後は、スポーツ選手を対象とした研究が進められる必要がある。

最後に、負けず嫌いの考え方について、1つの提案を行う。

アドラー（1870-1937、精神医学者、個人心理学の創始者）によれば、人は常に自己が優位である状況を見出そうとしているため、客観的な劣等性が明らかになった時、主観的に認知された劣等性、すなわち劣等感をもつ場合がある。しかし、劣等感はマイナスの状況からプラスの状況に向かう推進力であって、それを抱くこと自体は正常である。問題は、劣等感そのものではなく、主観的に認知された劣等性を口実に課題を解決しようとしないこと（劣等コンプレックス）である。劣等感をこのように考えると、スポーツ選手の負けず嫌いは、次への努力と新たな成果を生み出す認知行動的な働きといえるのではないだろうか。

●文献

渡辺弘純・土井直子（2007）小学校児童における負けず嫌いの積極的意味を探求する．心理科学，28：96-111．

太田伸幸（2011）競争的な場面における目標志向性（2）―競争の形態による目標志向性の比較―．現代教育学部紀要，3：55-65．

第9章

女性競技者の動機づけ

第1節 スポーツにおける動機づけの性差

　近年，スポーツ場面における女性の活躍が著しい。また，これまでは男性が行うものと考えられていた種目に，女性が取り組むことも珍しくなくなった。このような状況を考えると，動機づけを含めた女性競技者の心理的側面は，今後ますます研究や指導上の重要な検討課題になってくる。本節では，スポーツに対する動機づけに関連するいくつかの心理的要因について，これまでに報告された研究を概観し，その性差を考察する。

　ところで，これまで女性競技者の心理学的研究はどのように行われてきたのであろうか。その動向を把握することは，動機づけの性差について検討する上でも重要と考えられる。そこで，データベース（国内：国立情報研究所「CiNii」，国外：EBSCOhost「SPORTDiscus」）を用いて，研究状況を簡単に振り返る。

(1) 女性競技者を対象とする心理学的研究

　まず，国内については「女子選手」「女子アスリート」「女子スポーツ選手」をキーワードに，刊行年と研究領域を限定せず，研究論文や抄録等を検索した。その結果，キーワードに一致した論文等は，1955年から2013年1月時点までで274件であり，研究テーマの延べ数は328件であった（1つのテーマに複数の研究領域が含まれる場合は，それぞれを計上した）。このうち心理に関連する研究は37件（全体の11.3%）であり，その中で動機づけに関連する研究は，わずかに3件（阿部ほか，1987；佐々木，1987；堀井，1992）であった。

一方，海外については「psychology」「women」「female」「athlete (s)」をキーワードに，論文の刊行年をデータベース内の最も初期の論文（1967年）から2013年1月までとして検索した。その結果，検出された研究の総数は682件であり，そのうちの動機づけ関連の研究数は90件（13.2%）であった。
　以上の結果からすると，おおまかな比較ではあるが，国内では女性競技者に注目した心理学的研究が少ないように思われる。さらに，研究テーマを動機づけに絞った場合には，数えるほどのようである。スポーツが歴史的にみて男性を中心に発展してきた（阿江，2004）ことや，国内における男性指導者優位の認識（阿江，2002；伊藤，1998）などが，女性競技者を中心に据えた心理学的研究の発展を遅れさせているのかもしれない。今後は，海外の研究動向や国内の文化的特徴などに注目しながら，様々な視点からの女性競技者を対象とした研究の蓄積が必要と思われる。以下では，女性競技者の動機づけに関する性差を，成功回避動機（成功恐怖）と目標志向性に着目して考察する。

(2) 成功回避動機（成功恐怖）

　ホーナー（Horner, 1968）は，達成動機における男女差の検討において成功回避動機（motive to avoid success）もしくは成功恐怖（fear of success）という概念を提出した。達成動機が高ければ，男女にかかわらず課題を成功させたいと考え，また，成功を強く求めるほどその取り組みは競争的になると考えられる。しかし，このような側面は，女性にとっては社会一般にいわれる女らしさ（性役割）を捨てることにつながるため，周囲から否定的に評価されるのではないかという恐れを抱くと考えられる。すなわち，女性には，成功を望む反面，成功を恐れるという特徴が存在すると考えられるのである。ホーナーは，このような，成功が招く負の結果への恐怖を説明する概念を，成功回避動機もしくは成功恐怖と命名した（両者は同義語とみなされる場合が多い。本節では前者を用いる）。しかし，その後，男性にも成功回避動機がみられると指摘され（Hoffman, 1974），この問題は性役割の影響だけでなく，競争相手との親密さや敗者への配慮のあり方など，対人関係上の心理的要因も影響していると考えられるようになった（堀野，1995；岡本，1999）。
　女性競技者に関しては，モントリオール・オリンピック（1976）に出場し

たベルギー選手（男性30名・女性30名；Lefebvre, 1979）や，アメリカの大学女性選手262名（McElroy and Willis, 1979）を対象とした研究があり，女性競技者の成功回避動機は男性と差がないことが報告された。また，アメリカの男女大学生競技者とスポーツに取り組んでいない学生とで成功回避動機を比較した研究（Silva III, 1982）では，女性競技者のほうが男性競技者よりも成功回避動機が高いことが示された。しかし，先行研究（Zuckerman and Allison, 1976；Zuckerman et al., 1980）の女性平均点よりもその値が低いことから，女性競技者の成功回避動機が一概に高いとはいえないことが指摘された。

　以上によれば，スポーツ競技者の成功回避動機には，男女差はないと考えられる。その理由については，女性のスポーツ参加が受け入れられるようになったことや，女性の性役割に対する社会的イメージの変化が関連しているのではないかと指摘されている（McElroy and Willis, 1979）。

　一方，国内では，スポーツ選手を対象とした成功回避動機の研究は，データベースにはみられない。成功回避動機は，現代では死語になりつつあるとの指摘（佐藤，2003）がある。確かに，近年の女性の活躍をみれば，ホーナーが述べた懸念を抱きつつスポーツを行う女性を想像するのは難しい。しかし，ホーナーの理論はその時代の社会・文化状況に依存するといわれ（堀野，1995），また，一般的な競争場面では，成功回避動機は対人的要因や性役割観の影響を受けながら依然として認められている（江波戸，2007；岡本，1999）。以上を考慮すれば，女性のスポーツ参加が隆盛な一方で，活動内に様々な上下の人間関係が依然としてみられる国内では，女性競技者の成功回避動機を検討することは，女性の競技参加動機や達成動機を理解する上で意義があるといえる。

(3) 目標志向性

　スポーツにおける達成目標の個人差は目標志向性と呼ばれ，知識の獲得や技術の向上によって能力を伸ばすことを重視する課題志向性と，他者との比較による優劣や成績を重視する自我志向性とに区別される。

　デューダ（Duda, 1989）は，スポーツにおける課題・自我志向性尺度（Task and Ego Orientation in Sport Questionnaire: TEOSQ）を用いて，アメリ

カの高校生競技者を対象に調査・分析し，課題志向は女性が強く，自我志向は男性が強いことを指摘した。また，高校と大学生の幅広いスポーツ参加者を対象とした研究結果（White and Duda, 1994）では，自我志向は男性が強いことが報告された。さらに，オーストラリアのスポーツ競技者では，女性競技者の課題志向が強かった（Hanrahan and Cerin, 2009）。男女の自尊感情（個人がもつ自分自身の価値に対する肯定的あるいは否定的な評価：遠藤，1993）を比べると，男性は自分のあり方を行動で示すことに強い意識をもち，女性は自分の行動が周りからどの程度受け入れられているのかということへの意識が強いとされる（Gentile et al., 2009）。また，女性は課題遂行後の結果の原因を努力に求め，男性は能力に求める傾向があると指摘されている（Levine and Gillman, 1982）。これらより，女性競技者はスポーツにおいても周囲との関係を考え，また自らの努力がどの程度結果に関係したかを評価できるように，技術や能力の伸びに意識を向け，課題志向を強くしていると考えられる。一方，男性は自分の能力に基づき行動することに強い意識をもち，また競争や社会的承認への意識が高い（Egli et al., 2011）ことから，自我志向が強くなると示唆される。指導者は，女性競技者のこのような心理的特性を理解した上で，達成目標の内容と評価のあり方を考える必要がある。

　なお，ノルウェーのエリート選手190名（男性101名，女性89名）を対象に目標志向性を検討した研究（Abrahamsen et al., 2008）では，各志向性の得点間には性差がみられなかった。また，タイの大学生選手（男性218名，女性203名）に対する調査結果（Li et al., 1997）では，女性は自我志向が強く，課題志向が弱かった。タイの女性競技者には，競技スキルや能力は簡単に変わらないという信念があるため，良い成績や高い評価を得ることに努力を払う傾向がある。このことが，自我志向性を強くさせていると考えられた。

　また，磯貝（2001）によれば，国内の大学生競技者（男性258名，女性116名）に対する調査では，自我志向性と課題志向性に性差はみられなかった。さらに，日本人（同上）とアメリカ人（男子124名，女子92名）とで大学生競技者の目標志向性を比較した結果，性や競技種目に関係なく，日本人は自我志向性が強く，アメリカ人は課題志向性が強い傾向がみられた。磯貝（2001）は，アメリカでは，パフォーマンスの評価法として具体的な数値による客観的な方

法が好まれたり用いられたりするので課題志向性が強くなるのに対し，日本ではそのような評価法は必ずしも一般的とはいえず，むしろ指導者による評価やチームメートとの比較が中心となるため，他者との比較を重視する自我志向性が強くなったのではないかと指摘している。

以上をまとめると，アメリカなどでの調査結果からすれば，スポーツにおける自我志向性は男性が強く，課題志向性は女性のほうが強いように思われる。しかし，目標志向性の性差は，異文化間で異なることが示唆される(Abrahamsen et al., 2008；磯貝，2001；Li et al., 1997)。今後は，スポーツにおける目標志向性の性差を正確に把握するために，国や地域による社会規範や文化の違いに着目した検討が必要であると考えられる。

第2節　ジェンダーとスポーツ参加

ジェンダーという用語の使用は，1960年代後半，性医学などの治療実態から生物学的な性と心理的な性は必ずしも一致しないことが指摘されるようになったことを契機としている（伊藤，2000）。ジェンダーは，一般的に生物学的な性差に対して「社会的文化的性差」と定義されている。すなわち，生物学的に規定された男（オス）・女（メス）の区別をセックスとするのに対して，ジェンダーは文化や社会によって組織化された性差（スコット，2004）ということになる。本節では，ジェンダーにかかわる多様な検討課題のうちの性役割とセクシャル・ハラスメントを取り上げ，スポーツ参加との関連を考察する。

(1) 性役割（ジェンダー・ロール）

ジェンダーの視点に基づく女性のスポーツ参加に関する研究の1つに，性役割（男女それぞれにふさわしいとみなされる行動やパーソナリティに関する社会的・文化的期待，規範およびそれらに基づく行動：鈴木，1997）についての研究があげられる。特に，ベム（Bem, 1974）は，性役割としての男性性（たくましい・行動力がある，など）と女性性（思いやりのある・物静かな，など）は個人の中に両方が存在すると考え，それぞれの特性の高低により女性型（高女性性，低男性性），男性型（低女性性，高男性性），両性具有型（高女性性，

高男性性），未分化型（低女性性，低男性性）の4つのタイプがあると指摘した。また，個人の性役割認識を把握する尺度として「Bem Sex Role Inventory：BSRI」を提出した。以下では，BSRIを用いた研究結果を考察する。

　高校女子陸上競技選手（67名）と一般女子生徒（67名）の性役割型と達成動機との関係を検討した研究（Henschen et al., 1982）では，各生徒を性役割型に分類しても，人数の偏りに有意な差がみられなかった。したがって，陸上競技に取り組むことと性役割型には関連がないと考えられた。また，生徒全体を性役割型に分類し達成動機を比較した結果，両性具有型と男性型が最も高く，女性型はこれらよりも有意に低かった。さらに未分化型は他の3つのいずれよりも有意に低かった。以上により，生徒全体では両性具有型と男性型の達成動機が高いと考えられた。しかし，これら2つの性役割型の達成動機の高さが，高校女子陸上競技選手の特徴といえるかどうかは明確にされなかった。

　次に，アメリカの大学女子体操競技選手と陸上競技選手の性役割型を比較した研究（Edwards et al., 1984）では，体操選手においてより男性型が多いことが示された。これは，様々な運動要素（優雅さ，バランスなど）のうちの「力強さ」が，女子体操競技選手に優先的に求められるからではないかと考えられた。また，バスケットボール，ソフトボール，水泳およびテニスを行う女子大学生選手の性役割型を検討した研究（Burke, 1986）では，両性具有型の選手の数に種目間の偏りはみられなかった。また種目別にみた場合は，バスケットボールやソフトボールに取り組む選手は，水泳やテニスに取り組む選手よりも高い男性性を示していた。バーク（Burke, 1986）は，どのスポーツにも男性性が求められ，現代の女性には上達することや成功することへの強い意志や志向性があると考えられることから，両性具有型の人数が種目間で大きく異ならなかったのではないかと考えた。一方，男性性の得点には種目間で有意な違いがみられたことから，バスケットボールやソフトボールには男性性を強くさせる機能的な特性があるのではないかということと，スポーツは女性選手の性格的特性を常に同一に形成させるものではないということが指摘された。

　一方，国内では，阿江ほか（2001）が女子体育大学生の性役割型を検討した。その結果，調査対象となった学生の男性性得点は一般成人女性の得点に比べ5点以上高かったが，女性性の得点はほぼ同じであった。また，運動部員（競技

系運動部，表現系運動部）を対象に男性性と女性性の得点を比べた結果，両得点の間に有意差はみられなかった。しかし，運動部ごとに男性性と女性性の得点を比べた結果，表現系運動部（新体操，ダンス，体操競技，フィギュアスケートなど）の女性性得点が有意に高かった。全体の男性性得点が一般成人女性よりも高かった点については，バークの指摘するスポーツのもつ機能的な特性の影響がみられたと考えられる。また，それと同時に女性性得点が一般成人とほぼ同じであった点からは，両性具有型に近い性役割が示されたとも考えられる。しかし，運動部ごとの比較では，表現系運動部の女性性得点が高かったことから，スポーツへの取り組みは一様に男性性を強化させるものではなく，性役割の形成は種目により異なることが示されたといえる。なお，本結果は，先に概観したアメリカの大学女子体操競技選手に対する研究結果（Edwards et al., 1984）とは異なっている。この点は，阿江ほか（2001）の研究が調査対象者にダンスや新体操の選手も含めていたことが原因の1つとして考えられる。

　なお，阿江（2004）は，BSRIの問題点（提出されてから時間が経過しているという問題や文化の異なる日本人への適用可能性の問題）を指摘し，日本における女性性の特徴が考慮された尺度（小出，1996）を用いた分析結果を後に報告した。それによれば，スポーツに参加している女性が特に男性型とはいえないことや，女性らしくありたいということとスポーツへの参加との間には葛藤がある（筋肉質になる，男らしさが増す）ことなどを明らかにしている。

　以上をまとめると，BSRIを用いた研究からは，人種や文化を超えて，スポーツへの参加が女性競技者の性役割形成に影響を与えていることが示唆される。しかし，阿江（2004）の報告からは，スポーツへの参加にかかわる文化的な背景を考慮した検討の必要性が指摘できる。今後は，女性競技者にかかわる社会的条件（例えば，結婚や子育てに対する社会的通念など）に広く着目し，性役割とスポーツ参加との関係を検討しなければならないと考えられる。

(2) セクシャル・ハラスメント

　セクシャル・ハラスメント（Sexual Harassment：以下SHと表記）は，基本的には職場にかかわる問題として扱われてきたが，現在では学校教育やスポーツでも取り上げられている。日本では一般的に「性的な嫌がらせ」「相手方

の望まない性的言動」(佐藤, 1991；白井, 2009；八木, 2007) などと訳されている。ただし, 具体的な行為や言動は, 様々な視点から区別されている (田中, 2006)。その中の1つが環境型 (明確な経済的不利益は伴わないが, それを繰り返すことで職務の円滑な遂行を妨げる等, 就業環境を悪化させる性的言動) であり, さらに, ①身体的ハラスメント (例：不必要な身体への接触や凝視), ②言語的ハラスメント (例：猥褻な言葉や風評の流布), ③視覚的ハラスメント (例：職場などでのヌード写真の掲示) の3種類に区分される。

スポーツにおけるSHの研究は, 海外では1980年代半ばから, 国内では2000年前後から行われている。しかし, 国内の研究は海外と比べ非常に少なく, 調査対象もほとんどが学校運動部の生徒や大学生に限られている。今後は, 学校以外のスポーツや様々な競技レベルの選手にも対象を広げる必要がある。

国外における近年の研究報告によれば, ノルウェーでは51％ (Fasting et al., 2000), チェコスロバキアでは79％ (Hervik and Fasting, 2004), ベルギーでは50％ (Auweele et al., 2008) を超える女性エリート選手や大学生選手が, コーチから性的関係を求められるなどのSHを経験したことが示されている。さらに, アメリカの大学生女子選手210名を対象とした調査 (Volkwein, et al., 1997) では約21％の選手が, また, イギリスの女性選手377名に対する調査 (Yorganci, 1993, 1994) では40％の選手が, 胸を凝視されるなどのSHを経験したことを報告している。地域ごとに経験者数が異なるのは, ジェンダーに対する認識の文化的な相違が関係していると考えられる。しかし, 複数の地域で調査対象者の2割以上がSHを経験していることからすれば, SHはスポーツにかかわる重大な問題として認識されなければならない。

一方, 国内の体育やスポーツを専攻する体育系学生とそれ以外の一般学生を対象とした調査 (高峰ほか, 2004) では, SHと認識する状況は両者でほぼ一致していたが, それらをハラスメントと考える割合は体育系学生のほうが低かった。また, 経験内容を一般学生と比較すると, 体育系学生は身体接触を伴う内容が多いにもかかわらず, それをSHと認識している訳ではないことが明らかになった。スポーツ場面では, 指導者とのつながりが心理的に深くなれば, 一般的にはSHとみなされる行為にも許容的になってしまう (Fasting et al., 2007) ことがあり得るであろう。結果的に, このような境界の曖昧さがSHの

問題を潜在化させると考えられる。特に，スポーツに限らずタテの人間関係を重視する（中根，1967）国内では，さらに問題がみえにくくなる可能性がある。指導者はジェンダーへの認識を深め，適切な指導を心がける必要がある。

ところで，環境型SHでは，円滑な職務遂行の阻害が問題になると指摘されていた。これをスポーツに置き換えれば，SHは練習や競技活動の円滑な展開を阻む問題ということになる。SHの経験をもつノルウェーのエリート女性競技選手25名（個人種目16名，集団種目9名：平均年齢23歳）に対するインタビュー調査（Fasting et al., 2007）によれば，そのうちの4名はSHが原因で別の競技に転向していた。また，転向しなかった選手は，SHを行う指導者がいる環境での競技生活であったため，身体的・精神的苦労が絶えなかったと報告している。また，選手は共通に，嫌悪感，恐怖，苛立ち，怒りの心理的ストレス反応を生じさせていた。さらに，この他にも競技からの離脱を余儀なくされた選手の存在も指摘されている（Fasting et al., 2002）。このような事例からは，SHは選手の意識や行動を競技活動から逸らすストレス刺激であると指摘できる。選手は何らかの対応を強いられるため，本来の競技にかかわる遂行行動とは無関係の気遣いや行動が必要になる。このような状況が，練習や競技への参加意欲や動機づけを低下させることは容易に推測でき，報告された種目の転向や競技からの離脱はそれを証明しているといえる。今後は，SHがいかに女性競技者に重大な不利益をもたらすかを，動機づけ（例えば，内発的動機への影響）との関係から実証的に検討していく必要がある。

第3節　女性競技者に特有の動機づけ

摂食障害，月経障害および骨粗鬆症は，女性アスリートの3徴候「Female Athlete Triad」と呼ばれ，女性競技者に特有の問題である。また，これらは，直接的にも間接的にもパフォーマンスに影響を与えるため，動機づけなどの心理的側面に影響を及ぼすことが考えられる。本節では，特に摂食障害と月経障害に焦点を当てて，動機づけ関連要因との関係を考察する。

(1) 目標志向性と摂食障害

　摂食障害とは，拒食症や過食症などの食行動の問題を特徴とする疾患の総称であり（西園，2005；高木，2005），行き過ぎたダイエットや心理的負担（進路，人間関係など）などが原因としてあげられる。スポーツ選手は，体重を意識した価値観や高い成績志向性などから，摂食障害に陥りやすい（西園，2005）と考えられている。

　ポルトガルのエリート選手（男子150名，女子140名；平均年齢17.8歳）に対する調査（Gomes et al., 2011）では，男女を込みにした場合，摂食障害に陥ることが強く懸念される選手は自分の体型と外観に強い不満を抱く傾向があり，また，体重調整に関するコーチからのプレッシャーなども強く感じやすいことが示唆された。また，男女の違いでは，女子選手のほうが摂食障害に関連する行動（食行動の回避，減量願望など）が強くみられることが示された。

　また，ブルインほか（Bruin et al., 2009）は，オランダのエリート女子体操競技選手（59名，平均年齢14.88歳）と一流ダンスアカデミーに所属する女子生徒（35名，平均年齢15.46歳）を対象に，競技やダンスに対する動機づけ要因（目標志向性，動機づけ雰囲気）と摂食障害に関連する要因との関係を検討した（表9-1）。分析結果からは，自我志向性が強い者は，完璧主義でダイエットや体重調整の頻度が高く，また仲間同士のダイエットや肥満に関する話題に対するプレッシャーも強いと考えられた。また，動機づけ雰囲気では，成績雰囲気が強い場合には，自尊感情が低く，ダイエットや体重調整の頻度が増え，完璧主義の傾向もみられてダイエットや肥満に関する話題へのプレッシャーが比較的に強いと示唆された。一方，熟達雰囲気が強い場合には，自尊感情

表9-1　動機づけ要因と摂食障害要因との相関関係 （Bruin et al., 2009を一部改変）

動機づけ要因	ダイエット実施頻度	体重コントロール実施頻度	自尊感情	完璧主義	精神的圧迫（指導者）	精神的圧迫（仲間）
自我志向性	.33*	.28*	−.11	.42**	.21	.33*
課題志向性	.18	.17	−.06	.22	.10	.12
成績雰囲気	.25*	.26*	−.37*	.37*	.54**	.63**
熟達雰囲気	−.24*	−.13	.29*	−.23	−.26*	−.44**

* $p<.05$,　** $p<.01$

が高く，肥満などの話題に対するプレッシャーは弱いと考えられた。

　以上によれば，女性競技者のほうが摂食障害に陥りやすいと考えられることと，動機づけの視点では，自我志向性の強い女性競技者や成績の優秀さを強く求めるチームの雰囲気では，摂食障害に陥るリスクが高くなることが示唆される。すなわち，他者との比較で優位に立とうとするために，完璧に自己をコントロールしようと考え，体重の変化やその調整に敏感になり，肥満やダイエットなどの話題やコーチからの指摘にも強いプレッシャーを感じることになると考えられる。女子競技者の摂食障害を未然に防ぐためには，選手の目標が成績重視に偏っていないか，あるいはそのような志向性がチームの目標や方針として選手にプレッシャーを与えていないかなどに気をつける必要があるといえる。

(2) 女性競技者と月経

　女性の激しいスポーツ活動は，月経に影響を及ぼすことが指摘されている。例えば，初経発来前にトレーニングを開始した選手は，初経発来後に開始した選手よりも，初経年齢平均が1.4歳遅いことが指摘されている（目崎，1992）。この遅延は，初経発来前の早い年齢段階から行われた激しいトレーニングが，思春期の正常な性機能を失調させたことによるのではないかと考えられている。また，女性競技者は，続発性無月経（初経発来後に，月経が90日以上の間，周期的に発来しないもの）や不正周期症（月経周期が不規則で，次回月経の発来日の予測がまったくつかないもの）などの月経周期異常も高率で発症すると指摘されている（目崎，1992）。さらに，このような月経周期異常のある高校生選手は，正常周期の選手に比べ怪我のリスクが高い（Thein-Nissenbaum et al., 2012）ことや，無月経が引き起こす骨塩量低下により疲労骨折が誘発され，結果的に競技継続が困難になって早期引退を余儀なくされる選手がいる（難波，2011）ことが報告されている。怪我の予防のためにも，月経周期に異常がないかどうか，選手は日頃から配慮すべきであり，場合によっては指導者もその把握を怠らないようにしなければならないと考えられる。

　また，女性競技者の半数は，月経前症候群（月経前3〜10日間続く，イライラなどの精神的症状や乳房の緊満感や乳房痛などの身体的症状で月経発来と共に減退ないし消失する）や月経困難症（月経時の随伴症状としての下腹痛や

腰痛などが異常に強いもの）によってパフォーマンスが妨げられるという主観的認識を有している（Wilson et al., 1991）と指摘されている。同様のことは国内トップクラスの女性競技者111名に対する調査（中村，2011）でも報告されている。すなわち，月経前や発来時には30〜40％の選手が「コンディションが悪い」（「やや悪い」も含む）と回答し，その原因には，月経前症候群や月経困難症が関与していると考えられている。また，練習や試合における月経が原因のこのような不快な状況は，指導者や仲間とのコミュニケーションがうまく取れなくなったり，意見が合わなくなったりするなどの対人的ストレスにつながる（佐々木ほか，2012）ことも指摘されている。このような状況は，集団の達成行動にも阻害要因として機能すると考えられる。したがって，月経前症候群などによる痛みや不快感などは，選手個人の問題に留まらず，チームの心理社会的問題に関係する可能性があると認識される必要がある。

　さらに，ブラジルのエリート女性競技者（平均年齢21歳）を対象とする研究で，月経前症候群を発症する選手（12名）と発症しない選手（13名）の性格特性としての二次的要求を比較した結果（Gaion and Vieira, 2011）では，月経前症候群を発症する選手は非常に強い水準の達成要求（課題をより良く成し遂げたいなど）を示す一方で，変化要求（日常に変化を取り入れたいなど）は非常に弱いことが示された。また，月経前症候群を発症しない選手は，これらの要求水準は強くもなく弱くもない平均的な水準であることが示された。これらの結果から，月経前症候群がみられる競技者は，高い水準のパフォーマンスを求めるために，月経に伴う症状の発症は何とか解消しなければならない（変化を望まない）と強く考えていることが示唆された。少ないサンプルによる知見であり，また，月経前症候群の有無と達成要求などの社会的動機（大沢，1991）との因果関係を直接指摘できる分析結果ではないが，月経にかかわる問題が，女性競技者の動機づけにかかわる心理的要因に対しても影響を及ぼしている可能性があることを示す結果として注目できる。

　以上をまとめると，月経は女性の自然な生理現象ではあるが，女性競技者にとっては目標を達成しようとしたり，パフォーマンスを向上させようとしたりする時に，場合によっては障害となり，さらには競技からの引退を余儀なくさせる遠因になる場合があると指摘できる。したがって，月経については，単に

その生理学的メカニズムを理解するだけでなく、競技や練習への参加状況や動機づけへの影響にも注意を払い、それが活動の阻害要因にならないように、選手の心理的コンディションを踏まえた指導を行ったり、人間関係やチームの雰囲気などの環境を整えたりすることが重要であると思われる。

● 文献

阿江美恵子（2002）心理特性からみた女性の競技スポーツ．日本臨床スポーツ医学会誌，10（2）：236-239．

阿江美恵子（2004）体育専攻女子大学生のジェンダー・パーソナリティ．スポーツ心理学研究，31：9-18．

阿江美恵子・遠藤俊郎・三宅紀子（2001）女らしさ・男らしさの認知について．日本体育学会大会号，52：234．

阿部正臣・梶原洋子・〆木一郎（1987）TSMIからみた第10回ソウル・アジア大会日本代表陸上競技選手の心理的適性について：女子選手を中心として．文教大学教育学部紀要，21：117-125．

Abrahamsen, F.E., Roberts, G.C., and Pensgaard, A.N. (2008) Achievement goals and gender effects on multidimensional anxiety in national elite sport. Psychology of Sport and Exercise, 9:449-464.

Auweele, Y.V., Opdenacker, J., Vertommen, T., Boen, F., Niekerk, L.V., Martelaer, K.D., and Cuyper, B.D. (2008) Unwanted Sexual Experiences in Sport: Perceptions and Reported Prevalence among Flemish Female Student-Athletes. International Journal of Sport and Exercise Psychology, 6 (4) :354-365.

Bem, S.L. (1974) The measurement of psychology androgyny. Journal of Personality and Social Psychology, 42:155-162.

Bruin, A.P., Bakker, F.C., and Oudejans, R.R.D. (2009) Achievement goal theory and disordered eating: Relationships of disordered eating with goal orientations and motivational climate in female gymnasts and dancers. Psychology of sport and exercise, 10:72-79.

Burke, K.L. (1986) Comparison of psychological androgyny within a sample of female college athletes who participate in sports traditionally appropriate and traditionally inappropriate for competition by female. Perceptual and Motor Skills, 63:779-782.

江波戸優子（2007）大学生女子を対象とした現代の成功恐怖．臨床教育心理学研究，33：43．

Duda, J.L. (1989) Relationship Between Task and Ego Orientation and the Perceived Purpose of Sport Among High School Athletes. Journal of Sport and Exer-

cise Psychology, 11：318-335.
Edwards, S. W., Gordin, JR. R. D., and Henschen, K. P. (1984) Sex-role orientation of Female NCAA Championship Gymnasts. Perceptual and Motor Skills, 58: 625-626.
Egli, T., Bland, H. W., Melton, B. F., and Czech, D. R. (2011) Influence of Age, Sex, and Race on Collage Students'Exercise Motivation of Physical Activity. Journal of American College Health, 59:399-406.
遠藤辰雄編（1993）アイデンティティの心理学．ナカニシヤ出版．
Fasting, K., Brackenridge, C.H., and Sundgot-Borgen, J. (2000) The Norwegian women project. Females, elite sports and sexual harassment. Oslo: The Norwegian Olympic Committee and Confederation of Sports.
Fasting, K., Brackenridge, C.H, and Walseth, K. (2002) Coping with sexual harassment in sport: Experiences of elite female athletes. The Journal of Sexual Aggression, 8:3-15.
Fasting, K., Brackenridge, C.H, and Walseth, K. (2007) Women Athletes' Personal Responses to Sexual Harassment in Sport. Journal of Applied Sport Psychology, 19:419-433.
Gaion, P. A. and Vieira, L. F. (2011) Influence of Personality on Pre-menstrual Syndrome in Athletes. The Spanish Journal of Psychology, 14:336-343.
Gentile, B., Grabe, S., Dolan-Pascoe, B., Twenge, J. M., Wells, B. E., and Maitino, A. (2009) Gender Differences in Domain-Specific Self-Esteem: A Meta-Analysis. Review of General Psychology, 13:34-45.
Gomes, A.R., Martins, C., and Silva, L. (2011) Eating Disordered Behaviours in Portuguese Athletes: The Influence of Personal, Sport, and Psychological Variables. European Eating Disorders Review, 19:190-200.
Hanrahan, S. and Cerin, E. (2009) Gender, level of participation, and type of sport: Differences in achievement goal orientation and attributional style. Journal of Science and Medicine in Sport, 12：508-512.
Henschen, K.P., Edwards, S.W., and Mathinos, L. (1982) Achievement motivation and sex-role orientation of high school female track and field athletes versus nonathletes. Perceptual and Motor Skills, 55:183-187.
Hervik, S. E. and Fasting, K. (2004) The experiences of sexual harassment among Czech and Norwegian female sport students. Paper Presented at the Pre-Olympic Conference, Thessaloniki, Greece.
Hoffman, L.W. (1974) Fear of success in males and females: 1965 and 1971. Journal of Consulting and Clinical Psychology, 45:310-321.
堀井美奈（1992）指導者の指導信条と選手の競技信条の不一致が選手の競技意欲に及ぼす影響について．日本体育学会大会号，43：212．

Horner, M.S. (1968) The motive to avoid success and performance in competitive and non-competitive situations. Unpublished Ph. D. thesis. University of Michigan.

堀野　緑（1995）成功恐怖研究の再検討．心理学評論, 38（2）：301-319．

磯貝浩久（2001）スポーツにおける目標志向性に関する日米比較研究，博士論文（未公刊），九州大学．

伊藤隆太郎（1998）男に依存して，女は強くなる？スポーツ指導者と選手の因果な関係．Asahi Shimbun Weekly AERA，11月23日号：62-63．

伊藤裕子（2000）ジェンダーの発達心理学．ミネルヴァ書房，pp.4-5．

小出　寧（1996）ジェンダー・パーソナリティ・スケールの作成（1）．日本心理学会第60回大会発表論文集，p.103．

Lefebvre, L.M. (1979) Achievement motivation and causal attribution in male and female athletes. International Journal of Sport Psychology, 10：31-41．

Levine, R. and Gillman, M. J. (1982) Individual Differences for Sex Differences in Achievement Attributions? Sex Role, 8:455-466.

Li, f., Harmer, P., Acock, A., Vongjaturapat, N., and Boonverabut, S. (1997) Testing the Cross-Cultural Validity of TEOSQ and Its Factor Covariance and Mean Structures Across Gender. International Journal of Sport Psychology, 28:271-286.

McElroy, M.A. and Willis, J.D. (1979) Women and the Achievement Conflict in Sport: A Preliminary Study. Journal of Sport Psychology, 1：241-247．

目崎　登（1992）Sportsmedicine Express 4 運動性無月経．ブックハウス・エイチディ．

中村真理子（2011）女性アスリートのコンディション評価．日本臨床スポーツ医学会誌，19：199-202．

中根千枝（1967）タテ社会の人間関係　単一社会の理論．講談社．

西園マーハ文（2005）女子スポーツ選手と摂食障害．臨床スポーツ医学，22：73-77．

難波　聡（2011）女性アスリートに対するメディカルサポート　婦人科的サポート．日本臨床スポーツ医学会誌，19：101．

岡本直子（1999）親密な他者の存在と成功恐怖の関係について．教育心理学研究，47：199-208．

大沢正子（1991）看護学生のパーソナリティの特徴．神戸市立看護短期大学紀要，10：1-10．

佐々木万丈・渋倉崇行・今薗由望（2012）競技イベント時の月経に対する認知的評価と対人的ストレス経験との関係．日本健康心理学会第25回大会発表論文集，p.53．

佐々木三男（1987）バスケットボール女子選手のパフォーマンス向上と競技意欲について．体育研究所紀要，27（1）：1-23．

佐藤公代（2003）「成功回避動機」に関する研究．愛媛大学教育学部紀要　教育科学，49（2）：41-43．

佐藤延子（1991）性差別社会とセクシャル・ハラスメント．大垣女子短期大学研究紀要，

32：17-39.
Scott, J.W. (1988) Gender and the Politics of History. Columbia University Press. (ジョーン・W・スコット：荻野美穂訳（2004）ジェンダーと歴史学．平凡社．)
白井久明（2009）セクシャル・ハラスメントの法律問題．大学体育研究，31：1-12.
Silva Ⅲ, J.M. (1982) An Evaluation of Fear of Success in Female and Male Athletes and Nonathletes. Journal of Sport Psychology, 4:92-96.
鈴木淳子（1997）性役割．垣内出版株式会社．
髙木洲一郎（2005）スポーツと女子選手の摂食障害．臨床スポーツ医学，22：1243-1248.
髙峰 修・飯田貴子・井谷惠子・太田あや子・熊谷貴美江・吉川康夫（2004）女子大学生が"スポーツの場"において経験するセクシャル・ハラスメントの特徴．日本体育学会大会号55，p.157.
田中堅一郎（2006）職場でのセクシャル・ハラスメントに関する心理学的研究の動向．日本大学大学院総合社会情報研究科紀要，7:493-504.
Thein-Nissenbaum, J. M., Rauh, M. J., Carr, K. E., Loud, K. J., and McGuine, T. A. (2012) Menstrual Irregularity and Musculoskeletal Injury in Female High School Athletes. Journal of Athletic Training, 47:74-82.
Volkwein, K.A.E., Schnell, F.I., Sherwood, D., and Livezey, A. (1997) Sexual Harassment in Sport. International Review for The Sociology of Sport, 32:283-295.
Wilson, C.A., Abdenour, T.E., and Keye, W.R. (1991) Menstrual disorders among intercollegiate athletes and nonathletes: Perceived impact on performance. Athletic Training, 26:170-177.
White, S.A. and Duda, J.L. (1994) The relationship of gender, level of sport involvement, and participation motivation to task and ego orientation. International Journal of Sport Psychology, 25：4-18.
八木 透（2007）民俗学におけるジェンダー研究と近代家族．文学部論集，91：73-84.
山口智美（2006）「ジェンダー・フリー」論争とフェミニズム運動の失われた10年．双風舎編集部編，バックラッシュ．双風舎，pp.244-282.
Yorganci, I. (1993) Preliminary findings from a survey of gender relationships and sexual harassment in sport. in C. Brackenridge (ed), Body matters: Lesure Images and Lifestyle. Eastbourne: Lesure Studies Association.
Yorganci, I. (1994) Gender, sport and sexual harassment. Unpublished doctoral thesis, Chelsea School, University of Brighton.
Zuckerman, M. and Allison, S.N. (1976) An objective measure of fear of success: Construction and validation. Journal of Personality Assessment, 40：422-430.
Zuckerman, M., Larrance, D.T., Porac, J.F., and Blanck, P.D. (1980) Effects of fear of success on intrinsic motivation, causal attribution and choice behavior. Journal of Personality and Social Psychology, 39：503-513.

コラム⑧

周りの人への感謝

(1) 日本人的な「集合的」な力

　2012年に開催された夏季オリンピックロンドン大会において、日本代表選手団は金7個を含む史上最多の38個のメダルを獲得した。帰国後には銀座での凱旋パレードの他、2011年に起こった東日本大震災の被災地である宮城県仙台市などをめぐる「ロンドンオリンピック・パラリンピック応援ありがとうin東北」という企画も行われた。その開催の意図は、日本代表選手から東北の方々に対して支援と応援への感謝を伝えるということであったが、そもそもは代表選手の中からそのような声が上がったことがきっかけであったという。

　こうした傾向は、極めて日本人的な感覚のなせる業であると思われる。山本(2012)は、日本人の日常語表現の中で、集合的なもの(「私たち」や「みんな」など)が主語となることが多いことに触れ、「自分」という言葉から日本人的な主体のあり方について論じている。その中でわが国の伝統的武道では、「できる限り個を超えた大いなる全体性」の発揮を目指し、「調和のとれた美」が追求されると論説している。

　日本人が国際舞台で高みを極めた時に、多くのアスリートが、自らの競技環境や支えてくれた人々への感謝を口にする。こうしたことは決して美辞麗句として発せられるものではないだろう。日本人の「集合性や融合性」(山本, 2012)という特質が、極めて日本人的なモチベーションを生み出す源となっているであろうことは想像に難くない。

(2) 一流選手に見るSMT指導と感謝

　私は以前、国立スポーツ科学センターに勤めていたことがあり、そこでは国際競技力向上を目指す一流の選手が、その強化の一環としてスポーツメンタルトレーニング(SMTと略す)指導を希望してきた。そこで私が体験した個人種目日本代表選手であるA選手の「周囲への感謝」に関するエピソードを思い起こしてみたい。

　試合に向けての一連の準備を終えてだいたい試合の2週間くらい前になると、いつもAさんは私のところに予約を入れてくれる。Aさんとは大学生であったころからの3年半もの付き合いで、すでに一通りのSMT指導は終わっており、ある意味、私という「SMT指導士」の「使い方」を心得ている感じだった。Aさんは自分のペースで練習をして、心身のコ

ンディショニングを行う方法をすでに心得ている方だった。

　Aさんは試合前になると私の部屋にやってきては，私と会っていなかった数ヵ月について静かに語ってくれた。これまでのトレーニングが順調にこなせたこと，社会人になり実業団に所属して，お金をもらい競技をさせてもらっていることへの感謝，丈夫な身体に育ててくれた両親への思いなどを，いつも訥々と話してくれる。Aさんにとっての，SMT指導士である私の「使い方」としては，それまでの競技生活で起こった様々なことを1つずつ確認するように語ったあとで，私の前で「決意表明」をしていくのが決まりのパターンであった。それは今になって思い返してみると，自分がいかに恵まれた環境で競技を行っているかという感謝の気持ちをかみしめながら，自分の心の中でその重みをモチベーションに変える作業をしていたように思える。

　そして，いよいよ人生で最大の目標であった国際大会に行く直前にも，いつものように私のところにやってきた。

　覚悟を決めたように，Aさんは私に今回の競技会にかける思いを語ってくれた。私はそれを黙って聞いていたのだが，別に私が試合に臨むわけでもないのに胸が熱くなり，心の底から突き上げるようなエネルギーを感じたのをよく覚えている。

　そうしてAさんとのセッションは終わり，いよいよ国際大会に旅立つお見送りをする時間になった。その時に彼は，初めて私に「これまでありがとうございました。指導していただいたことを活かせるように，頑張ってきます。」といった。

　私はSMT指導士として，感謝の言葉をいわれているようでは，まだまだ選手に本音を出させていないのだろうという思いがある。選手が率直な感情表現をできる場を提供しようと思って選手にかかわっているので，感謝の言葉はうれしいが，選手の役に立っているのだろうかという複雑な心境になる。しかし，その時のAさんからの感謝の言葉はとても自然なものであり，私もすんなりと受け入れることができた。きっとAさんの計り知れないモチベーションの力が私に強い共感を生み，心に響いたのだろうと思う。

　Aさんはその後国際大会に臨み，チーム内での役割を十分に果たして，団体優勝を勝ち取った。Aさんとの出会いに感謝を感じた瞬間だった。

※事例は秘匿性への配慮から本質をゆがめない程度に脚色してあります。

● 文献

山本昌輝（2012）　自分と身体像－臨床的土壌論に向けて－　臨床心理身体運動学研究，14（1）：3-18.

[第Ⅳ部]
動機づけの社会/臨床心理を学習する

Sport Motivation

第10章 スポーツ集団における動機づけ

第1節 リーダーシップと動機づけ

(1) リーダーシップとは

　リーダーシップとは，主にリーダーが，集団の目標の達成に向けて，メンバーあるいは集団に影響を及ぼすプロセスのことである。広義には，リーダーからの影響だけでなく，メンバーの対応，あるいはリーダーとメンバーの相互作用も含めて，リーダーシップと捉えられている。しかしながら，実践的には，リーダーの地位にいる人の影響に焦点を当てて議論されることが多いようである。もちろん，「リーダーの地位にいる人」といっても，1つの集団に複数存在するということは，よくあることである。スポーツ集団においては，監督やチームキャプテンはもちろんのこと，部門キャプテンやポジションごとのリーダー，学校運動部などでの学年キャプテンなどもリーダーである。課題ごとに，リーダーを選ぶこともあるだろう。こういったことから，つまるところ，リーダーシップは，すべてのメンバーにかかる問題であるといえる。したがって，リーダーシップのあり方は，監督やチームキャプテンだけではなく，集団のメンバー全員が理解すべきことであると認識する必要がある。

　このような考え方に沿うように，近年のリーダーシップに関する議論は，特定の資質を有する人物が優れたリーダーたり得るという「特性論」ではなく，リーダーが果たすべき役割は何かという「機能論」や，リーダーは状況に適した行動をとる必要があるという「状況論」が中心となって行われている。

　リーダーシップ機能論の代表は，三隅（1984）のPM (Performance-

Maintenance）理論だろう。この理論では，リーダーシップの機能には，P機能（目標達成機能）とM機能（集団維持機能）があり，これらの組み合わせで，リーダーシップのタイプが決まるとされている。そして，P機能が高いリーダーシップのもとでは，生産性が上がり，M機能が高い場合は，メンバーの満足感が高くなることが示されている。このように，リーダーシップ機能の違いは，集団の動機づけの方向に影響を及ぼしているようである。

一方，状況論としては，フィードラー（1970）の条件即応モデル（contingency model）や，ハーシーとブランチャード（1978）の状況リーダーシップ（situational leadership：SL）理論，チェラデュライ（Chelladurai, 1990）のスポーツリーダーシップ多次元モデルなどがあるが，ここでは，実践指導者にとって理解しやすいと思われるSL理論を取り上げることにする。

(2) SL理論に基づく動機づけ

SL理論（図10-1）は，ライフサイクル理論とも呼ばれているが，適切なリーダーシップ行動は，メンバーの成熟度（maturity）によって異なるとされている。リーダーシップ行動は，指示的行動と支援的行動の組み合わせで構成され，両行動の程度によって，指示型，コーチ型，支援型，委任型の4つのスタイルに分類される。これらの行動は，メンバーの状況に応じて，使い分ける

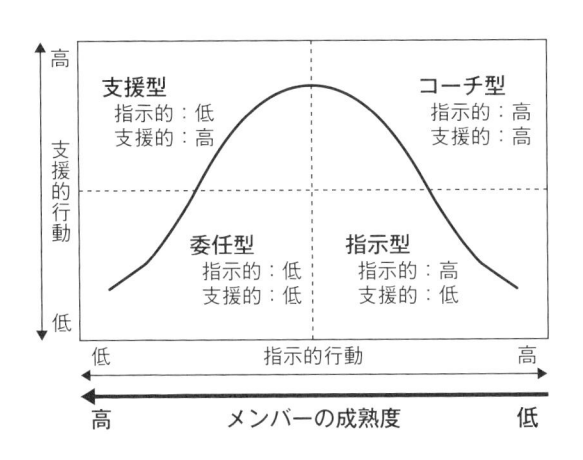

図10-1　SL理論（吉田，1997より作成）

必要があるとされているが，その理論的説明においては，メンバーの意欲（動機づけ）が考慮されている。

図中の曲線は，メンバーの成熟度（横軸）に対して最も適しているリーダーシップ行動型を示している。

各成熟段階のメンバーの特徴と，それに適したリーダーシップ行動は，以下のように要約される（吉田，1997）。

(a)「熱心な初心者」：指示型（指示的行動多，支援的行動少）

メンバーは，意欲はあるが能力は低い。リーダーは，積極的に指示をしてメンバーを先導する必要がある。意思決定もリーダーが中心となる。

(b)「迷える中級者」：コーチ型（指示的行動多，支援的行動多）

メンバーは，ある程度の能力を有するが意欲はあまり高くない。リーダーは，指示もするがメンバーの意見や要望を尋ねてそれに対処する。

(c)「波のある上級者」：支援型（指示的行動少，支援的行動多）

メンバーは，能力は高いが意欲や自信は不安定である。リーダーは，メンバーの意見や要望を尊重し，意思決定もメンバーが主体で行うようにする。

(d)「安定したベテラン」：委任型（指示的行動少，支援的行動少）

メンバーは，能力も意欲も高い。リーダーは，メンバーとの話し合いで目標等を決め，後は任せる。

(3) 実践上の課題

このように，SL理論に基づけば，集団に所属するメンバーの成熟度，スポーツでいえば選手やチームのレベルに応じて適切なリーダーシップ行動をとることが，リーダーの役割ということになる。一方で，スポーツチームは，練習や経験によって成熟度を高めていくことがあるため，1人のリーダーが，同じ対象に異なるスタイルのリーダーシップ行動を用いなければならないことになる場合もあるだろう。リーダーには，その時のチームに合ったリーダーシップを発揮し，チームメンバーの動機づけを向上させていくことが期待されているのである。その際，目標達成か関係維持かという動機づけの方向についても明確にした上で，リーダーシップ行動を選択することが必要である。

ところで，動機づけという観点からみた場合，必ずしもSL理論に基づく行

動が望ましいとは限らないこともあるようである。その一例をあげておく。

　古川（1988）は，対人関係，課題の特徴，課題遂行水準との相互関係について分析し，習熟した課題を行う時は，評価的，脅威的，あるいは強く激励するような他者の存在が個人の課題遂行水準を高める一方で，未習熟の課題を行う場合は，支持的あるいは受容的な他者の存在が課題遂行を促進すると要約している。山口（1994）は，このような現象は集団状況でも生じると指摘し，結果として，評価的あるいは受容的というような社会的環境が，集団の動機づけを意味する集団モラール（士気）を規定すると述べている。

　このように，未習熟課題に取り組む初心者に対しては，SL理論に基づけば，「指示的」であることが望ましいと考えられるが，社会的環境の動機づけ効果にかかる研究の知見に基づけば，「支持的・受容的」に対応するほうがよいということになる。これらを踏まえると，初心者のチームにおいては，積極的に指示を与えながらもメンバーを受け入れるような，「指示的かつ支持的」なリーダーシップ行動が求められるということになるかもしれない。

第2節　チームワークと動機づけ

(1) スポーツ集団とスポーツチーム

　多くの研究者が，集団の定義づけを行っているが，それらを包括的にまとめた広田（1981）は，集団を「2人またはそれ以上の人々から構成され，それらの人々の間に相互作用やコミュニケーションがみられ，何らかの規範が共有され，地位や役割の関係が成立し，外部との境界を設定して一体感を維持している人々から成立する社会システム」としている。一方，チームの定義は，サラスほか（Salas et al., 1992）のものが有名である。それによると，「チームとは価値のある共通の目標や目的の達成あるいは職務の遂行のために，力動的で相互依存的，そして適応的な相互作用を行う，2人以上の人々からなる境界の明瞭な集合体である。なお各メンバーは課題遂行のための役割や職能を割り振られており，メンバーである期間には一定の期限がある」となっている。

　集団とチームの定義には共通点が多く，一見，同義のようにもみえる。しかしながら，山口（2008）は，集団における規範の共有や，地位・役割関係，

外部との境界の設定は，その集団が高度に発達するにしたがって備わってくる特徴としており，また，チームの目標は，集団のそれよりも明確であることを主張している。以上のことに鑑みるに，チームとは，集団がより行動的に発達したものと考えることができる。スポーツ場面でみられるこのような特徴をもつ集合体が，スポーツ集団やスポーツチームといわれるものである。

(2) チームワークの概念

山口（2008）によれば，チームワークとは，「チーム全体の目標達成に必要な協働作業を支え，促進するためにメンバー間で交わされる対人的相互作用であり，その行動の基盤となる心理的変数も含む概念」である。すなわち，チームワークは，行動的な側面と心理的な側面とに分けることができる。

池田（2009）は，チームワークの心理的側面および行動的側面の重要な下位概念を整理している（図10-2）。そこでチームワークの心理的側面の概念としてあげられているものは，集団効力感，チームメンタルモデル，集団凝集性である。集団効力感は，チームの課題を効果的に遂行できるという自信を表す概念であり，チームメンタルモデルは，メンバーによる課題・役割・能力に関する知識の共有を表す概念であり，集団凝集性は，チームとしてのまとまりの良さを表す概念である。

池田（2009）は，これら3つの概念がそれぞれ異なる機能的な役割をもって，チームワークの行動的側面に影響するとしている。その役割とは，実行機能，調整機能，維持機能であり，集団効力感は，チーム全体として何らかの活動に

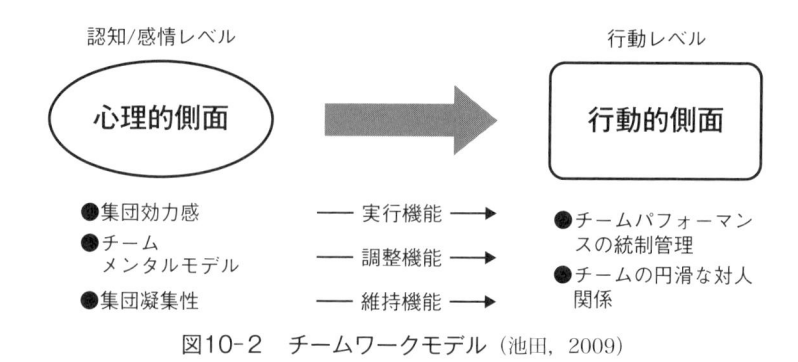

図10-2　チームワークモデル（池田，2009）

着手するための実行機能を，チームメンタルモデルは，効率的なチームワーク行動を可能にするための調整機能を，そして，集団凝集性は，チームワーク行動を続ける維持機能を担っているとしている。

(3) チームワークの下位概念と動機づけの関係

　スポーツ活動は，種目にかかわらず，一般的に集団で行われる。それ故，個人の所属する集団やチームのチームワークの良し悪しは，個人の動機づけに影響する可能性が考えられる。チームにおける「入力(input)―プロセス(process)―出力（output）」を，一連の変数を用いて説明している様々なI-P-Oモデル(Carron and Hausenblas, 1998；Feltz and Chase, 1998；McGrath, 1964) においても，その出力の中に，個人にかかわる内容が含まれており（図10-3），チームワークがメンバー個人に対して何らかの影響を及ぼすことを示唆している。チームワークの下位概念の中でも，とりわけ，集団凝集性と集団効力感が，メンバー個人の動機づけに強い影響力をもっていると推測される。

　集団凝集性には，集団にメンバーを引きつける力と，集団の崩壊に対するメンバーの抵抗力の2側面があるといわれている（Carron and Hausenblas, 1998）。集団凝集性が高まれば，集団の内部と外部の境界が明確になる。これは，より高度な「チーム」として集団が発展していることを意味する。集団が発展すると，メンバーの役割や地位などが明確になり，それによってメンバーの責任感も高まり，それらはメンバー個人の活動に対する動機づけにも影響するだろう。集団凝集性のこのような性質が，池田（2009）の主張するチームワーク行動の維持機能につながっていくと考えられる。

　集団効力感は，自己効力感を集団に適用するために拡張させた概念であり，スポーツチームにおいて特に重要視され，わが国でも，近年，研究が増えてきている。先行研究を整理した河津ほか（2012）は，集団効力感を「チーム内における，ある特定の課題を達成するための，行動を実行することに関連したチームの有能感に関して，共有された信念」と定義している。

　集団効力感の起源である自己効力感は，動機づけに影響を与えるものとしてよく知られている。「ある特定の行動を，自分はうまく実行できる」という期待があればあるほど，実行しようとするだろう。それと同様に，「自分の所属

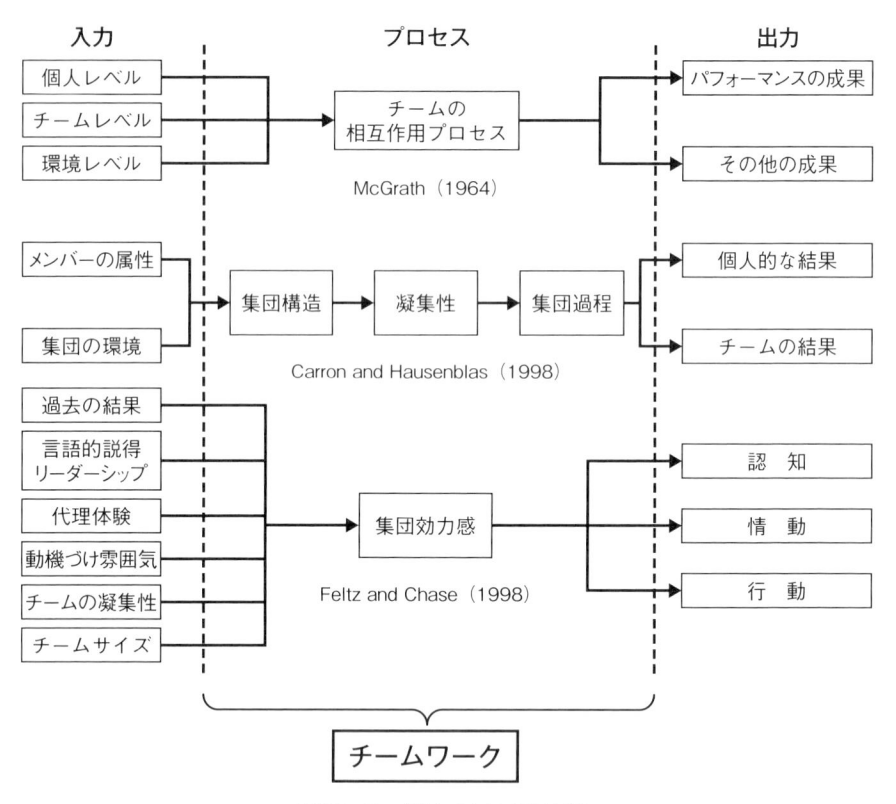

第Ⅳ部　動機づけの社会／臨床心理を学習する

図10-3　様々なI-P-Oモデル

している集団は，ある特定の課題や行動をうまく実行できる」という期待があればあるほど，集団に所属するメンバーは，その集団内での活動を積極的に行おうとすると推測される。フェルツほか（Feltz et al., 2008）は，集団レベルの概念である集団効力感が，個人レベルの動機づけに影響を与えるという関係性を示唆している。このような関係性を実証するために，テサほか（Tesa et al., 2011）は，ビジネス論を専攻している学生471名を対象として，ビジネスシミュレーション状況における集団効力感とその集団での行動の関係を検討した。その結果，初期の集団効力感が高い集団のメンバーは，そうでない集団のメンバーよりも，メンバー同士の関係の質を高めるような行動や，集団の課題達成のための行動を盛んに行っていることが明らかになった。この研究で

は，ビジネス場面での仮想集団が用いられているが，スポーツ集団においても，同様の結果が得られることは十分に考えられ，今後の研究の進展が期待される。

第3節　ソーシャルサポートと動機づけ

(1) ソーシャルサポートとは

　ソーシャルサポート研究は，1970年代に，コミュニティ心理学を背景として生まれた。疫学者のキャッセル（Cassel, 1974）やキャプラン（Caplan, 1974）は，人と人との結びつきが，心身の健康に影響を及ぼすことを主張した。また，コッブ（Cobb, 1976）は，ソーシャルサポートを情報として捉え，概念化した。日本でも，様々な研究者（久田，1987；稲葉ほか，1987；浦，1992）が，ソーシャルサポートの定義に言及しているが，ここでは，「個人を取り巻く重要な他者（家族，友人，同僚，専門家など）から得られる有形無形の援助」（久田，1987）と定義しておく。

　ソーシャルサポートは，一般的に，大きく，手段的（道具的）サポートと情緒的サポートの2種類に分類される。相川・髙井（2010）は，前者を，個人が抱えている問題そのものを直接ないし間接的に解決することに役立つサポート，後者を，個人の心理的な不快感を軽減し，自尊心の維持・回復を促すサポートとしている。また，土屋・中込（1994）は，競技選手におけるソーシャルサポートの機能には，①理解・激励，②尊重・評価，③直接援助，④情報提供，⑤娯楽共有の5つがあるとしており，これらをもとに，「競技者用ソーシャルサポート尺度」を開発している。さらに，板倉ほか（2003）は，運動実施に関連したソーシャルサポートとして，①アドバイス・指導，②理解・共感，③激励・応援，④共同実施，⑤賞賛・評価という5つの手段的あるいは情緒的サポートをあげて，「運動ソーシャルサポート尺度」を作成している。これらの尺度では，ソーシャルサポートの利用可能性を示す「知覚されたサポート」，あるいは他者が実際に行った「実行されたサポート」を測ることができる。

(2) 運動・スポーツ分野におけるソーシャルサポート研究

　土屋・中込（1997）は，運動・スポーツ分野におけるソーシャルサポート

研究を,運動参加,負傷,ストレス対処,リーダーシップの4つのカテゴリーに分類してレビューしている。運動参加との関係については,マコーリーほか（MacAuley et al., 2003）や岡ほか（2011）の研究において,ソーシャルサポートの享受が,自己効力感や動機づけを介し,運動行動に影響していることが示されている。また,サリスほか（Sallis et al., 1992）は,女性において,ソーシャルサポートが運動継続の予測因となることを明らかにしている。負傷に関しては,ソーシャルサポートの欠如が,負傷の発生頻度の増加や重篤化をもたらしていることが指摘されている。また,デューダ（Duda, 1988）は,受傷選手でも,自己効力感が高くソーシャルサポートの存在を認めている場合は,リハビリテーションに対する動機づけが高いことを報告している。ストレス対処に関しては,大学新入部員におけるソーシャルサポートのストレス緩和効果とバーンアウト抑制効果などが検討されている（土屋・中込,1998）。リーダーシップに関しては,「ソーシャルサポートの提供に努めているコーチが指導するチームでは,凝集性が高まり選手の満足度が向上する」（土屋・中込,1997）とまとめられている。

(3) スポーツ集団におけるソーシャルサポート

土屋・中込（1996）は,大学バスケットボールチームに,メンタルトレーニング技法の実習と,ソーシャルサポートの活性化を企図するグループディスカッションを柱とした構成的グループ・エンカウンターを実施し,そのグループが,①自己への気付きの促進（形成期）⇒②自己やチームの問題への直面化（動揺期）⇒③チーム内の新たな規範の成立（規範期）⇒④練習への意欲向上,目標達成への自信などのチームが機能する生産（達成期）という4つの段階を経て変容していくことを示した。そして,このチームビルディングを行うことにより,ソーシャルサポートが活性化し,練習意欲の向上がもたらされたことを確認した。

(4) ソーシャルサポートと動機づけの相互関係

このようなソーシャルサポートは,社会的動機と密接に関連していると考えられる。社会的動機とは,「社会の中で生じる自己と他者の人間関係に関連す

る動機（杉原，2003）」であり，親和動機，獲得動機，優越動機，承認動機，顕示動機，達成動機，攻撃動機，支配動機，救護動機，養護動機などが含まれている。中でも，「友情や愛情によって他者と交流し，よい人間関係を作りたい」という親和動機，「優れた業績をあげて社会的に認められたい」という承認動機，「物事をより卓越した水準で成し遂げることを追求する」達成動機が，ソーシャルサポートとより強く関連していると推測される。

例えば，「苦しい練習を仲間と励まし合いながら行う」「指導者がよいプレーを褒める」といった情緒的サポートは，それぞれ，親和動機，承認動機を満たすと考えられる。また，中村ほか（2009）は，運動部活動におけるソーシャルサポートが適応感と達成動機に及ぼす影響を調査し，指導サポートが適応感の形成や達成動機づけの向上に影響を及ぼしていることを明らかにした。一方で，動機づけが，ソーシャルサポートの実施に影響を及ぼすこともあるだろう。人を支援し，助けたいという救護・養護動機は，ソーシャルサポートの提供を促進すると考えられる。

さらに，このようなソーシャルサポートと動機づけの関係を，自己決定理論に基づいてみてみると，他者からの情報提供（手段的サポート）や励まし（情緒的サポート）によって運動行動を選択するということは，外的調整とみなされ，「友人が一緒に運動をしてくれることが楽しいから運動をする」という場合は，同一化的調整が行われていると考えることができるだろう。また，自己決定理論では，内発的動機づけへの移行にかかわる要因として，関係性への欲求があげられているが，ソーシャルサポートは，この欲求を充足させることで動機づけの向上に貢献しているとも考えられる。

●文献
相川　充・高井次郎（2010）コミュニケーションと対人関係．誠信書房．
Caplan, G. (1974) Support systems and community mental health. Behavioral Publications.
Carron, A.V., and Hausenblas, H.A. (1998) Group dynamics in sport (2nd Ed). Fitness Information Technology, pp.225-263.
Cassel, J. (1974) Psychosocial processes and "stress": Theoretical formulation. International Journal of Health Service, 4: 471-482.

Chelladurai, P. (1990) Leadership in sports: A review. International Journal of Sport Psychology, 21: 328-354.

Cobb, S. (1976) Social support as a moderator of life stress. Psychosomatic Medicine, 38: 300-314.

Duda, J. (1988) Goal perspectives, participation, and persistence in sport. Journal of Sport Psychology, 19: 117-130.

Feltz, D. L., and Chase, M. A. (1998) The measurement of self-efficacy and confidence in sport. In: Duda, J. L. (Ed.) Advances in sport and exercise psychology measurement. Fitness Information Technology, pp.65-80.

Feltz, D. L., Short, S. E., and Sullivan, P. J. (2008) Self-efficacy in sport. Human Kinetics, pp.146-149.

フィードラー：山田雄一監訳（1970）新しい管理者像の探究．産業能率短期大学出版部．

古川久敬（1988）組織デザイン論―社会心理学的アプローチ．誠信書房．

ハーシー・ブランチャード：山本成二ほか訳（1978）行動科学の展開―人的資源の活用―．生産性出版．

広田君美（1981）集団．梅津八一ほか監修 新版心理学事典．平凡社，pp.361-365.

久田 満（1987）ソーシャル・サポート研究の動向と今後の課題．看護学研究，20：170-179.

池田 浩（2009）チームワークとリーダーシップ．山口裕幸編 コンピテンシーとチーム・マネジメントの心理学．朝倉書店，pp.69-85.

稲葉昭英・浦 光博・南 隆男（1987）「ソーシャルサポート」研究の現状と課題．哲学，85：109-149.

板倉正弥・岡 浩一朗・武田典子・古 眞未・酒井健介・中村好男（2003）成人の運動行動と運動ソーシャルサポートとの関係．ウォーキング研究，7：151-158.

河津慶太・杉山佳生・中須賀巧（2012）スポーツチームにおける，集団効力感とチームパフォーマンスの関係の種目間検討．スポーツ心理学研究，39（2）：153-167.

MacAuley, E., Bryan, B., David, X. M., Gerald, J. J., Arthur, F. K., and Jeffrey, K. (2003) Social relation, physical activity, and well-being in older adults. Preventive Medicine, 31: 608-617.

McGrath, J. E. (1964) Social psychology: A brief introduction. Holt, Rinehart and Winston.

三隅二不二（1984）リーダーシップ行動の科学 改訂版．有斐閣．

中村 仁・繁田 進・有吉正博（2009）運動部活動におけるソーシャルサポートが適応感と達成動機に及ぼす影響．東京学芸大学紀要 芸術・スポーツ科学系，61：121-127.

岡 浩一朗・石井香織・柴田 愛（2011）日本人成人の身体活動に影響を及ぼす心理的，社会的，環境的要因の共分散構造分析．体力科学，60：89-97.

Salas, E., Dickinson, T. L, Converse, S. A., and Tannenbaum, S. I. (1992) Toward an understanding of team performance and training. In: Swezey, R. W., and Sa-

las, E. (Eds.) Teams: Their training and performance. Ablex, pp.3-29.
Sallis, J. F., Hovel, M. F., and Hofstetter, C. L. (1992) Explanation of vigorous physical activity during two-years using social learning variables. Social Science and Medicine, 34: 25-32.
杉原　隆（2003）運動指導の心理学―運動学習とモチベーションからの接近―．大修館書店．
Tesa, K., Sears, G. J., and Schat, A. C. H. (2011) Personality and teamwork behavior in context: The cross-level moderating role of collective efficacy. Journal of Organizational Behavior, 32:65-85.
土屋裕睦・中込四郎（1994）大学運動選手におけるソーシャルサポートの構成要素とその機能．筑波大学体育科学系紀要，17：133-141．
土屋裕睦・中込四郎（1996）ソーシャル・サポートの活性化をねらいとしたチームビルディングの試み．スポーツ心理学研究，23（1）：35-47．
土屋裕睦・中込四郎（1997）体育・スポーツ領域におけるソーシャル・サポート研究の現状と課題．筑波大学体育科学系紀要，20：71-84．
土屋裕睦・中込四郎（1998）大学新入運動部員をめぐるソーシャルサポートの縦断的検討：バーナウト抑制に寄与するソーシャル・サポートの活用法．体育学研究，42: 349-362．
浦　光博（1992）支えあう人と人―ソーシャル・サポートの社会心理学―．サイエンス社．
山口裕幸（1994）集団過程．藤原武弘・高橋　超編，チャートで知る社会心理学．福村出版，pp.111-124．
山口裕幸（2008）チームワークの心理学―よりよい集団づくりをめざして―．サイエンス社．
吉田富二雄（1997）集団と個人．堀　洋道ほか編著，新編社会心理学．福村出版，pp.205-224．

コラム⑨

チームの絆を強める（チームビルディング）

(1) チームビルディングとは

　チームビルディング（Team building: TB）とは，主に行動科学の知識や技法を用いて組織力を高め，外部環境への適応力を増したり，チームの生産性を向上させるような，一連の介入方略を総称したものである。したがって，対象がスポーツチームであれば，チームワークの向上や競技力の向上がねらいとなる。他方，健康スポーツプログラム参加者を対象にするような場合は，TBを通してプログラム参加率や運動行動の継続率を高めることが目的となる。

(2) チームビルディングのタイプ

　TBのタイプは大きく分けて，直接アプローチと間接アプローチがある（土屋，2006）。前者は，TBを企画し，実行する担当者が，直接チームメンバーにかかわる方法である。例えば，冒険キャンプの要素を取り入れたTBでは，その領域の専門家がチームメンバーに課題状況を提示し，問題解決を通じてチームワークを高めようとする例がある。また，スポーツ心理学の専門家が試合での実力発揮を目的としてかかわる場合には，メンタルトレーニング技法の学習をエクササイズに取り入れた構成的グループ・エンカウンターが効果的であることも示されている。

　他方，TB担当者が，直接的にはチームメンバーにかかわらない方法もある。これは組織風土へのアプローチといわれ，インストラクターやコーチに対するコンサルテーションが活動の中心となる。例えば，チームの指導者・コーチやキャプテンなどから相談があった場合，TB担当者が直接メンバーにかかわるのではなく，彼らのリーダーシップ行動の変容を通じて，TBを行う方法がある。この場合，TB担当者は，指導者やコーチのリーダーシップ行動を評価し，発揮できていない機能を特定しながら，改善のための介入を行う。他にコミュニケーション・スキルの改善に焦点を当てたTBも行われている。

(3) チームビルディングの実際

　ある年の9月に大学女子球技チームのヘッドコーチより，12月に行われる大学選手権に向けてTBの依頼を受けた。このチームはすでに30回以上も地域の代表として選手権に出場しており，準優勝の経験も複数ある名門チームであったが，優勝経験はなかった。この年は地域

のリーグでもライバルチームに敗戦し，加えてエースが負傷したことで，メンバーに動揺が広がっているとのことであった。ヘッドコーチはこういう時こそチャンスがあるのではないかと考え，筆者にTBを依頼した。

キャプテンからのチーム状態について聞き取りを行った結果，メンバー間の絆を深め，チームとしての自信をもつことが重要であることがわかった。そこで，構成的グループ・エンカウンターのエクササイズとして，試合場面での相互信頼感を高めるエクササイズ（例：ポジティブなメッセージの交換）を行い，同時に目標達成のイメージ課題（例：対戦相手を想定した理想的な戦い方）を共有することとした。これらを約2ヵ月にわたって実施した。

大学選手権は予想通り接戦が続き，チームはピンチの連続であったが，いつしか「ピンチはチャンス」がメンバーの口癖となり，初優勝を成し遂げた。

決勝での対戦相手が地域リーグで敗戦したライバルチームであったことから，2つの試合におけるパフォーマンス分析をこの種目の専門家に依頼したところ，TB実施後の選手権ではメンバー間の戦術の連携がスムーズであったことと，一人ひとりが自信をもって，のびのびとしたプレーを行っていたことが特徴として指摘された。ヘッドコーチは，これらについてTBの効果であったと言及した。

(4) チームビルディングと動機づけ

最近のスポーツ集団研究に関する検討では，チームの実力発揮を目的とする場合，集団凝集性と集団効力感（集合的効力感）が重要な要因であることがわかってきた。つまりTBにおいては，メンバー間の絆を深めて集団をまとめ，目標達成への自信を高めることが重要であるといえる。先に紹介したTBの実践例でも，エンカウンター技法を用いてチームの集団凝集性を高め，イメージ課題を共有することで集団効力感を高めることができたものと考えられる。

参加者の感想には，「自分たちのプレーをすればきっと勝てる」（有能さ），「どうすればチームの勝利に貢献できるか，自分で考え決めることが大切」（自律性）に加えて，「このメンバーで戦えることは幸せ」（交流性）などがあった。本コラムで紹介したような構成的グループ・エンカウンターに準拠したTBのセッションに参加することで，選手権優勝に向けて動機づけを高める効果があったことが推測される。

第11章

動機づけの文化間比較

第1節 スポーツの動機づけと文化

(1) 動機づけへの文化の影響

　スポーツの動機づけを説明する理論の多くは，欧米で発展してきたものであるが，それらの理論をそのまま取り入れて日本人のスポーツ行動の説明を行ってきたように思われる。しかしながら，近年の心理学や文化心理学などの領域では，心的過程を解明するためには，そこにある文化的背景を考慮することの重要性が強調されている（柏木ほか，1997；田中，1996）。すなわち，欧米で発展してきた動機づけなどの心的過程に関する理論を日本人にそのまま適用することの限界が指摘されている。このような指摘は，スポーツの動機づけ研究においても行われている（磯貝，2000；西田ほか，2009）。つまり，日本人のスポーツの動機づけをより良く理解するためには，欧米の理論を当てはめるだけでなく，文化との関連を考慮していく必要があるといえる。

(2) 文化の捉え方と文化的自己観

　文化を明確に定義することは難しいが，ここでは文化心理学などで受け入れられている定義を示したい。すなわち，「文化は社会の歴史を通じて築かれ蓄えられた慣習，および公の意味構造として捉えられ，慣習や公的な意味構造から成り立つ日常的現実の中に生きることにより，心のプロセスが形成され，さらに心的プロセスが文化そのものを維持・変容させる（柏木ほか，1997）」とされる。このような文化の捉え方においては，文化と心は歴史的循環の中で相

互に生成し合い影響し合うものとみなされる。また，自己に関する理解の仕方は，文化的な文脈の影響を受けていることになる。

これまで，様々な文化で自己について研究されてきた。日本と欧米についてみると，文化人類学者であるベネディクト（1974）の「恥の文化と罪の文化」，精神医学や心理学では土居（1971）の「甘えの構造」，浜口（1982）の「間人主義と個人主義」などがある。これらの研究に共通する主張は，欧米での自律的な自己と日本での状況依存的な自己を対置的な図式で捉えていることである。

このような流れの中で，近年の文化心理学では，文化的自己観という概念が強調されてきた。文化的自己観とは，「ある文化において歴史的に形成され，社会的に共有された自己，あるいは人一般についてのモデル，通念，メタセオリーとしての自己（北山・唐澤，1995）」である。マーカスと北山（Markus and Kitayama, 1991）は，文化的自己観を「相互独立的自己観」と「相互協調的自己観」に区別した。

この自己観のモデルによると，欧米の文化では，「相互独立的自己」という自己観のモデルが優勢である。そこでは，自己は他の人々や周りの事柄とは区別され，切り離された実体とみなされる。自己は，人も含めた周囲の文脈とは独立に存在し，その主体のもつ様々な属性によって定義される。そして，人々は自己表現や自己目標の達成に向けて動機づけられる。

これに対して，日本をはじめとする東洋の文化では，「相互協調的自己」という自己観のモデルが優勢である。周囲との関係性が志向される東洋の文化においては，自己はある特定の状況や周囲の人々との関係によって定義される。人間関係そのもの，あるいはそこにある関係の中の自分の属性が自己の中心的定義となる。この「相互協調的自己」という自己観に従えば，それぞれ人の目標は，自己がその一部となる価値ある社会関係を見出し，自分自身をその重要な一部として認識し，また周囲からもそう認識されることである。したがって，他者の意図や社会的な役割といった関係の中から目標とすべき自己を見出し，それを目標とした自己実現を試みようとする。

以上のように，自己観は個人が所属する文化の中で形成され，動機づけのあり方に影響するといえる。そして，このような自己観は，スポーツの動機づけ

と文化との関連を説明する重要な変数とみなすことができる。

第2節 異文化間での比較研究

(1) 異文化間心理学の目的と方法

　異文化間心理学は，Cross-Cultural Psychologyの訳であり，通文化的心理学，比較文化心理学ともいわれる。異文化間心理学は，「2つ，またはそれ以上の互いに異なる文化にまたがって行われる，行動や心理的諸過程の研究の総称と体系（星野，1979）」である。異文化間心理学の目的は，異文化間で従属変数と独立変数の因果関係を明らかにすること，心理学法則の普遍性・一般性を検証することなどである（Triandis, 1980）。

　異文化間心理学の方法に関して，心理評価尺度を用いる場合は異文化間での等価性を確認することが重要とされる。等価性には，①機能的等価性（対象事象が文化の中で果たしている機能の等価性），②概念的等価性（対象となっている概念の等価性），③測定的等価性（尺度得点などの測定的な等価性）があり，これらを検証する重要性が指摘されている。

　スポーツ心理学の領域でも，異文化間比較の重要性が強調されるようになってきた。デューダとアリソン（Duda and Allison, 1990）は，スポーツ心理学の対象は米国の白人が多く，これらの対象から得られた心理学理論・モデルを一般化して，他の文化に属する人たちに適用するには限界があると指摘している。彼女たちの指摘を契機に，スポーツ心理学においても異文化間研究が多数行われるようになった。スポーツの異文化間研究は，2つのタイプに大別できる。1つは，ある国で作成されたスポーツに関する心理尺度の妥当性や信頼性が他の国でもみられるかといった，心理学法則の一般化に関する研究である（例えば，Isogai et al., 2001 ; Li et al., 1996）。もう1つのタイプは，スポーツに関する心理学概念やモデルが異文化間でどのような機能を果たすかといった，異文化間での独立変数と従属変数の因果関係に関する研究である（例えば，Hayashi and Weiss, 1994; Isogai et al, 2003）。

　このような異文化間比較は，主観的・印象論的な記述の多い日本スポーツ論や日本人選手観に比べ，方法論的に優れていて，客観的に日本人の特徴が示さ

れると指摘されている（磯貝，2000）。

(2) 目標志向性および原因帰属の日米比較

ここでは，目標志向性および原因帰属の日米比較研究（磯貝，2002）を紹介する。調査対象は，米国と日本の大学生競技者で，米国の対象者数は男性124名，女性92名であり，日本は男性258名，女性116名で合計590名であった。対象者の競技種目には，野球，バスケットボール，サッカー，体操，水泳，陸上競技など様々な種目が含まれていた。主な調査内容は，スポーツにおける課題・自我志向性（Duda and Nicholls, 1992），スポーツにおける個人・社会志向性（磯貝ほか，2000），スポーツにおける原因帰属（Hanrahan et al., 1989）であった。

①目標志向性の日米比較の結果

スポーツにおける個人・社会志向性尺度と，スポーツにおける課題・自我志向性尺度それぞれの因子間の相関において，日米で興味深い結果が示された。個人志向性と社会志向性の相関では，日本で両者に有意な正の相関がみられたのに対して，米国では有意な相関がみられなかった。課題志向性と自我志向性の相関も同様に，日本で両者に有意な正の相関がみられたが，米国では有意な相関がみられなかった。これらの結果は，米国では課題志向性と自我志向性は独立した関係にある（Duda and Nicholls, 1992）のに対して，日本では両者に正の相関がみられていること（細田・杉原，1999）と一致していた。これらのことから，日本人競技者は個人の上達と他者との比較の両方を統合して，スポーツ場面における達成や成功を判断する傾向にあり，一方，米国人競技者は個人の上達と他者比較の2つの基準を明確に区別して，達成や成功を判断していると考えられる。

次に，日本人競技者は米国人競技者よりも自我志向性が高く，課題志向性が低いことが示された。つまり，日本人競技者は勝利することやライバルに勝つことなどの他者比較を基準とした達成を重視する傾向にあり，反対に米国人競技者は技術の向上などの練習過程を重視する傾向にあるといえる。その理由について日本の競技者を中心に考察すると，日本においては，練習や試合のパフ

ォーマンスの客観的な評価が必ずしもなされていないため，技術の進歩など成功に関する情報は，指導者の評価やチームメートとの比較によってフィードバックされる傾向が強い。そのため，他者との比較を重視する自我志向性が強まると考えることが可能である。また，スポーツは勝敗を競うことを目的としているが，日本のスポーツは勝利が過度に重視される勝利至上主義として指摘されることが多い。勝利や人より優れていることを望む他者の期待や，勝利を偏重する日本全体のスポーツ観を受け止め，日本の競技者の自我志向性が高くなると考えることもできる。

　また，日本人競技者は米国人競技者と比べて個人志向性が高く，社会志向性が低いことが示された。すなわち，日本人競技者は個性の発揮など個人の基準を重視する傾向にあり，反対に米国人競技者はスポーツ集団への適応を重視する傾向にあるとみなされる。その理由について日本人競技者を中心に考えてみると，日本では近年になり，指導者の専制的なコーチングスタイルは根性論などと共に見直されるようになり，競技者個々の競技力に応じた指導や競技者の意見を取り入れた指導など，競技者の個性を尊重した指導方法が強調されている。そのことが，個人の内的基準の重視として表れたのではないか，そして，反対にスポーツ集団にうまく適応するという，もう1つの重要な視点の軽視につながったのではないかと考えることができる。

　これらの結果は，相互独立的自己と相互協調的自己という文化的自己観の考え方と一致しないように思われるが，2つの自己観が直接的あるいは単純なプロセスで，スポーツの目標志向性に結びつかないと解釈することが妥当なように思われる。例えば，日本では他者との関係性を重視する傾向にあるが，その表れ方が今回の志向性尺度で評価されるような積極的な集団への適応という形ではなく，仲間から無視されたり，疎外されたりしないといった消極的な集団への適応の形態をとっている可能性が指摘できる。日米差の明確な考察は困難であるものの，得られた結果は従来から指摘されてきた「自分を犠牲にしてでもチームのために尽くす」といった日本的スポーツ観に対して疑問を投げかけるものであるだろう。

②原因帰属の日米比較の結果

　原因帰属の日米比較を行った結果，成功や失敗の原因を自分自身に求めるか，自分以外に求めるかといった統制の位置（locus of control）に関して興味深い結果が示された。成功場面では，日本人競技者は米国人競技者と比較して，外的要因（課題の困難度，運）に帰属させることが示された。一方，失敗場面では，日本人競技者は米国人競技者と比較して，努力や能力などの内的要因に帰属させることが示された。また，日本人競技者は成功場面より失敗場面において，内的要因（努力，能力）に帰属させる傾向を示し，反対に，米国人競技者は成功場面でより内的要因（努力，能力）に帰属させる傾向を示した。

　これらの結果から，日本人競技者は，勝利を得るなどの成功場面では指導者やチームメートなど他者のおかげだと考える傾向にあり，失敗場面においてはその責任は自分自身の能力や努力などにあると考え，自己批判的な帰属をする傾向が強いといえる。一方，米国人競技者は，成功の原因を自分自身の努力や能力にあるとみなし，失敗の原因を対戦相手や運など自分以外の要因に求める傾向にあり，自己高揚的な帰属をする傾向が強いといえよう。

③目標志向性と原因帰属の関係の日米比較の結果

　スポーツにおける課題・自我志向性と原因帰属の関係について比較した結果，日本では自我志向性と統制の位置の間に関係がみられ，米国でみられなかった。すなわち，日本では自我志向性の強い競技者において，成功の原因を内的要因に，失敗の原因を外的要因に帰属させる自己高揚的帰属がみられ，そのような傾向は米国でみられないことが示された。このことから，日本の競技者全体では自己批判的な帰属がみられるものの，自我志向性の強い競技者では，米国の競技者と同様に自己高揚的な帰属が行われやすいと考えられる。

　スポーツにおける個人・社会志向性と原因帰属の関係について，日米比較を行った。その結果，米国においては，個人志向性の強い競技者は成功の原因を内的要因に帰属させる自己高揚帰属を示し，反対に社会志向性の強い競技者は失敗の原因を内的要因に帰属させる傾向を示した。すなわち，米国の競技者全体に自己高揚的帰属が認められるが，特にその傾向は個人志向性の強い競技者で顕著になるといえる。一方，日本では個人・社会志向性と原因帰属に，特徴

的な関係はみられなかった。

　原因帰属の日米の相違について，文化的自己観の観点から考察してみたい。日本と米国で原因帰属が相違することには，望ましい自己像が日米で異なることが影響していると考えられる。すなわち，米国の競技者のポジティブな自己像は，ユニークであること，自己の資質を表現することなどによって得られるため，自己の有利な方向へ偏って帰属させる傾向が強まると考えられる。一方，日本の競技者のポジティブな自己像は，所属することや協調を維持することによって得られるため，原因を自己批判的な方向に偏って解釈する傾向を強め，そうすることで他者との感情的な結びつきを保っているとみなすことができるだろう。

第3節　異文化間比較からみた日本人的な動機づけ

(1) 達成動機と内発的動機づけの日本人の特徴

　欧米で発展した達成動機理論では，達成動機の高い者は他人との積極的な感情的関係を維持しようとする親和動機が低いことが指摘されてきた。欧米では，達成動機と親和動機は反比例するという考え方が支配的であった。これに対して，日本では達成動機が高い者は，親和動機も高いことが示されている（唐澤，1995；宮本，1979）。このことは，日本では達成の意義や価値に他者との関係を取り込んでいる可能性を示している。文化的自己観からみると，相互協調的自己観が優勢な日本では周囲との関係を維持しようとする親和動機を土台としながら，目標を成し遂げるという達成動機が成り立っているように思われる。

　スポーツに関する異文化間研究では，そのいずれの研究でも日本の競技者の達成動機が低いことが指摘されている。TSMI（体協競技意欲検査）を用いた研究では，日本人競技者は米国人競技者よりも達成動機が低く（Isogai and Inomata, 1988），中国人競技者（堀本ほか，1988；叶・杉原，1990）や，韓国人競技者（河,1990）よりも達成動機が低いことが報告されている。一方，競技不安に関して，朱ほか（1990）は中国人競技者との比較から，日本人競技者の競技不安の高さを指摘している。韓国の競技者と比較した河（1990）の研究や，米国の競技者と比較した研究（Isogai and Inomata, 1988）にお

いても競技不安の高さが指摘されている。

　また，体育授業における学習意欲について異文化間で比較した研究でも，日本の小学生はスウェーデンの小学生よりも学習意欲が低いこと（Nishida et al., 2007），日本の中学生や高校生は，米国，カナダ，イギリスの子どもよりも体育における学習意欲が低く，逆に体育学習での不安（緊張性不安，失敗不安）が高かったことが示されている（Nishida, 1991）。これらから，日本のスポーツ競技者や子どもの達成動機の低さと競技不安の高さが指摘できる。その理由を明確に説明することは難しいが，日本における集団への所属欲求や親和欲求の高さが関係しているのではないかと推察できる。そのため，日本の今後の達成動機研究では，チームメート，友だち，指導者，両親など周囲の人たちとの感情的関係を視野に入れて研究する必要があるように思われる。

　近年の内発的動機づけに関する研究では，関係性への欲求が理論に取り入れられるようになってきた（Deci and Ryan, 1985）。この関係性への欲求には，文化的差異がみられることが指摘されている。真島（1995）は，欧米では他者の援助や励ましを受けつつも個人は自律した存在であり，主体的に目標に向かうのに対し，日本では他者の願いや期待を個人の中に取り込みながら目標に向かうという違いを指摘している。すなわち，欧米では他者との関係性は内発的動機づけと独立しているのに対して，日本では他者との関係性を通して有能感や自己決定感が形成されていると考えられる。

　スポーツ場面では関係性への欲求についての異文化間研究は行われていないが，このような視点で考えてみると，例えば，「監督を男にするために優勝を目指す」とか「両親の期待に応えるためにスポーツを続ける」といった動機づけは，欧米では外発的動機づけとして位置づけられるのに対して，日本では監督や両親の期待を自己の内面に取り込みながら，内発的な動機として目標を目指すと解釈できるだろう。

　東（1991）は，学校での学習活動についての日米比較研究から，両国の相違を指摘している。米国の学習態度は自主的選好性と呼ばれるもので，自分自身の納得のいく選択を行い，選択した課題に全力を傾ける傾向がみられる。一方，日本での学習態度は受容的勤勉性とみなされるもので，与えられた課題を黙って受け取って勤勉にやるという態度がみられる。そして日本の生徒では，

課題そのものは面白くなくても役割をしっかり果たしているという「役割意識・役割志向性」が継続的な努力をもたらすことを指摘している。また，体育授業の有能感に関する研究で岡沢ほか（1996）は，指導者や仲間に自分が受け入れられているという「受容感」を有能感に含み，スポーツ行動に影響することを指摘している。この「受容感」は欧米の研究では強調されていないことから，日本人的な動機づけの特徴だと思われる。これらの研究から，日本ではスポーツで自分の役割を認識・重視し，それを果たすことで他者に受け入れられているという受容感や有能感が高まったり，努力の継続がなされたりしやすいと考えることができる。

(2) 原因帰属の日本人の特徴

　欧米での研究では自分の成功を能力があったから，努力したからという内的要因に帰属させ，失敗を運が悪かったから，課題が難しかったからという外的要因に帰属させることによって，自尊感情を高揚させようとする「自己高揚バイアス」が働いていることが指摘されてきている（Markus and Kitayama, 1991）。しかしながら，スポーツの原因帰属に関する前節での日米比較の結果では，日本人競技者には成功の原因を外的要因に帰属させ，失敗の原因を内的要因に帰属させる自己批判帰属傾向のあることが示された。同様に，日本での原因帰属に関する研究を展望した北山ら（北山・唐澤, 1995；Markus and Kitayama, 1991）は，日本人は成功を運や課題といった外的要因に，失敗を能力や努力の内的要因に帰属させる傾向が強く，自己の価値を減じるような自己批判傾向がみられると述べている。さらに，日本では成功・失敗のいずれにおいても，努力を重視する傾向にあることを指摘している。

　このような原因帰属の文化的相違について，文化的自己観から考察することができよう。欧米でみられる自己高揚バイアスは，個人の資質を表現することに価値をおく相互独立的自己観と関係していると推察される。一方，相互協調的自己観が優勢な日本では，個人の資質を表現することよりも，周囲と調和することが志向されるため，望ましくない情報を取り込み自己批判的な帰属が行われやすいと考えられる。

(3) 目標志向性の日本人の特徴

　前節では，スポーツにおける課題・自我志向性とスポーツにおける個人・社会志向性に関して日米の相違を示して考察を行った。その他にも，目標志向性に関する異文化間研究は数多く行われている。ハヤシとヴァイス（Hayashi and Weiss, 1994）は，日米のマラソンランナーの比較を行い，日本人ランナーの勝利志向性が高いことを報告している。彼らの仮説では，相互独立的自己観が優勢な米国では個人の優れた資質を表すために勝利志向性が高くなり，反対に相互協調的自己観が優勢な日本では周囲との調和を重んじるために勝利志向性が低くなるとされた。しかし，結果は仮説と反対であった。磯貝と猪俣（Isogai and Inomata, 1988）も同様に，日本人競技者は米国人競技者よりも勝利志向性が高いことを示している。さらに，日本では競技レベルが高くなればなるほど勝利志向性が高くなるという報告が多数みられることを考え合わせると，勝利志向性の高さは日本の競技者の特徴として指摘できるだろう。

(4) 文化的自己観を基礎とした日本人のスポーツ動機づけモデル

　本章でみてきたスポーツ動機づけと文化の関連についてまとめて，日本人のスポーツ動機づけモデルを提案したい。これまで述べてきたように，米国などの西洋文化では，相互独立的自己という自己観のモデルが優勢であり，自己は他の人々や周りの事柄とは区別され切り離された実体とみなされる。そのため，スポーツ場面では，個人はコーチなどの重要な他者の期待や援助を受けつつも自律しており，自分独自の目標や規範を見出して行動すると考えられる。

　これに対して，日本など東洋文化では相互協調的自己という自己観のモデルが優勢であり，自己はある特定の状況や周囲の人々との関係によって定義される。したがって，スポーツ場面では，コーチやチームメートなどの重要な他者の期待や，スポーツ集団での役割などから目標とすべき自己を見出し，それを目標とした自己実現を試みようとする。このように，文化的自己観の相違により，スポーツ場面での動機づけのあり方が異なると考えられる。

　このような文化的自己観を基礎としたスポーツ行動の動機づけは，図11-1のような概念モデルとしてまとめられる。図のaは相互協調的自己観が優勢とされる日本，bは相互独立的自己観が優勢とされる欧米のスポーツ行動への動

〈行動〉　スポーツ行動

〈動機づけ〉　スポーツ場面　[目標][価値][期待][規範][帰属]　等

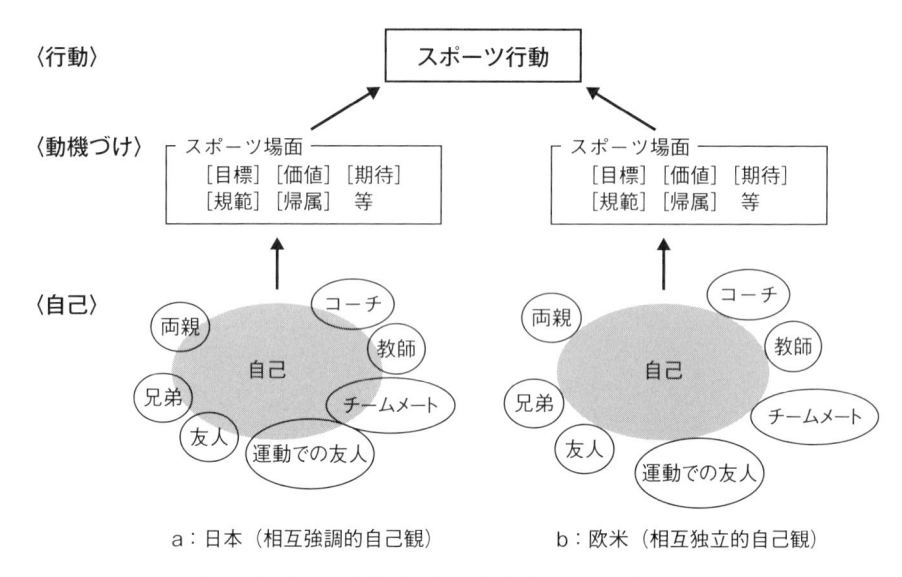

〈自己〉

a：日本（相互強調的自己観）　　b：欧米（相互独立的自己観）

図11-1　スポーツ行動への動機づけと文化的自己観の関係（磯貝，2000を修正）

機づけのあり方である。日本においては，両親，コーチ，チームメートなどスポーツにかかわる重要な他者の願いや期待を自己に取り込みながら，スポーツ行動での目標を定めたり，スポーツの価値を見出したりする。一方，欧米では，重要な他者の期待や援助を受けつつも，個人は自律しており，スポーツ行動では独自の目標や規範などを見出して行動すると捉えることができる。

　このように，文化的自己観の相違によりスポーツへの動機づけのあり方が異なる。つまり，スポーツ行動の動機づけにかかわる，目標，価値，期待，規範などの刺激布置が日本と欧米では異なるが，その根底には相互協調的自己観と相互独立的自己観という自己観の相違が存在するとみなされる。

●文献

東　洋（1991）日本における人間形成—日米比較研究より．小嶋秀夫編，新・児童心理学講座14 発達と社会・文化・歴史．金子書房，pp.241-264.

ベネディクト R.：長谷川松治訳（1974）定説菊と刀—日本文化の型—．社会思想社．

Deci, E.L., and Ryan, R.M. (1985) Intrinsic motivation and self-determination in human behavior. Plenum Press.

土居健郎（1971）甘えの構造．弘文堂．

Duda, J. L. and Allison, M. T. (1990) Cross-cultural analysis in exercise and sport psychology-A void in the field-. Journal of Sport and Exercise Psychology, 12：114-131.

Duda, J. L. and Nicholls, J.G. (1992) Dimensions of achievement motivation in schoolwork and sport. Journal of Educational Psychology, 84: 290-299.

浜口恵俊（1982）間人主義の社会日本．東洋経済新報社．

Hanrahan, S. J., Grove, J. R., and Hattie, J. A. (1989) Development of a questionnaire measure of sport-related attributional style. International Journal of Sport Psychology, 20: 114-134.

Hayashi, C. T. and Weiss, M. R. (1994) A cross-cultural analysis of achievement motivation in Anglo-American and Japanese marathon runners. Journal of Sport and Exercise Psychology, 25: 187-202.

星野　命（1979）心理学における異文化間研究―異文化間心理学の特質と課題．心理学評論，22（3）：214-233．

細田朋美・杉原　隆（1999）体育の授業における特性としての目標志向性と有能さの認知が動機づけに及ぼす影響．体育学研究，44：90-99．

堀本宏他（1988）中国ジュニア女子世界選手権大会代表チームと日本ユニバーシアード代表バスケットボール選手のTSMIの特徴．スポーツ心理学研究，58-60．

河　亭柱（1990）日・韓大学スポーツ選手の競技意欲に関する比較研究―柔道選手のTSMI検査及び柔道に関する意識の差について―．中京大学体育紀要，21-27．

Isogai,H. and Inomata,K. (1988) A cross-cultural study of psychological aptitudes of ball game players. Seoul Olympic Scientific Congress abstract, 360.

磯貝浩久・徳永幹雄・橋本公雄（2000）スポーツにおける個人・社会志向性尺度の作成．スポーツ心理学研究，27（2）：22-31．

磯貝浩久（2000）運動行動に対する動機づけ理論とその文化規定．健康支援，1（2）：15-26．

磯貝浩久（2002）目標志向性に関する日米比較研究．博士論文（九州大学人間環境学研究科）．

Isogai, H., Brewer,B.W., Cornelius,A.E., Komiya,S., Tokunaga,M., and Tokushima,S. (2001) Cross-cultural validation of the Social Physique Anxiety Scale. International Journal of Sport Psychology, 32: 76-87.

Isogai,H., Brewer, B.W., Cornelius,A.E., Etnier, J., and Tokunaga, M. (2003) A cross-cultural analysis of goal orientation in American and Japanese physical education students. International Journal of Sport Psychology, 34: 80-93.

唐澤真弓（1995）意欲の文化規定―日本の場合―．東　洋編，現代のエスプリno333．至文堂，pp.73-84．

柏木恵子・北山　忍・東　洋編（1997）文化心理学―理論と実証―．東京大学出版会．

北山　忍・唐澤真弓（1995）自己―文化心理学的視座―．実験社会心理学研究，35: 133-

163.

Li, F., Harmer, P., Chi, L., and Vongjaturapat, N. (1996) Cross-cultural validation of the Task and Ego Orientation in Sport Questionnaire. Journal of Sport and Exercise Psychology, 18：392-407.

真島真里（1995）学習動機づけと「自己概念」．東　洋編，現代のエスプリno333．至文堂，pp.123-137．

Markus,H.R. and Kitayama,S. (1991) Culture and the self: Implications for cognition, emotion, and motivation. Psychological Review, 98: 224-253.

宮本美沙子（1979）達成動機の心理学．金子書房．

Nishida, T. (1991) Achievement motivation for learning in physical education class: A cross-cultural study in four countries. Perceptual and Motor Skills, 72: 1183-1186.

Nishida, T., Isogai, H., Åström, P., Karp, S. and Johansson, M. (2007) Cross-cultural comparison of motivation to learn in physical education: Japanese vs Swedish schoolchildren. Psychological Reports, 101: 597-613.

西田　保・磯貝浩久・北村勝朗・杉山佳生・伊藤豊彦（2009）スポーツ動機づけの異文化間研究に向けて．総合保健体育科学，32（1）：31-40．

岡沢祥訓・北真佐美・諏訪祐一郎（1996）運動有能感の構造とその発達及び性差に関する研究．スポーツ教育学研究，16：145-155．

朱　健民・張　景陞・周　家驥・徳永幹雄・橋本公雄・高柳茂美（1990）スポーツ選手の心理的特性に関する国際比較．健康科学，12：191-198．

田中一彦（1996）主体と関係性の文化心理学序説．学文社．

Triandis,H.C. (1980) Handbook of cross-cultural psychology. Allyn & Bacon.

叶　平・杉原　隆（1990）日本と中国における競技動機の国際比較．スポーツ心理学研究，17（1）：20-27．

コラム⑩ ニュージーランドのスポーツ動機づけ研究

Ken Hodge and Shogo Tanaka
School of Physical Education
University of Otago, New Zealand

　ホッジ教授は，スポーツにおける動機づけやライフスキルの研究を精力的に行っている研究者である。本書の出版にあたり，編著者の研究仲間である同教授から上記の題目で執筆していただいた。紙幅の制限で研究の紹介だけとなっているので，具体的な研究内容などは下記の文献を参照されたい。

　ニュージーランドにおけるスポーツ動機づけに関する最近の研究は，自己決定理論に焦点がおかれたもの，続いて達成目標理論に関するものとなっている。例えば，自己決定理論は，①スポーツを通したライフスキルの発達（Hodge et al., in press），②スポーツにおける向社会的/反社会的行動（Hodge and Lonsdale, 2011），③アイスホッケー選手の動機づけ，道徳離脱，向社会的/反社会的行動（Gilchrist and Hodge, 2011），④マスターズ競技者の動機づけとモラル（Sheehy and Hodge, 2011），⑤スノーボードのエリート集団における動機づけとフロー（Willmott and Hodge, 2010），⑥スポーツにおける基本的欲求の充足（Ng et al., 2011），⑦エリートスポーツにおける競技者バーンアウト（Lonsdale and Hodge 2011），⑧エリートスポーツにおける競技契約（Hodge et al., 2009）といったトピックスを検討するのに用いられてきた。一方，達成目標理論は，①マスターズ・スポーツにおける達成目標と社会的目標（Hodge et al., 2008），②スポーツにおける目標プロフィール（Hodge and Petlichkoff, 2000）などの問題を明らかにするために採用されてきた。

　スポーツ動機づけ研究に関連するトピックスとしては，①ドーピングの動機づけ先行要因（Hodge et al., under review），②国際的ラグビー選手の文化変容，ストレス，異文化移行へのコーピング（Tanaka, 2012），③アドベンチャー活動におけるリバーサル理論とフローモデル（Houge et al., 2011），④アドベンチャー活動経験におけるフローの多面的でダイナミックな特性（Houge et al., in press），⑤スポーツ指導者やビジネスリーダーのストレスとコーピング（Fraser and Hodge, 2010）などがあげられる。

　理論や根拠に基づいたスポーツ動機づけの実践は，①ニュージーランドのエリート競技者（Hermansson and Hodge, 2012），②オリンピックチームのチーム

ビルディング(Hodge and Hermansson, 2009), ③マオリ族の競技者 (Hodge et al., 2011), ④コンサルタント-競技者間の関係 (Sharp and Hodge, 2011)などへのメンタルスキルトレーニングとして行われている。

● 文献

Fraser, N., and Hodge, K. (2010) The sport-business link: Stress and coping in leaders in sport and business. Presented at the 2010 Sport and Exercise Science NZ Conference (SESNZ) ; Wellington, New Zealand.

Gilchrist, M. and Hodge, K. (2011) Prosocial and antisocial behaviour in Ice Hockey: Team environment, motivation and moral disengagement. Presented at the 2011 Sport and Exercise Science NZ Conference (SESNZ) ; Auckland, New Zealand. (2011)

Hermansson, G., and Hodge, K. (2012) Uncontrollable outcomes: Managing expectations at the Olympics. Journal of Sport Psychology in Action, 3: 127-138.

Hodge, K., and Hermansson, G. (2009) Psychological preparation of athletes for the Olympic context: Team culture and team-building. In R. Schinke (Ed.), Contemporary Sport Psychology (pp. 55-70). Nova Science.

Hodge, K., and Lonsdale, C. (2011) Prosocial and antisocial behavior in sport: The role of coaching style, autonomous vs. controlled motivation, and moral disengagement. Journal of Sport and Exercise Psychology, 33: 527-547.

Hodge, K. and Petlichkoff, L.M. (2000) Goal profiles in sport motivation: A cluster analysis. Journal of Sport and Exercise Psychology, 22: 256-272.

Hodge, K. Allen, J., and Smellie, L. (2008) Motivation in Masters sport: Achievement and social goals. Psychology of Sport and Exercise, 9: 157-176.

Hodge, K., Danish, S., and Martin, J. (in press) Developing a conceptual framework for life skills interventions. The Counseling Psychologist.

Hodge, K., Lonsdale, C., and Jackson, S. (2009) Athlete engagement in elite sport: An exploratory investigation of antecedents and consequences. The Sport Psychologist, 23: 186-202.

Hodge, K., Sharp, L., and Heke, J.I.C. (2011) Sport psychology consulting with indigenous athletes: The case of New Zealand Māori. Journal of Clinical Sport Psychology, 5: 350-360.

Hodge, K., Hargreaves, E., Gerrard, D., and Lonsdale, C. (under review) Psychological mechanisms underlying doping attitudes in sport: Motivation and moral disengagement. Manuscript under review.

Houge, S., Hodge, K. and Boyes, M. (in

press) The multi-phasic and dynamic nature of flow in adventure experiences. Journal of Leisure Research.

Houge, S., Hodge, K. and Boyes, M. (2011) Expanding the flow model in adventure activities: A reversal theory perspective. Journal of Leisure Research, 43: 519-544.

Lonsdale, C., and Hodge, K. (2011) Temporal ordering of motivational quality and athlete burnout in elite sport. Medicine and Science in Sports and Exercise, 43: 913-921.

Ng, J. Y. Y., Lonsdale, C., and Hodge, K. (2011) The Basic Needs Satisfaction in Sport Scale (BNSSS): Instrument development and initial validity evidence. Psychology of Sport and Exercise, 12: 257-264.

Sharp, L., and Hodge, K. (2011) Sport psychology consulting effectiveness: The sport psychology consultant's perspective. Journal of Applied Sport Psychology, 23: 360-376.

Sheehy, T., and Hodge, K. (2011) Motivation and morality in Masters athletes: Practical implications for increasing physical activity amongst older adults. Presented at the 2011 Conference of the Association for Applied Sport Psychology (AASP), Honolulu, USA.

Tanaka, S. (2012) Acculturation, stress and coping with cross-cultural transition amongst international Rugby players. Unpublished PhD thesis; School of Physical Education, University of Otago.

Willmott, T., and Hodge, K. (2010) Motivation and flow amongst elite Snowboarders. Presented at the 2010 Conference of the Association for Applied Sport Psychology (AASP), Providence, USA.

（文責：西田　保）

コラム⑪ ヨーロッパのスポーツ動機づけ研究：最近のトピックス

Athanasios Papaioannou
School of Health and Life Sciences
Northumbria University, United Kingdom

　パパイアノウ教授は，体育やスポーツにおける動機づけ研究の第一人者であり，特に動機づけ雰囲気の尺度開発や介入実践において多くの研究蓄積がある。編著者の研究仲間としてコラムの執筆にご協力いただいた。研究内容の詳細は，下記文献を参照されたい。

　スポーツ動機づけは，ヨーロッパのスポーツ心理学研究においてポピュラーな研究課題である。多くの研究は，青少年のスポーツや体育授業に焦点がおかれている。

　1990年代の初期から，ヨーロッパの子どもや青年のスポーツ（Thill and Brunel, 1995）や体育（Papaioannou, 1995）における動機づけを研究するのに，2つの理論的モデルが適用されてきた。それらのモデルとは，現在においても影響力のある「達成目標理論（Dweck and Legget, 1988; Elliot, 2005; Nicholls, 1984）」と「自己決定理論（Deci and Ryan, 1985）」である。社会的認知理論や自己効力感理論（Bandura, 1997）もよく用いられるが，達成目標理論や目標設定理論（Locke and Latham, 1990）と組み合わせて研究されることもある。子どもの動機づけ過程における自己認知の役割は，コンピテンス動機づけ理論（Harter, 1978）や，身体的自己（Physical Self：例えばFox and Corbin, 1989）に基づいて検討されてきた。これらの理論は，教師教育プログラムやカリキュラムの開発を通して，好ましい体育の動機づけ雰囲気を作り出すのに用いられた。それらの教師教育プログラムやカリキュラムは，ヨーロッパのいくつかの国々で適用され，一般的には，好ましい結果が得られている（例えば，ギリシャ：Digelidis et al., 2003; フィンランド：Jaakkola and Liukkonen, 2006; スペイン：Cecchini et al., 2001; イギリス：Morgan and Kingston, 2008）。

　達成目標理論や自己決定理論は，スポーツにおける介入実践としても適用されてきた。5ヵ国（フランス，ギリシャ，ノルウェー，スペイン，イギリス）の青少年を対象にしたサッカーの研究（Duda et al., in press）である。そこでは，コーチ教育プログラムの開発に焦点がおかれ，300人以上のコーチがトレーニングを受け，その効果が5,000人以上の競技者の動機づけに影響するかどうかが検討された。

　最後に，自己決定理論は健康運動への

動機づけにも適用されてきたことを付記しておく（例えば，Standage and Ryan, 2012）。

●文献

Bandura, A. (1997) Self-efficacy: The exercise of control. Freeman.

Cecchini, J., Gonzalez, C., Carmona, A., Arruza, J., Escarti, A., and Balague, G. (2001) The influence of the physical education teacher on intrinsic motivation, self- confidence, anxiety, and pre- and post-competition mood states. European Journal of Sport Science, 1: 1-11.

Deci, E.L., and Ryan, R.M. (1985) Intrinsic motivation and self-determination in human behaviour. Plenum.

Digelidis, N., Papaioannou, A., Christodoulidis, T., and Laparidis, K. (2003) A one-year intervention in 7th grade physical education classes aiming to change motivational climate and attitudes towards exercise. Psychology of Sport & Exercise, 3: 195-210.

Duda, J.L., Quested,E., Haug, E., Samdal, O., Wold, B., Balaguer, I., Castillo, I., Sarrazin, P., Papaioannou, A., Ronglan, L-T., Cruz, J., and Hall, H.K. (in press) Background to and protocol of the PAPA project. International Journal of Sport and Exercise Psychology.

Dweck, C.S., and Leggett, E.L. (1988) A social-cognitive approach to motivation and personality. Psychological Review, 95: 256-273.

Elliot, A.J. (2005) A conceptual history of the achievement goal construct. In A. Elliot and C. Dweck (Eds.), Handbook of competence and motivation (pp. 52–72). Guilford Press.

Fox, K.R. and Corbin, C.B. (1989) The physical self-perception profile: Development and preliminary validation. Journal of Sport and Exercise Psychology, 11 (4): 408-430.

Harter, S. (1978) Effectance Motivation Reconsidered: Toward a Developmental Model. Human Development, 21 (1): 34-64.

Jaakkola, T., and Liukkonen, J. (2006) Changes in students' self-determined motivation and goal orientation as a result of motivational climate intervention within high school physical education classes. International Journal of Sport and Exercise Psychology, 4 (3): 302-324.

Locke, E.A., and Latham, G.P. (1990) A Theory of Goal Setting & Task Performance. Prentice Hall.

Morgan, K. and Kingston, K. (2008) Development of a self-observation mastery intervention programme for teacher education. Physical Education and Sport Pedagogy, 13 (2): 102-109.

Nicholls, J. G. (1984) Achievement motivation: Conceptions of ability, subjective experience, task choice, and performance. Psychological Review, 91: 328-346.

Papaioannou, A. (1995) Motivation and goal perspectives in children's physical education. In S. Biddle (Ed.), European perspectives on sport and exercise psychology (pp. 245-289). Human Kinetics.

Standage, M., and Ryan, R. (2012) Self-determination theory and exercise motivation: facilitating self-regulatory processes to support and maintain health and well-being. In G. Roberts and D. Treasure (Eds.), Advances in motivation in sport and exercise, (pp. 233-269). Human Kinetics.

Thill, E.E., and Brunel, P. (1995) Cognitive theories of motivation in sport. In S. Biddle (Ed.), European perspectives on sport and exercise psychology, (pp. 195-217). Human Kinetics.

(文責：西田　保)

第12章

スポーツ臨床と動機づけ

第1節 運動部活動での不適応

(1) 運動部不適応のスポーツ臨床

　運動部不適応とは運動部になじめない状態であり，運動部離脱（ドロップアウト）など後述するような様々な弊害の起きる可能性がある。しかし動機づけ研究の成果をうまく活用することで，この問題の予防が可能となる。本節では，運動部不適応のスポーツ臨床の実際を伝えるため，はじめに「チームになじめない」といって来談したA選手の事例（土屋，2012）を紹介する。

　A選手とは，大学入学直後に会った。髪を短く刈っていて，まだまだ高校生のような容姿であった。彼は卒業までにJリーグへ行けるだけの実績を残したいという思いとチームについていけるかどうかの不安で焦っていた。約2ヵ月後，彼は意気消沈していた。面接の中で「全然レベルが違うと感じる。先輩たちの要求するプレーがまったくできない」と訴えた。利き足の足首に捻挫をかかえていたが，故障者としてチームを離れるとこのまま見捨てられてしまうのではないかとの不安から，それを隠して練習に参加し続けていた。練習中に1人の先輩から「やめてしまえ」と罵倒され，悔しいと訴えていた。しかしコーチや先輩にそれを相談することはなく，問題解決型の対処行動が見出せないように感じられた。そして，さらに2ヵ月後の8月には，推薦入学者のうち，自分だけが新人戦に出場できなかったことを語り，しばらく涙を流した後，「このままサッカーを続けていても……」と，思いつめた様子で語った。

（2）運動部不適応の心理社会的背景

「適応」とは環境と個人の相互作用の中で，環境からの要請に応えつつ（順応しつつ），かつ環境にうまく働きかけて個人の要求も満たしながら生活することである。これらがうまくいかず葛藤や不安を抱えることが不適応であり，深刻な場合には神経症的症状を呈したり，不登校や引きこもりなど，社会生活にも波及する不適応障害に陥ったりする場合がある。これらの中には，例えばバーンアウト，摂食障害，うつ状態といった心身の健康にかかわる問題が報告されている（永島，2002）。アスリートの場合，進学等の環境移行に伴う人間関係や練習内容の変化，チーム内の立場の変化などが要因となって引き起こされる場合が多い。先に紹介したA選手の場合も，練習環境への戸惑いや先輩との軋轢が繰り返し訴えられている。

桂・中込（1990）は中学生から大学生までの運動部活動を行っている生徒を対象に質問紙調査を行い，彼らの適応感がどのような要因から規定されているのかを検討した。その結果，「部内における自己有能感」「部の指導者・運営」「制約・束縛感」「種目・部活動へのコミットメント」「対チームメイト感情」の5つの要因を見出している。これらについてより良好な感情体験を得ていれば所属運動部への適応感が増し，運動部活動への動機づけが高まることも期待できる。運動部参加者の心身の健康の維持・増進および健全な成長のためにも，不適応を予防し，適応感情をもって部活動に参加させる必要がある。

（3）運動部不適応を予防するための動機づけ

運動部不適応を予防するための取り組みには，2つの方向性がある。1つ目は，環境そのものに働きかけ，アスリートが許容可能なものへと変えていくことである。環境からの要請がアスリートの順応力を超えたものであると，それは脅威と受け止められ，心理的ストレスとなってアスリートを苦しめることになる。また不適応とは別に「過剰適応」の弊害も指摘されている。これは，環境への過剰な順応によって，自然な欲求や個人的な感情を強く抑圧した結果，心身の健康が損なわれる状態を指す。いずれも環境との相互作用が適切でなく，心身の機能が円滑に発揮できないという問題がある。環境からの要請がアスリートの許容量を超えるものにならないよう，環境調整が必要である。

運動部不適応を予防するためのもう1つの重要な方向性は，アスリート自身の適応力を高めることである。環境からの要請に応えつつ，個人の要求を叶えていくために，コーピングスキルを高め，ストレスをマネジメントする力を高めていくことが有効である。冒頭に紹介した事例では，その後カウンセラーからの働きかけで，コーチやトレーナーへのかかわりを強め，彼らのサポートを積極的に活用することで，競技での失敗経験や挫折の体験を，成長の機会へとつなげていった（土屋，2012）。

　和ほか（2011）は，スポーツ推薦入学者を対象に挫折の内容とその時の心境，そしてそこから立ち直る過程について質的に分析している。その結果「共同主体性」，すなわち，周囲からのサポートをうまく活用しつつ，主体的に問題解決を図ることが重要であることを見出している。

(4) 新入運動部員のための適応促進プログラム

　渋倉ほか（2008）は「ストレス体験を通じた部員の成長」を視野に入れて，ストレスマネジメントプログラムを実施し，部活動ストレッサーに対する選手の認知的評価に介入することが重要であると述べている。すなわち，ストレッサーを「脅威」ではなく「挑戦」とポジティブに捉えたり，「コントロール可能性」を高く評価するような教育を行うことで，適応を促進し運動部活動への動機づけを高く維持できると考えている。

　同様の視座から，奥村ほか（2001）は，チーム不適応を訴える大学新入運動部員に対して，グループカウンセリングの手法である「構成的グループ・エンカウンター」に準拠してストレスマネジメント教育を実施している。そこでは，周囲との相互信頼関係を深めつつ，コーピングスキルを学べるように配慮されていた。その結果，参加者に自己への気づきと問題への直面化，積極的思考と自信の向上，チームワークの向上といったポジティブな変化が確認でき，不適応状態の改善が認められたと報告している。新入部員の適応促進のためには，彼らのサポートネットワークの構築を助けながら，ストレスマネジメント教育を行っていくことが効果的であると考えられる。

第2節 スポーツ傷害と動機づけ

(1) スポーツ傷害の臨床

　スポーツ傷害に悩む選手は，例えば負傷に伴う身体的な苦痛に加えて，様々な心理的，社会的な苦痛を感じている場合が少なくない。スポーツカウンセリングルームでは，彼らの受傷から復帰に至るプロセスをどのように支えるか，またリハビリテーションへの動機づけをいかに促進できるかが重要なテーマとなる場合がある。本節では負傷にかかわるスポーツ臨床の実際を伝えるため，はじめにスポーツ傷害に悩むB選手の事例（土屋，2012）を紹介する。

　B選手にとって父親は，物心ついた時からコーチであった。プロ選手になることに憧れ，そして高校卒業と同時にその夢を果たした。しかし筆者が会った時は，身体の故障が悪化して基礎練習すらできず，ひどく落ち込んでいた。彼は手術をするかどうか迷っていた。彼のプレーを支えるその関節にメスを入れるのは，これで4度目になるという。本当にこれで良くなるのかどうか，また競技が続けられるのかどうか。一度目の手術はすでに小学校の時だった。それ以来，ましにはなっても，一度も良くはならなかったのだという。これまで応援してくれた人たちをがっかりさせたくないといいながらも，彼の夢見た世界と今いる現実世界とのギャップは，あまりにも大きい。

(2) スポーツ傷害発生にかかわる心理社会的背景

　スポーツ傷害発生の心理社会的背景として，アスリートのストレス体験が影響するとの報告は多い。例えば，東・土屋（2011）は，アンダーセンとウイリアムズ（Andersen and Williams）の「ストレス―スポーツ傷害の心理的概念モデル」に準拠して，大学生アスリートを対象にシーズン前後に質問紙調査を実施した。その結果，シーズン前の調査においてよりストレスを高く認知しているアスリートは，シーズン中の受傷頻度の高いことを確認している。そこでは，心理的ストレスが筋緊張や視野狭窄，注意散漫などを引き起こし，結果として負傷のリスクを高めていると推測されている。

　また受傷を繰り返す負傷頻発選手については，パーソナリティ要因が関与す

ると指摘する報告もある。しかし，例えば冒頭のB選手の事例の場合，慢性的なスポーツ障害を抱える背景には，彼のパーソナリティの特徴よりもプロになるまでの競技環境のほうが特徴的に思われた。B選手にとって競技生活は，「プロになるための生活」であった。それは同じようにプロを目指しながら家業を継がざるを得なかった父親の夢を引き受けた人生でもあった。この事例の場合，彼のパーソナリティよりも家族歴やその競技環境の特殊性のほうが特徴的であるように感じられた（土屋，2012）。

　この点について，青木・松本（1999）はスポーツ外傷・障害の発生機序，特に心理社会的要因に関する文献をレビューした結果，スポーツ傷害の発生に生活ストレスが影響すること，一方でパーソナリティ特性との関連については一定の結論を導くには至っていないと報告している。

(3) スポーツ傷害を負った選手への心理サポート

　辰巳・中込（1999）は，受傷した選手へのインタビュー調査を行い，彼らが自らの受傷を受容するためには，「情緒の安定」「時間的展望」「所属運動部への一体感」「脱執着的対処」が必要であると主張している。これらを促すような心理サポートが有効であると考えられている。

　例えば，竹中・岡（1995）は，受傷した選手に対してリラクセーションとイメージを用いた心理的介入を行うことで，競技への復帰促進の効果を検討した。その結果，負傷の回復には効果を認めなかったものの，負傷に伴って生じた不安感や諦め感を低減させることができたと報告している。さらにソーシャルサポートを効果的に活用することで，リハビリテーションへの積極的な態度を作り出し，競技復帰を促す働きのあることを示唆している（岡ほか，1996）。

　また直井ら（2008）は，慢性的腰痛患者への心理サポートの重要性を述べる中で，痛みと感情の関係を理解したりコーピングスタイルの吟味などに関する心理教育の重要性を指摘している。スポーツ障害を負ったアスリートに対する心理サポートにおいては，情緒面への働きかけだけでなく，心理的スキルの獲得や医学的知識の獲得を助けるようなかかわりが必要であると考えられる。

(4) スポーツ傷害と動機づけ

　吉田（2012）は，交通事故で身体に重度障害を負った元Jリーガーを取り上げ，彼が現役引退をめぐる深刻（過酷）な困難を克服していくプロセスについて社会学的視座から検討している。エリートレベルにあるアスリートの負傷ならびに現役引退をめぐる困難克服のプロセスには，困難克服に資する主体性発揮の原動力というべき心情，その源泉となり得る「かけがえのない他者」やサポート役となり得る「仲間」の重要性を指摘している。

　スポーツカウンセリングを専門とする中込（2004）は，スポーツ障害について図12-1のような見方を提示している。この図では，精神内界におけるこころの課題・問題は外界におけるスポーツ障害と同期していると考え，Y軸をはさんで並列して記されている。また競技力向上とスポーツ障害はいずれも相互に影響しあうものと捉え，X軸をはさんで上下に並列して記している。この図の最も独創的な点は，スポーツ障害あるいはこころの課題・問題から競技力向上や心理的成長へとつながるように，図の中央に斜め破線を引いている点にある。すなわち彼は，スポーツ障害に悩んで来談するアスリートの状況を「何らかの変化を迫られている」と見立て，その取り組みは競技力向上や心理的成長につながる可能性のあることを認めている。このような見方による心理サポートは，スポーツ障害に悩むアスリートを動機づけ，困難克服を支えるかかわ

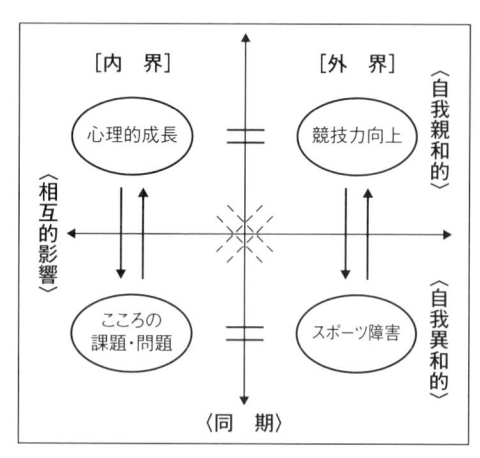

図12-1　心理相談におけるスポーツ障害の見方（中込，2004）

りになると考えられる。

第3節　バーンアウト（燃え尽き症候群）

(1) バーンアウトのスポーツ臨床

　バーンアウトとは，燃え尽き症候群とも呼ばれる現象であり，スポーツ選手の場合は，競技継続への動機づけが著しく低下するという特徴がある。バーンアウトのスポーツ臨床の実際を伝えるため，はじめに「やる気が起きない」といって来談したC選手の事例（土屋，2012）を紹介する。

　C選手は，中学時から全国大会上位入賞経験をもつラケット種目の選手であった。しかし高校3年から体力・能力の限界を感じはじめ，大学入学後も「頑張れない，拾えない」状況が続いた。高校時からのライバルに勝てないのは自分の努力が足りないからだと考え，自宅練習を強化するが，競技成績は伸びず，逆に高校時からの慢性的な疾患（肩関節の亜脱臼と肩板炎症）を再発させる原因となる。期待される競技成績を残せないことで次第に指導者やペアを組むチームメートに対して引け目を感じ，彼女は孤立感を強めていった。指導者に対して，競技力向上に有効な技術面での指導を期待したが，精神論が語られるのみで具体的な技術指導は得られなかったという。ある日の練習中，指導者より競技に対する姿勢や態度を注意された時，その場に立ち尽くしてしまい，動けなくなってしまった。そして「心身ともに疲れ果てた自分に気づいた」といいその後練習には参加できず，事実上の退部状態に陥った。

(2) バーンアウトの心理社会的背景

　Burnout syndrome（燃え尽き症候群：以下バーンアウトとする）とは，長期にわたって目標達成に努力してもそれが十分に報いられなかった時に生ずる，情緒的・身体的な消耗状態を示す用語である。精神科医フロイデンバーガー（Freudenberger）は，同僚たちがあたかもエネルギーが枯渇していくかのように，仕事や患者への興味，関心をなくしていく状況を目の当たりにし，彼らの状態を"staff burnout"と名づけた。性格的には几帳面で真面目，責任感の強いことなどがあげられている。

その後，このような状況は，医師や看護師のような対人援助専門職に限らず，スポーツ選手にも当てはまる場合があるとして，アスリートにも類似の症例が報告された。その後，バーンアウト傾向を測定する質問紙なども開発されて研究が盛んになるにつれ，スポーツの指導現場においても関心が高くなった。

　しかし，バーンアウトの実像については，必ずしも共通の理解が得られていない。例えば，諸江（2009）は，「燃え尽き症候群の新しい理解」と題して，運動部で熱心に活動していた高校生が，ある種の挫折を経験しクラブ活動に参加できなくなったことから不登校へと発展し，精神科を受診した症例を報告している。この症例の受診の背景には，レギュラー争いに敗れたり，後輩の前で恥をかいたりするなどの経験があり，人一倍傷つきやすく，また他罰性が垣間見られたとしている。この報告では，バーンアウトとされる事例にも，このような自己愛的な性格傾向に起因する事例が紛れている可能性を指摘している。

　アスリートのバーンアウトについて概念規定を試みた中込・岸（1991）は，5名のアスリートの事例研究から，「熱中→停滞・低下→固執・執着→消耗」という進行段階を示した。このうち興味深いのは，競技成績の停滞・低下から競技への固執・執着に至る独特のプロセスである。そこでは理想と現実のギャップを感じつつも「報われない」体験を強いられ，結果的に消耗していくことになる。冒頭に紹介したC選手の事例では，競技成績が停滞する中，慢性的な障害を抱えて練習を続けるが，問題解決に有効となる技術面の指導がなされず，心身を消耗させていく様子が語られている。そしてある日突然動けなくなるという身体症状はバーンアウトの特徴をよく表している。

(3) バーンアウトを予防するための動機づけ

　バーンアウトの予防には，以下の3点があげられる。

①競技ストレスの軽減

　バーンアウトは慢性的な競技ストレスが原因となって引き起こされる。例えば，運動強度・頻度がともに高い集中的なトレーニング（いわゆるピーキング）を行う場合は，その後に十分なテーパー期間を設定し，超回復（super compensation）の度合いを確認しながらトレーニング計画を作成し，オーバートレーニング状態に陥らない工夫が必要である。またその際，選手との間で，

長期目標・短期目標に対する共通理解をもつようにし，非効率的な練習を漫然と繰り返すような状況を避けなければならない。

②ストレスマネジメント教育の必要性

学生競技者の場合は，競技ストレスに加え，練習環境での人間関係（特に先輩や卒業生との関係），学業との両立や単位認定の不安，卒業後の進路決定等のストレスへの対処が求められる（土屋，2012）。これらのストレスは，選手を脅威にさらすが，一方で選手としての成長を促すものともなりうる。求められるのは，ストレス対処スキルの向上であり，問題解決スキル，コミュニケーションスキル，リラクセーションスキル，目標設定スキル等が身につけられるよう，定期的にストレスマネジメント教育を実施する必要がある。

③ソーシャルサポートネットワークの確立

バーンアウトの予防には，アスリートを取り巻く周囲の他者からの有形無形の援助，すなわちソーシャルサポートが有効であることがわかっている。ソーシャルサポートにはアスリートの心理的安寧に働きかける情緒的サポート（理解激励や尊重評価にかかわるサポート）と，適応的な対処行動を促す道具的なサポート（助言指導や情報提供にかかわるサポート）がある。土屋（2012）の縦断研究によれば，これらを有効活用することで，競技生活で体験するストレッサーの悪影響を緩和し，結果としてバーンアウトが抑制されることが確かめられている（図12-2）。競技環境の中で，ソーシャルサポートネットワー

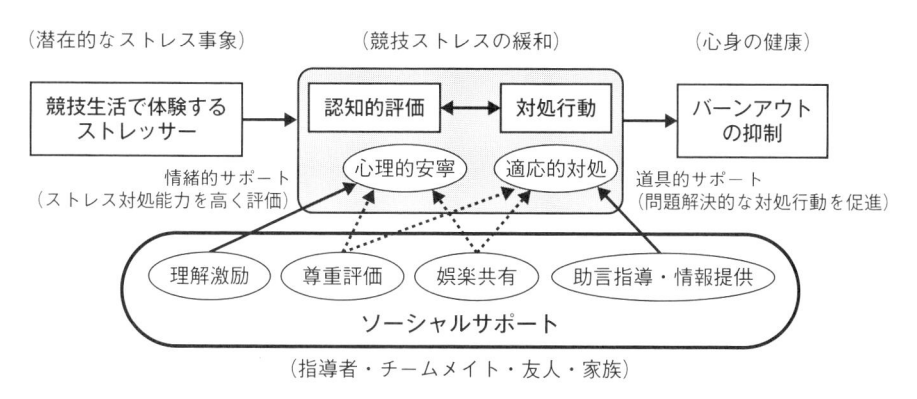

図12-2　バーンアウト予防のためのソーシャルサポート（土屋，2012）

第4節 カウンセリングによる動機づけ

(1) スポーツカウンセリングの事例

　一般にカウンセリングでは，カウンセラーが選手を励ましたり手助けをしたりすると思われることが多いが，そのような行動ばかりが，彼らの問題解決に向けた歩みを動機づけるとは限らない。本節ではスポーツカウンセリングの実際を伝えるため，「自分のことを考えてみたい」といって来談したD選手の事例（土屋，2012）を紹介する。

　D選手は，大学3年生の終わりに来談した。初回面接では，しばらく試合での失敗や周囲との軋轢について訴えた後に，しばらく間があって，父親が亡くなったとポツリと語る。その後も試合でうまく力を出し切れない状況が続き，「一体何のために競技をやっているのか」と自問自答していく（第2回面接）。第3回目の面接では，自分がこれまで競技生活に打ち込むあまり，ほとんど父親のことを知らないできたといって涙を流す。第4回目では父親殺しの夢を見たと報告し，父親に対して感じていた幼いころからの罪悪感が語られる。同時に父親との思い出がかみ締めるように語られる。その後は不思議と練習でも良いイメージが湧くようになり，試合でも活躍の機会が増えていった（第5回）。第6回面接では，自分の中に父親の良いところを取り入れていきたいと語り，それと呼応してコーチやチームメートとの絆が深まっていく。第7回面接では試合での活躍がスカウトの目に留まり，プロとしてやっていく決意が述べられ，面接は終結となった。

(2) スポーツカウンセリングの特徴

　カウンセリングとは，悩みや心理的課題を抱えて来談した人（クライエント）に対して，彼らが主体的に悩みや心理的課題の解決に取り組めるよう，心理面から援助することである。その担当者は，臨床心理学やカウンセリング心理学について学び，訓練を受けた専門家（カウンセラー）であり，それぞれの準拠する理論と技法に基づいて援助を行う。このうち，特にアスリートを対象とす

るカウンセリングをスポーツカウンセリングと呼んでいたが，その実践が進む中でアスリートだけでなく，コーチやトレーナー，関係するスタッフへのカウンセリングの重要性が認識されるようになってきている。例えば「スポーツカウンセラー」資格を認定している日本臨床心理身体運動学会は，スポーツカウンセリングを「スポーツ競技場面にかかわるすべての人々を対象とする心理臨床行為」と定めている（中島，2004）。

スポーツカウンセリングでは，他者関係と身体性にまつわる語りが多い。前者では対人関係のトラブル，指導者への不満，仲間やライバルとの愛憎のことなどが語られる。後者では身体の不調や負傷，動作の狂いやスランプなどが語られる。このような状況は冒頭に紹介したD選手の訴えにも認められる。大切なことは，これらの他者関係や身体性にまつわる出来事が，彼らの抱える心理的課題と同期して語られる場合があるということである。競技への専心度が高ければ高いほど，心理的危機は競技環境で顕在化しやすく，またその逆もしかりである。

なお，江田・中込（2012）は，自身の身体に注意を向け，様々な感覚や感情に向き合う「対話的競技体験」は，「身体を通して自己と向き合う態度」を養い，結果として自己形成に寄与するだけでなく，主体的かつ積極的な競技への取り組みにつながると主張している。このように，スポーツカウンセリングにおいて身体の語りを重視することの意味が次第に明らかになりつつある。

(3) スポーツカウンセリングの活動とアプローチのタイプ

スポーツカウンセリングの活動には，競技のカウンセリング（個別の心理相談）のほかに，心理アセスメントやチームに対するカウンセリングなどがある。特にチームに対するカウンセリングは，チームをクライエントと見立ててかかわるチームビルディングのような活動もあり，一般臨床には見られない特徴となっている。

また，これらについても，カウンセラーの立場や相談に来た選手（クライエント）の抱える課題により，大きく3つのアプローチがある。

①行動理論（学習理論を含む）

行動理論に立つカウンセラーは，人間は基本的に学習によって行動が変わる

と考えており，選手の悩みに対して一定の答え（知識・技術）を提供することが多くなる。例えば，「部活動に行きたいと思っているのに緊張して行けなくなる」といった悩みの場合，その不適切な緊張状態（ストレス反応）を軽減するために，リラクセーションスキルを教えるといったことが中心的な活動になるだろう。

②自己理論

この理論は，ロジャーズ（Rogers, C.R.）の来談者中心療法を基盤にした理論であり，クライアントの自己への気づきと洞察によって自己のあり方が確立されていくという考え方である。この理論を拠り所とするカウンセラーは，選手の主体性を尊重し，彼（彼女）自身が納得できる答えが出てくるまで，訴えに寄り添って耳を傾けようとするだろう。例えば，「部活動を続けていくべきなのか」という悩みの答えは，選手本人の中からしか生まれない。したがってカウンセラーは，選手が自己決定できるよう，一緒に考えていくことになる。

③深層心理学理論

この理論では，無意識の存在を肯定し，その意識化を助けることで人格の変容（成長・成熟）を目指す。先の自己理論が問題にしているのは，基本的には行動の変容であるので，この点が大きく異なっている。例えば，先の「部活を続けるべきかどうかについて迷う選手」に，もし深層心理学的な見方をするカウンセラーが会ったとすると，単に問題となっている日常や競技場面の行動を解決することのみに注意を向けるのではなく，こころの内面の流れ（無意識の動き）をくみ取ろうとするであろう。このような事例では，カウンセリングの過程で転機が訪れ，当初は八方塞がりに見えた状況が大きく好転する例がしばしば見受けられる。

（4）スポーツカウンセリングと動機づけ

いずれのカウンセリングも，カウンセラーとクライアントとの共同作業でなされるものである。したがって，選手の課題解決に向けた動機づけの大きさが，カウンセリングの経過にとって重要な要因になる。

選手の課題解決に向けた動機づけは，人間的動機づけ理論（速水，2008）から説明ができる。この理論では，人間は本来能動的な存在であるとの考えに

立脚し，誰もがマズローのいう「成長欲求」をもつことを仮定している。とりわけ自己理論の中心的な実践家であったロジャーズは，「自己実現」が人間の最も高次な欲求であると考え，カウンセラーが自己一致，無条件の積極的関心，共感的理解といった基本的態度をもつことで，クライアントは自律性や統合性に向かって自ら探求を進めると考えた。また深層心理学者のユング（Jung, C.G.）も，クライアントが無意識からのメッセージを意識化し，それを自己に統合していく過程が重要であると考えている。この過程は「個性化」と呼ばれるが，まさに自己実現の過程に他ならない。カウンセリングもまた「より自分らしくありたい」という動機づけによって始まり，継続される人間の営みということができよう。

　本章では，運動部不適応，スポーツ傷害，バーンアウトといったスポーツの臨床場面で出会うことの多いトピックスを取り上げ，その心理社会的背景や動機づけとの関連について紹介した。また各節の冒頭では実際の相談事例も紹介した。これらの事例からわかる通り，スポーツカウンセリングとは，来談した選手を支え，その問題解決への歩みを動機づけ，支える作業である。選手の直面する問題は様々で，選手から見れば辛く，苦しいものばかりである。しかしいずれも，「より自分らしくありたい」という選手の動機がその背景にある。そのことを見通していれば，悩みの体験を通じて彼らの成長を促すこともできるはずである。
　近年，動機づけ研究の発展は目覚ましい。今後はこれらの成果を取り入れた，新たなカウンセリング理論や技法が開発されていくと期待されている。

●文献
青木邦男・松本耕二（1999）スポーツ外傷・障害と心理社会的要因．山口県立大学看護学部紀要，3：9-19．
江田香織・中込四郎（2012）アスリートの自己形成における競技体験の内在化を促進する対話的競技体験．スポーツ心理学研究，39（2）：111-127．
速水敏彦（2008）人間の動機づけ理論．日本スポーツ心理学会編，スポーツ心理学事典．大修館書店，p.242．
東　亜弓・土屋裕睦（2011）シーズン中のスポーツ傷害発生に関わる心理社会的背景．大

阪体育大学紀要，42：31-42.
和　秀俊・遠藤伸太郎・大石和男（2011）スポーツ選手の挫折とそこからの立ち直りの過程：男性中高生競技者の質的研究の観点から．体育学研究，56（1）：89-103.
桂　和仁・中込四郎（1990）運動部活動における適応感評定尺度（ASST）の妥当性の検討．いばらき体育・スポーツ科学，5：13-19.
諸江健二（2009）燃え尽き症候群の新しい理解－自己愛的抑うつ－．体力科学，58（1）：29.
直井愛里・Grindley Emma・Nasypany Alan（2008）Psychological Factors Related to the Assessment and Treatment of Chronic Lower Back Pain Patients：Review and Recommendations. 近畿大学臨床心理センター紀要，7（1）：57-64.
永島正紀（2002）スポーツ少年のメンタルサポート―精神科医のカウンセリングノートから．講談社．
中込四郎（2004）アスリートの心理臨床．道和書院，p.11.
中込四郎・岸　順治（1991）運動選手のバーンアウト発症機序に関する事例研究．体育学研究，35：313-323.
中島登代子（2004）スポーツカウンセリングの専門性．臨床心理学，21：353－359.
岡　浩一朗・竹中晃二・児玉昌久（1996）スポーツ障害が選手に及ぼす心理的影響―受傷選手の情動的反応とソーシャルサポートとの関係―．体育の科学，46（3）：241-245.
奥村基生・土屋裕睦・武藤健一郎・佐藤成明・香田郡秀（2001）大学剣道新入部員の適応支援を目的とした心理的サポートの実践．スポーツ教育学研究，21（2）：93-101.
渋倉崇行・西田　保・佐々木万丈（2008）高校運動部員の部活動ストレッサーに対する認知的評価尺度の再構成．体育学研究，53：147-158.
竹中晃二・岡　浩一朗（1995）スポーツ障害における心理的治癒プログラムの有効性に関する実践研究．スポーツ心理学研究，22（1）：32-39.
辰巳智則・中込四郎（1999）スポーツ選手における怪我の心理的受容に関する研究―アスレチック・リハビリテーション行動の観点からみた分析―．スポーツ心理学研究，26（1）：46-57.
土屋裕睦（2012）ソーシャルサポートを活用したスポーツカウンセリング：バーンアウト予防のためのチームビルディング．風間書房．
吉田　毅（2012）競技者の現役引退をめぐる困難克服プロセスに関する社会学的研究：車椅子バスケットボール競技者へのキャリア移行を遂げた元Jリーガーのライフヒストリー，体育学研究，57（2）：577-594.

コラム⑫
挫折からの立ち上がり（レジリエンス）

(1) 挫折から立ち上がるために

　我々は、スポーツを行っていく中で、人間関係に問題を抱えたり、競技中に重大な失敗を犯したりなど幾多の困難に遭遇し、それが原因となって挫折をすることがある。しかし、挫折を経験したにもかかわらず、そこから立ち上がり、よりいっそうの活躍をみせてくれる選手も散見される。

　心理学では、このような挫折からの立ち上がりのことをレジリエンスという用語を用いて説明している。レジリエンスとは、「困難で脅威的な状況にもかかわらず、うまく適応する過程、能力および結果」のことである（Masten et al., 1990）。そして、挫折の体験は多種多様であり、様々な要因が挫折から立ち上がるためにかかわっているとされている。そのため、挫折から立ち上がるための方法として一概にこのようにすれば良いということはいえないが、それらに関する研究を概観してみると、「問題と向き合っていくこと」と「重要な他者からの支え」が非常に重要であると考えられる。

　「問題と向き合っていくこと」は、自分が挫折する原因となった問題から目を背けずに、立ち向かい解決を図ることである。しかし、自分を挫折に追い込んで問題を解決しなければ、立ち上がれないことは誰しも理解しているが、実際に立ち向かっていくことは容易ではない。また、「同じ失敗をしたらどうしよう」「うまく解決できなかったらどうしよう」などといった不安を抱えながら、問題解決に臨むことになるのである。そのため、問題に向き合うということを決意させるために、当人にとっての「重要な他者からの支え」が重要となるのである。重要な他者には背中を押してもらったり、相談することで不安を和らげてもらったりといった心理的な支えが、挫折から立ち上がるために大きな役割を果たすのである。

　そして、挫折からの立ち上がりをスポーツ場面に限定してみると、高い動機づけを保持していることが重要になると思われる。これは、スポーツ場面で生じた問題に対しては、スポーツから離脱すれば問題とならない場合が多く、「辛くて苦しいが、それでもスポーツをやりたい」といった動機づけがなければ、問題と向き合い、解決を図ることをしないためだといえる。また、実際に問題解決を図ったとしても、すぐに状況が好転するとは考えにくく、幾度も失敗を繰り返しながら問題を解決していく。そのため、高い

動機づけがなければ，状況が好転するまで，挫折による苦しみに耐えられないであろう。さらに，挫折で苦しんでいる選手がそれまで高い動機づけをもって，スポーツに取り組んできたことを知っているからこそ，重要な他者も本人を支えてくれるのだと考えられる。

つまり，スポーツ場面において挫折から立ち上がるためには，「問題と向き合っていくこと」「重要な他者の支え」が重要であるが，その大前提として「スポーツに対しての高い動機づけ」が存在していると考えられる。

(2) 挫折中と挫折後の動機づけ

筆者は，これまでに様々な挫折からの立ち上がりを果たした体験をもつ選手に対して面接調査を行ってきた。その中で，動機づけという点に焦点を当ててみるといくつかの共通点が見られた。これは，当然のことながら，挫折中の辛く苦しい時期には，練習するやる気が起きないなど，競技離脱をする程ではないが，動機づけが低下していた語りが多く見られた。その状態で「なぜ，自分がスポーツを行っているのか」を見つめ直す時期があったというのである。挫折を経験したことにより，選手としての自信は打ち砕かれ，苦しいはずなのにスポーツから離れられないのはなぜか。このことを考えていくうちに，良い成績を出して賞賛されたい，やめたら怒られるなどのいわば外発的な動機づけではなく，結局，自分がスポーツを好きだから行っているのだという内発的な動機づけでスポーツを行っていることに気づくという。それは，以前は試合に勝ちたい，人に褒められたいからスポーツを行うという側面が強かったが，初心に帰り，純粋にスポーツを楽しみたいから問題を解決したいといった動機づけの質的な転換が起こったことを語っている。

なお，大半の選手は挫折から立ち上がった後は，スポーツを行えることが幸せであり，以前より動機づけが高まったと語った。挫折を経験し，そこから立ち上がるということには，このような側面も含まれているといえるであろう。

●文献

Masten, A. S., Best, K. M., and Garmezy, N. (1990) Resilience and development: Contributions from the study of children who overcome adversity. Development and Psychopathology, 2: 425-444.

[第Ⅴ部]
動機づけの強化と将来に向けて！

Sport Motivation

第13章
動機づけを高めるコーチング

第1節 動機づけ理論に依拠した方法

　本章では，競技選手の日々のトレーニングや練習，これらを含めた競技生活への動機づけを高めるために指導者はどのように働きかけることができるか。あるいは，健康スポーツやレクリエーションスポーツに参加しようとする人たちの参加・継続への動機づけ，児童・生徒の体育学習への動機づけなどについて，指導者はどのようにかかわることができるのか。活動への動機づけを高め，より自主的，自発的で積極的な行動を導き出すための指導・コーチングについて，動機づけ理論をもとにして考えていくこととしよう。

(1) 目標設定

　まず目標設定のあり方について，期待価値理論と達成目標理論から考える。
　期待価値理論については，第2章第2節(1)に詳細があるが，アトキンソン（Atkinson, 1964）によれば，動機づけの強さは，動機（達成動機・失敗回避動機）×期待（成功の主観的確率）×価値（誘因価）によって決定されると示されている。つまり，この理論によると，成功の主観的確率が五分五分（50%）の時に最大の動機づけになるということである。
　ここで，成功は目標達成であり，失敗は目標の不達成であることを改めて考えてみたい。これまでは，課題の困難度と目標の高低をあまり区別せずに用いてきた。しかし現実の場面において，1つの課題についてどの程度できれば成功なのかについては，設定された目標の高さに規定されることになる。試合に

おいて何点得点するのか，何秒で100mを泳ぐのか，体脂肪率をいつまでにどのくらいまで落とすのか，スポーツをどのくらい楽しみたいのか。これらが設定された後に，目標が達成されれば成功であり，目標が不達成であれば失敗ということになる。つまり，同じ課題を行ったとしても，目標を高く設定すれば，成功確率は低くなり，目標を低く設定すれば成功確率は高くなるわけである。

　また，アトキンソンは，価値（誘因価）＝（1－成功の主観的確率）としているが，現実社会において価値は必ずしも成功確率のみから決まるものではない。本人にとっての目標達成の価値は自分の欲求の反映でもあり，社会における価値観が反映されるものでもある。期待×価値を最大化するためには，その目標達成の価値を高めることも重要であろう。

　達成目標理論では，学習場面において児童・生徒がどのような目標を達成したいのかという認知が，学習活動を規定する重要な役割を果たすとされている（Ames, 1992; Dweck, 1986; Nicholls, 1989）。期待価値理論では設定された目標の高低，つまり目標の量的側面から動機づけの変動を説明しているが，達成目標理論においては目標のタイプや意味づけなどの質的側面も取り上げることとなる。達成目標理論の詳細は，第2章第2節(5)を参照されたい。

　この理論によれば，学業やスポーツなどの達成場面において，個人が達成しようとする目標は2つに大別されると考えられている。1つは，練習や努力を重視し，スキルの向上や新しいスキルのマスターを目標とする熟達目標（学習目標あるいは課題目標とも呼ばれる）で，このような目標をもって課題にかかわる場合には，自分の達成や進歩が有能感の源となる。もう1つは，能力を重視し，他者より優れていることを誇示し，他者より劣っていることを隠し，高い評価を得，低い評価を避けることを目指す遂行目標（成績目標あるいは自我目標とも呼ばれる）である。このような目標のもとで課題にかかわる場合には，他者や何らかの外的基準との能力比較から有能感を得ることとなり，努力は推奨されないか，隠されるべきものとされる。このような動機づけに与える熟達目標の有効性は，体育・スポーツにおいても広く支持されている（伊藤ほか，2008；西田・小縣，2008）。

　健康スポーツや趣味，レクリエーションスポーツにおいては，トランスセオレティカル・モデル（第5章第2節参照）で示されているように，スポーツ実

施に至るまでの間に実施者におけるいくつかの変化が必要であり，スポーツを行おうという動機づけの高まりが必要であるとされている。本人の自尊感情をあえて損ねながら運動やスポーツを行う必要はなく，本人の好むことを好むやり方で行うところからスタートすることで，スポーツ活動の実施・継続につながっていくものと考えられる。ここでは，他人とではなく，昨日の自分と競ってみよう。このことで多くの参加者が目標達成＝勝利でき，スポーツ実施に彩りを添えてくれるであろう。

　一方，競技スポーツは勝敗を競う場であり，優劣を決める場である。勝敗に関する目標の量的側面についてはアスリートが自分で決められず，高すぎる目標の前に敗北や能力の低さをさらけ出すことも少なくない。このような場で活躍するためには，高い有能感と辛さや敗北の惨めさ，これらを予測する苦しさに耐えられる耐性＝図太さ，そしてそこから這い上がるしぶとさなどが求められよう。目標の質的側面に関しては，自分を進歩させていくための熟達目標の必要性はもちろんであるが，他者を凌ぐことを目指す遂行目標も求められよう。高い遂行目標のもとでもチャレンジし続けトップアスリートとなるためには，高い有能感が必要であるといえる。競技スポーツにおいては，有能感は熟達目標の達成のみならず，遂行目標の達成からも育てられることになる。つまり競争や比較において他者より優位であることから有能感を得ることである。このように考えるとジュニアアスリートがトップアスリートになるまでの間に，周りの仲間の中で常に一番であり続けなければならないことになってしまうが，それは極めて可能性の低いことであり，必ずしもその必要性はない。選手は個々に長所をもっている。このため選手は，得意なことでは優位であることを意識することができ，その上で五分五分の勝負となる適切な相手との競争の中で，時に勝利（勝つという目標の達成）することで有能感を得ることが可能である。もちろん，常に勝利するわけではなく，自らの短所によって他者から遅れを取ることも当然起こってくるといえる。しかし，自他を分析的に比較するスキルもまた，アスリートには求められる。自他の比較が自分の進歩を導き出すことにつながるからである。自分の競技レベルを把握し，大きな目標に至るまでのスモールステップの中期・短期の目標を，主観的成功確率50％のあたりに設定していくことで，高い動機づけを維持していけるものと考えられよう。この

ように競技スポーツにおいては，競技という場にふさわしいメンタリティをもつようにアスリートの側が育つ，変わることも必要である。ただし，アスリートの卵が競技スポーツをスタートさせる場面では，健康スポーツや趣味，レクリエーションスポーツの場合と同様に，本人のもつ個性から出発することによって，スポーツ実施への動機づけが高められることがまず大切である。

このように，スポーツ実施の目的によって，動機づけ理論による知見を現場に活かしていく方法は異なると考えられる。まずは目標設定に関して，期待価値理論と達成目標理論の観点からスポーツ実践・指導について考えてみた。

〈目標設定からのヒント〉
・それぞれの人にふさわしく，やりがいのある目標設定をさせよう
・失敗を恐れず，進歩することを成功として求める人を育てよう
・成否が五分五分である目標の設定と，その達成を目指させよう
・勝敗のみならず，自分の進歩を目標とさせよう
・大きな目標達成のためには，その手前の目標を設定し達成させていこう

(2) 成功／失敗の原因

ある事態に遭遇した際に，人がその原因を特定の何かに求めることはごく自然なことである。人が何かの目標達成を目指して行動した際の結果（成功／失敗）について，その原因をどのように考えるかによって，その後の動機づけが異なったものになるという「原因帰属理論」を示したのがワイナー（Weiner, 1972）である。詳しくは，第2章第2節（4）表2-1を参照されたい。

このワイナーの成功と失敗の原因帰属理論の知見を現場でどのように活かしていけばよいであろうか。成功は能力帰属，失敗は努力不足帰属が基本的なガイドラインであり，このような枠組みでアスリート，スポーツ実施者，指導者が考えていくように努めることが望まれる。そのために，先行条件を整えていくことで，より自然にこのような帰属につなげていくことができるであろう。

まず，能力帰属のベースには有能感が必要であることを考えると，いかにして有能感を高めるかに関しては本節（1）目標設定が参考になるであろう。有能感が低い状態では，失敗に際しての能力帰属を行う傾向が高い。速水（1981）は，アンダーアチーバー（能力に比して達成のレベルが低い者）に比べて，そ

の逆であるオーバーアチーバーのほうが学業成績の原因を努力に帰属させていることを報告している。成功を努力に帰属させることも，継続的な努力を伴っていれば，達成への正の期待につながっていくことも考えられる。

次に失敗の努力不足帰属であるが，一般的な帰属の方向性として，また実際に努力を怠った場合においても，その後の動機づけを高め，自主的，自発的で積極的な行動を導く上で有効であると考えられる。しかし，多大な努力を行っているにもかかわらず失敗を繰り返すことは，能力不足を示すとともに，「努力することすらできない」という強烈な無力感を感じさせることにもつながりかねないとの指摘もある（波多野・稲垣,1981）。特に日本においては，成果より努力が重要視され，結果よりも努力したか否かが問われる傾向もある。時には，失敗を外的なものに帰属させ，自尊感情，自己効力感を保護する必要があることへの配慮も必要であろう。この点は，以下の(3)でも後述する。

〈成功／失敗の原因（原因帰属）からのヒント〉
- 基本的な考え方として，成功は自分に能力があったからと考え，失敗は自分の努力が足りなかったからだと考えさせよう
- 基本的な考え方のみでは苦しくなっている時には，指導者のサポートや息抜きも必要である
- 適切な目標設定は，原因帰属との関係においても重要である

(3) 行動の主人公

自分の行動は自分でコントロールしているという統制感や，自分は周りの人やものに対して影響を与えることができる存在であると感じる自己効力感もまた，自主的，自発的で積極的な行動のベースとなる。

無力感が学習によって獲得されるとした，セリグマン（Seligman, 1975）の「学習性無力感」の理論は衝撃的なものであり，多くの研究や批判を生み出してきた。この詳細は第2章第2節(2)にあるが，ここでも簡単に振り返ってみよう。

いくら頑張っても上達しない，どうやっても勝てない，張り切れば張り切るほど良くない結果につながる，といった非随伴かつ否定的な（努力しても良い結果にならない）経験が繰り返されると，自分の努力（行動）は結果に何ら影

響を及ぼさない，自分は環境をコントロールできないといった自分と環境の関係に関する主観的な考え方が学習される。すると，客観的には行動によって結果を変えられる状況におかれてもあきらめが先行し，もはや行動しようとしなくなる。これが学習性無力感である。さらに，このような経験に自責感や否定的な自己評価を伴う場合に，学習性無力感が獲得されやすいとされている。無力感の対極にあるのが統制感や自己効力感である。

　学習性無力感の1つめのポイントが，非随伴的で否定的な経験であることから，まずは活動と成果の随伴性を確保し，より肯定的な結果を得ていくことが重要であると考えられよう。ここでも目標設定の重要性が指摘できる。どれだけ努力しても目標に達成できない事態はまさに，この状態と一致している。目標の量として，高すぎる目標にはいつまでも到達することができない。また，自らの努力とはかかわらない他者の状況との比較による遂行目標，あるいは勝利を目標とすることは，非随伴の状態である。ここでも，熟達目標をもち，自らの進歩を実現していくことにより，自分の努力が目標達成につながるという随伴的で肯定的な経験を積み重ねていくことができる。このことは無力感の予防を越え，自己効力感の獲得につながっていくものである。

　2つめのポイントは否定的な事態における，内的で安定した次元（能力）への帰属を控えることである。自分が課題を遂行する能力をもたないと判断した際には行動を起こそうとしない，というのが古くハイダー（Heider, 1958）の指摘したことでもあった。人間はすべての領域で有能感をもつことは難しい半面，すべての領域でまったく有能でないと感じることもまた起こりにくい事態であろう。自分にとって有能な領域を見つけることで，能力不足という否定的帰属を自分の生活全般に広げないでいられるであろう。つまり，否定的な事態に際して「自分に能力がないから」と全般的な帰属を行うのではなく，「今の自分に〇〇を行う能力がないから」と領域に限定して原因帰属を行うことや，「自分の努力が足りなかったから」という努力帰属や，運や課題や目標達成の困難度などの外的要因への帰属により，無力感に陥ることを防止できるであろう。反対に「□□については，自分はうまくやれる，自信がある」という領域が見つかれば，その有能感が生活全般の自己効力感につながるようにもなっていくことも想定できるのである。

〈行動の主人公（学習性無力感，統制感，自己効力感）からのヒント〉
- 「自分はできる」「自分はやれる」という実感をつかませよう
- 自分のことは自分でやる，自分のことは自分で決める，という考えと行動の習慣を育てよう
- 「できること」「得意なこと」を先に考えてから「できるようにしたいこと」「変えたいこと」を考えさせよう

(4) 集団の雰囲気

　達成行動が個人の特性という要因のみならず，その時その場の状況という要因によっても規定されることは，本章の冒頭でも触れている。クラスやチームといった集団がもつ目標の方向性も，個人の達成目標と同様に熟達志向と遂行志向から捉えられる。これは動機づけ雰囲気と呼ばれ，その影響について研究が進められている。詳しくは，第2章第2節(6)を参照されたい。

　熟達志向的な動機づけ雰囲気においては，個人の目標も熟達志向の傾向が強くなり，遂行志向的な場合にはこの逆となる。指導者や教師がどのような指導を行うかに加えて，スポーツ活動やクラスの場の雰囲気をどのようなものにするかということもまた，指導者や教師が行うべきことの内容である。

　体育やスポーツにおいても，チームの雰囲気を熟達的と認知していることが，自ら行動を起こそうとする内発的動機づけや，そのチームのメンバーであることの満足感，競技不安に対して，望ましい効果をもたらしていることが明らかにされている（Seifriz et al., 1992）。熟達的な動機づけ雰囲気づくりによって，アスリート，スポーツ実施者，児童・生徒が熟達的な目標（課題目標，学習目標）をもち，彼（彼女）らのより自主的，自発的で積極的な，熟達志向の行動を引き出すことにつながる。

　例えば，試合や練習における選手の失敗を，指導者としてのあなたはどのように考えるであろうか。プレー中の失敗が減ることによって，安定したパフォーマンスが得られることになる。加えて，不注意な行動による怪我の危険性も減少するであろう。このため，競技スポーツの指導場面は概して，張りつめた高い緊張感に満ちており，選手は失敗に対して指導者から厳しく叱責され，時には罵声やそれ以上の罰が与えられることも少なくはない。このような状況

はまさに，成果が重視され能力の高低が強く意識される遂行志向的な動機づけ雰囲気の状況である。したがって，このような状況の中では選手は遂行志向が高くなる傾向が強くなり，選手の個人的特性としての目標達成志向性も次第に遂行志向が高くなっていくことが予想されよう。遂行志向が高く熟達志向が低い人は，努力を控え，フェアプレーよりも結果を重視し，自分の進歩につながるような目標設定を避けるといった行動の特徴があるといわれている。何よりも，失敗を責められるばかりの場では，選手は失敗をしないためにチャレンジしなくなるだろう。選手の進歩を重視するのであれば，このような動機づけ雰囲気を指導者が作り出すことに対して留意が必要であろう。では，実力があっても試合の場で安易な失敗を続ける選手が高いパフォーマンスをあげられるかといえば，これもNOであろう。試合の場ではいかに失敗を少なくし，効果的なプレーをするかが重要である。

　それでは，進歩，熟達と失敗の少なさをどのように両立させるか。そのための手法として，進歩，熟達を目指す場，つまり実力を伸ばす場と，失敗を減らしてパフォーマンスを目指す場を分けることをお薦めしたい。練習の場では失敗を恐れずにチャレンジし，時には成否ではなく進歩のためのチャレンジそのものを高く評価することができる。そして，失敗の叱責ではなく，失敗から成功へと変化させることを奨励することで，熟達志向的な場を作ることができるであろう。試合においては，実力を発揮してパフォーマンスを目指すので，失敗を少なく，効果的なプレーをより多く行うための準備と実行が重要である。ただし，この場においても，これから行うプレーへの集中という点からは，終わってしまったプレーの失敗をいつもまでも引きずるような指導は，さらに次のプレーの失敗を生むことにつながるであろう。効果的なプレーへの準備，そのための失敗プレーの修正を超えた叱責は，多くのプラスの効果を生み出し続けることはない。ましてや，選手の自主的，自発的，積極的，そしてクリエイティブな行動という点からは，むしろ，勝負のプレッシャーを緩和することのほうが実りは多いように思われる。

〈集団の雰囲気からのヒント〉
　・選手・参加者・学習者の行動や動機づけは，チームや周りの状況によっても変化する

- 選手・参加者・学習者の自主的，自発的，積極的，そしてクリエイティブな行動を導き出すためには，熟達的なチーム，集団の雰囲気が望ましい
- 選手の失敗は進歩，熟達のために必要なことであるので，プレーのどこに失敗があり，どのように変化させれば進歩，熟達につながるかを学ばせることが重要である

第2節 スポーツ実践からのアプローチ

(1) モチベーションビデオ

　プロやアマチュアを問わず，近年多くのスポーツ競技現場で「モチベーションビデオ」と呼ばれるビデオが用いられている。モチベーションビデオとは，そのビデオを視聴する選手自身やチームの過去のプレー映像の中から，成功プレーだけを用いて編集し，音楽や文字を付加した，いうなればベストプレービデオのことである（永尾ほか，2010）。このビデオは，選手個人やチーム全体における「試合，トレーニング，競技自体」へのモチベーション（動機づけ）や自信，またはチームワークなどを高める目的で使用される。スポーツ競技は大きく個人競技と集団競技に大別されるが，モチベーションビデオを作成する際に用いる映像の種類や期待される心理的効果は，それらによって異なることが考えられる。

①個人競技へのモチベーションビデオ

　個人の行動（パフォーマンス）に重要な影響を与える心理的側面の1つとして，自己効力感（セルフエフィカシー）があげられる。これは，ある課題を達成するために必要な行動を，どの程度うまくできるかという自信の程度である。この自己効力感を得るための資源の中の1つに代理体験があり，他者の成功場面を観察（モデリング）することで，「これなら自分にもできる」と感じ自己効力感の獲得につながる。そして，観察する対象（モデル）は，自己と同レベルであることが効果的であるとされ，ドウリック（Dowrick, 1983）は究極の同レベルモデルは自分自身であるとするセルフモデリング（self-modeling）理論を提唱し，モデリングにおいて最も効果的であることを示唆している。したがって，個人競技選手に対してモチベーションビデオを作成する際には，セ

ルフモデリング理論に準拠して，そのビデオを視聴する選手自身の成功プレー映像のみで構成されることが，自己効力感獲得に効果的であると考えられる。

②集団競技へのモチベーションビデオ

集団競技（チーム）に対して作成されるモチベーションビデオでは，ビデオを見る選手自身の映像以外にも，「チームメート」の映像や，試合前の円陣や勝利後の歓喜の輪など特定の個人に焦点を当てていない「チーム全体」の映像が含まれる。これら集団競技特有の映像を見ることで獲得が期待される心理的側面の1つに，集団効力感（コレクティブエフィカシー）が考えられる。集団効力感は自己効力感を集団レベルに拡張したものであり，ある課題に対して「我々はできる」というチーム全体で共有された自信の程度である（第10章第2節参照）。集団効力感を獲得するための資源には，チームとして過去に成し遂げた成功体験や，チームをモデリングすることがあげられている。永尾ほか（2010）は，「我々（team）」を「観察する（modeling）」，つまりチームモデリング（team-modeling）が集団効力感獲得に有効であり，チームメートやチーム全体の映像は，チームモデリングに適合する映像となる可能性を示唆している。

③モチベーションビデオ作成の留意点

効果的なモチベーションビデオを作成する際には，いくつかの留意点がある。まずはじめに，何のためにモチベーションビデオを用いるのかという目的を明確にすることが重要である。技術に対する自信を高める目的か，チームワーク向上をねらうのか，その目的によって用いる映像，ビデオ中に挿入する音楽や文字も変化する。また，永尾（2009）は，上記以外にも，①写真や動画などビデオ作成に必要な様々な素材を日頃から収集しておくこと，②ビデオ中に使用する音楽のリズムに合わせて映像を配置するよう編集を工夫すること，③選手やチームがもつスローガンや合言葉などを文字テロップとして活用する際には，その文字が鮮明に理解できるようにシンプルな編集を行うことが望ましいと指摘している。合わせて，モチベーションビデオは映像を用いているため，非常に情報量が多く，選手やチームに与える影響も大きい動機づけツールである。そのため，時には緊張や興奮を高めすぎてしまうなどネガティブな心理的効果を与えてしまう恐れももち合わせている。ビデオを「見る，見せる」際に

は十分注意を払いながら，スポーツ現場で活用することが望まれるであろう。

(2) 優秀な指導者の動機づけ戦略
①ボビー・バレンタイン氏
　千葉ロッテマリーンズを1995年と2004～2009年の間率い，万年Bクラスに喘いでいたチームを日本シリーズ制覇まで押し上げたプロ野球監督。バレンタイン氏は選手の動機づけを引き出すことに長けた指導者として知られている。中でも日本シリーズを制覇した2005年には，相手投手に合わせて変幻自在にスターティングメンバーを入れ替えたり，同じポジションに複数の選手をあてて競わせたりという選手起用に加えて，選手の「心に火をつける」といわれるような多くの言葉により，ボビーマジックと呼ばれる成果をあげている（バレンタイン，2006）。「君が必要だ」「自分が最も重要な選手だ，と意識する」「昨日どれだけ活躍したかよりも，今日どれだけ活躍できるかが重要」など，とかく低下が懸念される控え選手の動機づけを高める言葉は，氏の戦術とも相まって，チーム全体の士気を高めていたと考えられる。また，チームのファンを大切にし，ファンに支えられることで，チームや選手の存在価値や自己効力感を高め，選手自らの自発的で積極的な行動を引き出していたと思われる。

②アルベルト・ザッケローニ氏
　2013年現在のサッカー日本代表監督。氏は代表チームにおいても選手の成長を重視し，「サムライ」と呼ばれる日本人の武士道精神を尊重しつつ，日本人に相応しいサッカーの構築を目指しているといわれている（遠段，2011）。敏捷性とスピード，持久力という身体的な特徴に加え，自らの欲求充足を制限し，組織力を生み出すことのできる心理的な特性をより攻撃的なサッカーの中で活かそうとしていることが，インタビューなどで語られる言葉の中に散見されている。欧州や南米のサッカー強国の代表チームや選手と比較すれば，過去の戦績やFIFAランキングから考えても，サッカー後進地域であるアジア地域の代表としても，また，体格やパワーなどの現状においても，日本代表選手が世界規模の大会に自信をもって堂々と乗り込むという状況が容易に訪れることは考えにくい。しかし，学習性無力感，自己効力感のセクションにもあったように，人は自らの強み，自らの優位な点に気付き，「やれる」と実感することで，

その行動をより積極的に，自ら変えていくことができるものである。

③平井伯昌氏

オリンピック平泳ぎ2種目2連覇の北島康介選手の指導者。氏もまた，日本人の特徴を生かすことにこだわっているといわれている（平井・折山，2008）。そのためには，常に最善の方法を探り，伝統にとらわれない自由な発想を大切にしているという。世界で戦う選手，指導者にとって，強みを活かすという発想は共通してみられるものなのであろう。

物事を現状からしか考えない場合には，「どうしても○○ができない」「どうせ□□だからできるわけがない」と自ら限界を作ってしまうことにつながりかねない。必要なことは何か，どのレベルに達すれば世界と勝負できるか，そのためには何をすれば良いのかなどについて，逆算的に考えることは，まさに目標設定の手法である。自らに限界を設定しない自由な発想，目標達成のための最善な方法を探る考え方が，北島選手の大記録という形で結実したといえよう。

④佐々木則夫氏

サッカー日本女子代表をW杯優勝に導き，ロンドン五輪でも準優勝を収めた監督。氏もまた，強みを活かすことを大切にしている指導者である（佐々木，2011）。氏は2006年に日本女子代表のコーチ兼17歳以下の日本女子代表の監督に就任し，翌2007年以降，日本女子代表の監督を続けている。氏が女子サッカーにかかわるようになって，女子・女性と男子・男性の違いにいくつも気づいたそうである。日本女性の仲間を思いやる気持ちの強さ，結束力，礼儀正しさ，ひたむきに頑張る強さなどはまさに「やまとなでしこ」であり，その力（なでしこ力）を活かす組織的で攻撃的なサッカーは，男子チームにおいてもお手本とされているほどである。適材適所に選手のポジションをコンバートし，選手の個人の力を伸ばし，チームとして結束させる手腕には定評がある。

⑤眞鍋政義氏

ロンドン五輪で28年ぶりのメダルとなる銅メダルを獲得したバレーボール女子代表監督。氏も日本女性の特性を生かす指導者である。バレーボールにおいて，身長の高さは絶対的な武器であるが，日本女子チームはこの身長において，欧米各国チームに劣っている。では勝る部分は？という発想から，独自の戦略を練り，試合中でもタブレット端末を用いてリアルタイムでデータを活か

す，緻密でスピーディなバレーボールを展開している。また，チームづくりにおいても「チームのスイッチを入れる」（真鍋，2011）という言葉に象徴されるように，選手のみならず指導スタッフの動機づけをも引き出すことで優れたパフォーマンスをもたらしている。

　ここに取り上げた名将はいずれも世界で戦うチームや選手の指導者である。そこに共通するのは，いかにして選手自らが目標達成を目指して，必要な行動を自ら行うように導くかということである。勝利至上主義の弊害がいわれて久しい感もあるが，選手の大きな勝利は選手自らの能力と努力の上にしか花咲かないものである。指導者に叱られなければ努力しない選手，指示されなければ動けない選手，指導者の目の届かない生活の場で自らをコントロールできない選手，仲間の足を引っ張ることで浮かび上がろうとする選手などは，いずれも自らがもっている力を伸ばし，発揮することに対してエネルギーを出し惜しみしている，言い換えればスイッチの入っていない選手ではないであろうか。

　昨今，書店のスポーツ書籍コーナーには，偉大な指導者について書かれた書籍が多く並べられている。その中には，選手の動機づけをいかにして引き出しているのかについての情報が詰まっており，①高い目標設定，②分析に基づいた長所の伸長，③チームとしての有能感，④チームワーク，⑤勇気づける言葉，⑥勝敗における責任，⑦進歩することの重視など，本書にかかげた知見が高いレベルで実現されていることがわかるであろう。

(3) 名言からの示唆

　スポーツ書籍のコーナーには，偉大な指導者について書かれた書籍のみならず，選手について書かれたものも数多く置かれている。

　アスリートは毎日のトレーニングによって実力を高めていくが，日々の進歩は遅々としたものであり，進歩から有能感を得ることは容易なことではない。さらに，競技レベルが上がるほどにトレーニングは質・量ともにレベルアップし，苦難に満ちたものとなる。また，シーズン中の試合では，常に勝者となれるわけではなく，敗者となったり，自分の力不足を思い知らされたりすることも少なくない。時には怪我や病気のために競技復帰を目指した別の戦いを強いられることもある。このような，日常としての競技生活をよりポジティブに過

ごすためには，自らを勇気づけ，競技することやアスリートとしての自らの価値を高める言葉が必要になるであろう。

アスリートや指導者たちが自らに語りかけてきた言葉のいくつかを『打たれ強い心の育て方 どん底を生き抜く！』(飯田, 2012) から紹介しよう。なお，アスリート本人と，著者が編集した言葉があることをお断りしておく。

著者（飯田氏）の言葉：「人が，その人間性を問われるのは『成功するかどうか』ではない。『苦しみの中でどう生きるか』だ」。

野村克也氏（元プロ野球選手・監督。戦後初の3冠王となるなど，華々しい現役生活を送ったが，プロ入りはテスト生から。監督として24年間，ヤクルトではリーグ制覇4回，日本一に3回なっている名将である）：「努力に即効性はない。だが，努力しているヤツが勝つ」「興味とか好奇心，モチベーション。そういうものを感じると『頑張ろう』という気になるね」「苦境に立たされた時は考え方ひとつ。そこでプラス思考になれる人と，マイナス思考になってどんどん深みにはまって落ち込んでいく人がいる」。蔑まされたプロ生活のスタートにおいて，自らを励まし，数少ないチャンスをものにしてきた競技人生を支えた言葉。

宇津木妙子氏（元女子ソフトボール日本代表監督。シドニー五輪銀メダル，アテネ五輪銅メダル獲得）：「人は，最後は胸を張って『ちゃんとやってきた』という自信があるかないかが，結果として出るものだと思う」「大事なことは『勝つこと』と『愛されること』。『憎まれても勝てばいいんだ』では決してない」。ねたみや，やっかみの中で，チームや仲間を支え，支えられてきた指導者生活を支えた言葉。

松平康隆氏（元バレーボール日本男子監督。東京五輪銅メダル（コーチ），メキシコ五輪銀メダル（監督），ミュンヘン五輪金メダル（監督）獲得。後の日本バレーボール協会会長としての業績も高く評価されている）：「無視された経験がエネルギーの源。男子バレーが世界一になって金メダルをとって，メディアと日本バレーボール協会にたたきつけてやろう」「自分で自分を律することのできない，己を励ますことのできない人間は，大人にはなれない」「人間には強い自分と弱い自分がいる。その弱い自分に，『負けてたまるか』と言い聞かせる」。当時華々しかった女子と比較され，男子は注目されない存在で，

第Ⅴ部　動機づけの強化と将来に向けて！

東京五輪の記念映画には映像が残っていない。無視され，相手にされなかった時代を支えた言葉。

　杉山愛氏（元プロテニス選手。WTA最高ランキング，シングルス8位，ダブルスは日本人初の1位を経験。グランドスラムでダブルス優勝3回，混合ダブルス優勝1回。グランドスラムシングルス連続62回出場はギネス記録）：「自分で自分の『限界』を決めつけない」「自分自身と向き合わなければ，長くは続かない」「ハードルの存在が，自分のモチベーションになる」「目標は大きければ大きいほどいい」「『楽しいことばかりをする』のではなく，『することを楽しむ』ようになりたい」。女子トップランカーとして，ハイプレッシャーの中，ハイレベルで長くプレーできた原動力となる言葉。

　竹原慎二氏（元プロボクサー。日本人初の世界ミドル級王者）：「否定から入っても，何も生まれない」「楽して儲ける。人に感動を与える。そんな『一発逆転KO勝ち』は人生では起こらない」「『ポジティブに活かすためのネガティブ』，ネガティブが次への原動力になっている」「結局，自分を変えられるのは自分だけ」。中途半端なワルが世界チャンピオンになったものの，負傷のため引退。その浮き沈みの激しい人生の中で見つけ，生きることを支えた言葉。

　一冊の本からちょっと引用しただけでも，多くの名言に触れることができる。1つの成功のために，数多くの失敗があり，想像を絶するほどの努力がある。その自分との戦いを，言葉やその背景にある考え方が支えている。その一言一言を読み解くとき，本書で述べられたモチベーション・動機づけのメカニズムについての理解が大いに役立つであろう。決して「もの」としては存在しないものの，間違いなく我々を動かしているモチベーションによって，我々は自らより自発的，自主的，積極的に行動する存在になれることもおわかりいただけたものと信じている。

●文献

Ames, C. (1992) Classroom : Goals, structures, and student motivation. Journal of Educational Psychology, 84 : 261-271.

Atkinson, J. W. (1964) An introduction to motivation. D. VanNostrad.

Dowrick, P. W. (1983) Self-modeling, In Dowrick, P.W., and Biggs, S.J. (eds), Using Video: Psychological and social applecations. Wiley, pp. 105-124.

遠藤　段（2011）ザッケローニの言葉．総合法令出版．
波多野誼余夫・稲垣佳世子（1981）無気力の心理学―やりがいの条件．中央公論新社．
速水俊彦（1981）学業成績の原因帰属　オーバーアチーバーとアンダーアチーバーに関連して．教育心理学研究，29：80-83．
Heider, F. (1958) The theory of interpersonal relations. Wiley.
平井伯昌・折山淑美（2008）努力は決して裏切らない．日本文芸社．
飯田絵美（2012）どん底を生き抜く！ 打たれ強い心の育て方．PHP研究所．
伊藤豊彦・磯貝浩久・西田　保・佐々木万丈・杉山佳生・渋倉崇行（2008）体育・スポーツにおける動機づけ雰囲気研究の現状と展望．島根大学教育学部紀要（教育科学），42：13-20．
眞鍋政義（2011）チームのスイッチを入れる．カリスマじゃなくてもできる組織を変える55の戦略．朝日新聞出版．
永尾雄一（2009）モチベーションビデオの作成. Coaching & Playing Volleyball, 65: 20-23.
永尾雄一・杉山佳生・山﨑将幸・河津慶太（2010）チームスポーツにおける集団効力感の資源とその有用性．健康科学，32：11-19．
Nicholls, J.G. (1989) Conceptions of ability and achievement motivation : A theory and its implications for education. In S.G.Paris, G.M.Olson, and H.W.Stevenson, (Eds.) Learning and motivation in classroom. Lawrence Eribaum Associates.
西田　保・小縣真二（2008）スポーツにおける達成目標理論の展望．総合保健体育科学，31：5-12．
佐々木則夫（2011）なでしこ力　さあ，一緒に世界一になろう！．講談社．
Seifriz, J.J., Duda, J.L. and Chi, L. (1992) The relationships of perceived motivational climate to intrinsic motivation and beliefs about success in basketball. Journal of Sport and Exercise Psychology, 14：375-391.
Seligman, M.E.P. (1975) Helplessness : On depression, development, and death. Freeman.
ボビー・バレンタイン（2006）心に火をつける47の言葉．PHP研究所．
Weiner, B. (1972) Theories of motivation. Rand McNally.

コラム⑬ メンタルトレーニングと動機づけ

　メンタルトレーニングは，競技力向上を目的としたメンタル面の強化のことであり，専門家によるメンタルトレーニング指導や心理的サポートを実施することでより効果が高まると考えられている。メンタルトレーニングは，専門的には「心理的スキルトレーニング」といわれ，スポーツ心理学の研究で実証された心理的スキルをトレーニングすることである。心理的スキルをトレーニングするプログラムでは，目標設定，リラクセーション，サイキングアップ，イメージ，集中，ポジティブシンキング（プラス思考），セルフトーク，コミュニケーション，試合に対する心理的準備などを組み合わせた系統的なプログラムを作り，それぞれの心理的スキルをトレーニングする手法を取ることが多い。

(1) メンタルトレーニングの評価
　メンタルトレーニングの最初の手順は，自己分析として，心理的競技能力診断検査（DIPCA.3）や質問に答える形式の調査を実施し，そのデータを分析する。この時に，この心理的競技能力診断検査で分析できる競技意欲（忍耐力，闘争心，自己実現意欲，勝利意欲）を確認し，選手へフィードバックする。その後，メンタルトレーニングを実践し，シーズンの中盤に2回目の検査をして，競技意欲の向上度などを分析しフィードバックする。さらに，シーズンが終了する前の重要な試合前に3回目の検査をして，このシーズンの競技意欲を分析することが多い。同時に，アンケート調査を実施し，選手の質的なデータを取集し，競技意欲がどのような理由で向上したのかなどを確認する。このような方法で，メンタルトレーニングと動機づけの評価をしながら，メンタルトレーニングを実践するようにしている。

(2) 動機づけを高める心理的スキル
　スポーツ現場におけるメンタルトレーニングと動機づけの関係を分析すれば，どのような心理的スキルが効果的なのかがみえてくる。スポーツ心理学の理論からは，目標設定が効果的であるとの報告が多い。そのために動機づけを高める目的のメンタルトレーニングでは，目標設定をすることが多い。この目標設定では，外発的な動機づけから内発的な動機づけへ移行させる手法（プログラム）を重要視している。また，イメージトレーニングの1つとして使用する練習日誌は，技

術や戦術などに対して,「過去を思い出す,現在で修正する,未来で使える」ように予習や復習をすることで,練習や試合に対する動機づけを高める効果があると分析している。加えて,プラス思考のトレーニングとして行うセルフトークやコミュニケーションスキルのトレーニングは,動機づけを高めるのに大きな効果があると考える。プラス思考になれば,「積極的である,前向きである,燃えている,乗っている,やる気がある,自信がある,余裕がある,平常心である,迷わない,悩まない,無心の状態である」などが可能になる。つまり,動機づけの高い状態がプラス思考だと言い換えても過言ではないと考える。そのために,口から出るひとり言や他人との会話をすべてポジティブにすることで,また,表情や態度そして行動も自信があるふりをすることで,自分の気持ちをプラス思考にするトレーニングを行う。これはまさに動機づけを高めるトレーニングとしても効果的であることが,スポーツ現場で実践した選手からのポジティブな内省報告によって示されている。

(3) メンタルトレーニングにおける性差

著者らの研究では,性差はほとんどみられないことから,性差についてはあまり意識しない方向で実践を行っている。その根拠は,ある県の中学選抜バスケットボール男女チームに10年間,毎年メンタルトレーニング指導と心理的サポートを実施(2ヵ月で約12回程度)し,同時に心理的競技能力診断検査を使用してデータを取集した結果に基づいている。「忍耐力,闘争心,自己実現意欲」の得点は,この間での向上が確認できたが,性差はほとんど認められなかったのである。しかし,メンタルトレーニングの指導の中では,結果よりもプロセスを重視するために,「勝利意欲」の得点は,毎年低下する傾向にあった。

結局,プラス思考,リラクセーション,サイキングアップ,集中,イメージ,セルフトーク,試合に対する心理的準備などの心理的スキルを組み合わせて,練習のみならず日常生活をも活用してメンタル面を強化することや,「積極的,前向き,自信,余裕,良い雰囲気,気持ちの切り替え」といった精神面を高めることが,選手の動機づけを強化していくことにつながると考える。

第14章

最近の研究トピックス

第1節 達成目標理論

(1) 2目標視点

2目標視点の達成目標（Nicholls, 1989）には課題関与と自我関与がある。これら達成目標の特性傾向（達成目標志向性あるいは目標志向性）を測定するスポーツ用の尺度（Duda, 1989）では，回答者は，スポーツにおける成功場面を想定する各項目（計13項目）に対して同意する程度を5段階で評定する。例えば，"一生懸命に努力した時（課題志向性尺度）"や"他人より優れていた時（自我志向性尺度）"といった項目である。これらの項目に対する評定値が課題志向性あるいは自我志向性の高さとなる。

これまでの研究では，各目標志向性尺度（課題志向性，自我志向性）と各種心理尺度との相関分析が多いが，行動指標への影響を検討した研究もある。例えば，バスケットボールのドリブル練習の時間を計測した研究（Cury et al., 1997）では，課題志向性尺度の得点が高かった群（課題志向群）は自我志向尺度の得点が高かった群（自我志向群）よりも自主練習の時間が長く，また，壁登りの課題を用いた研究（Sarrazin et al., 2002）では，難易度の高いコースほど，課題志向群は自我志向群よりも運動中の心拍数が高かった。

2目標視点は，後に提唱される多目標視点に比べて分析結果を把握しやすいが，自我志向性の結果について研究者間で一致した見解が得られていないという問題もある。

(2) 4目標視点（2×2達成目標）

2目標視点で一致した見解が得られないことへの対応策として，達成動機づけの階層モデル（Elliot and McGregor, 2001）では，成績目標（自我志向性）および熟達目標（課題志向性）のそれぞれに接近と回避の次元が加えられ，2（熟達，成績）×2（接近，回避）の4目標視点が提案されている。熟達接近目標では多くのことを習得すること，熟達回避目標では習得できないことを避けること，成績接近目標では他人より優れること，成績回避目標では他人より劣ることを避けることが重要視される。これらの概念に対する個人差を測定するスポーツ用（Conroy et al., 2003）と体育授業用（Wang et al., 2007）の尺度も開発され，研究が盛んに行われている。

先行研究の概観（Papaioannou et al., 2012）では，各達成目標と各種心理尺度の相関分析，実験的研究，縦断調査が研究動向にあげられている。研究開始当初は，動機づけ要因（内発的動機づけ，努力など）との関連が検討されていたが，近年はスポーツマンシップや向社会的行動など，道徳的側面との関連も検討されている。これは従来の理論が有能さの獲得の程度といった動機づけの量的側面を問題にしていたのに対して，達成目標理論では有能さの定義の違いといった動機づけの質的側面を問題としているためである。

おおよその結果としては，熟達接近目標が最も適応的であるが，成績接近目標も適応的な場合があるという報告もされている。また，熟達回避目標や成績回避目標については不適応的であることが報告されている。

(3) 6目標視点（3×2達成目標）

達成目標理論では，有能さの獲得を目指す方向性の違いが動機づけにどう影響するかを検討してきた。すなわち，理論を構成する中心的概念は有能さということになる。4目標視点では有能さの基準を，成績目標は他者，熟達目標は個人内としてきたが，近年，個人内には自己（過去）と課題の2つの基準があるという考え方から，3（他者，自己，課題）×2（接近，回避）の6目標視点が提唱された（Elliot et al., 2011）。教育心理学では既に尺度が開発されているため，体育・スポーツ心理学においても今後の研究動向が注目される。

第2節 動機づけ雰囲気

(1) 重要な他者によって作られる動機づけ雰囲気

　動機づけ雰囲気研究には，指導者（教師，コーチ），仲間（クラスメート，チームメート），親（父親，母親）という主に3つの展開がある。コーチ（Duda and Balaguer, 2007），親（White, 2007），仲間（Ntoumanis et al., 2007）の動機づけ雰囲気研究の概観では，動機づけの量的側面（内発的動機づけ，努力など）や質的側面（モラル，幸福感など）との関連，さらには，集団凝集性や人間関係等の社会的側面との関連が紹介されており，重要な他者（指導者，仲間，親）が誰であっても熟達雰囲気のほうが成績雰囲気よりも適応的であることが報告されている。

　動機づけ雰囲気とは，重要な他者の行動を学習者あるいは選手がどのように感じているかという心理社会的要因のことである。すなわち，重要な他者との対人関係を動機づけの観点から構造化した概念である。したがって，厳密にいえば，集団の目標志向性やチームの動機づけという集団レベルの視点ではない。しかしながら，集団を指導する中で，指導者が各個人へどのような働きかけをするべきかという示唆を提示できる点が有益である。例えば，有能感を高めること，自己原因性の感覚を得ることなどは，動機づけを高めるための決まり文句であるが，実践的な観点からすれば漠然とした示唆にすぎなかった。しかしながら，動機づけ雰囲気研究（例えば，コーチ）の知見からは，個人の熟達度を高く評価すること（熟達／努力の次元），偏りなく各選手に役割を与えること（重要な役割の次元），選手間の協力を促すこと（協力的学習の次元）といった具体的な示唆ができるという特徴がある。

(2) 縦断調査と介入研究

　縦断調査は，動機づけ雰囲気が何にどう影響するのかという因果関係を明確にする研究手法として有効である。例えば，コーチと仲間の動機づけ雰囲気の縦断調査（Ntoumanis et al., 2012）では，コーチあるいは仲間のどちらであっても熟達雰囲気は成績雰囲気よりも，道徳的態度，幸福感，継続意図に対

して適応的であることが明らかになった。

　また，介入研究も近年では盛んに行われている。22の介入研究のメタ分析（Braithwaite et al., 2011）では，熟達雰囲気の促進により，感情的側面（態度，楽しさ，退屈さ），行動的側面（フィットネス，技能），認知的側面（不安，コミットメント，有能感，方略使用，目標志向性，動機づけ雰囲気，努力）などを変容させることが示されており，ポジティブな側面の向上とネガティブな側面の低下が報告されている。

第3節　自己決定理論

(1) 内発的・外発的動機づけ階層モデル

　内発的・外発的動機づけ階層モデル（Vallerand, 1997）の研究には，動機づけを多面的に捉えた尺度開発の研究，認知的評価理論を応用した因果連鎖の研究，全体・文脈・状況といった3レベルからなる動機づけの階層構造の研究という3つの展開がある。

　動機づけ尺度の研究では，近年，統合的調整尺度を含んだ再検討が行われている。成人以上を対象とした健康運動の領域では統合的調整尺度を含んだ研究があったが，体育・スポーツの領域では研究対象が青少年であったため，この発達段階では，内発的動機づけと統合的調整，あるいは統合的調整と同一化的調整を区別できないと考えられていた（Pelletier et al., 1995）。しかし，近年，統合的調整尺度を含めたスポーツ用の尺度が開発された（Lonsdale et al., 2008；Mallett et al., 2007）。これらの尺度についての議論はあるが，今後の展開に期待したい。

　認知的評価理論では，外的報酬が内発的動機づけを低下させるのは自己原因性の低下によるものと考えられている。この「外的報酬→自己原因性→内発的動機づけ」という因果の流れを応用したのが，「社会的要因→心理的欲求の充足→内発的・外発的・無動機づけ→結果要因」という因果連鎖である。自己決定理論では社会的要因に相当する自律性支援を積極的に尺度化してこなかったが，近年，指導者，仲間，親のそれぞれの観点から自律性支援の認知尺度が開発され，重要な他者からの自律性支援の認知が体育授業や余暇活動の運動に対

する動機づけを適応的にすることが明らかにされた（Hagger et al., 2009）。

　動機づけの階層構造の研究では，文脈的動機づけと状況的動機づけの関係を縦断調査により明らかにする研究がある。例えば，中学生と高校生を対象として運動に対する文脈的動機づけと状況的動機づけのトップダウン効果（文脈から状況への影響）とボトムアップ効果（状況から文脈への影響）を検討した結果，両者は相互に影響し合うことが明らかにされた（Lavigne et al., 2009）。

(2) 目標内容理論

　目標内容理論（Kasser and Ryan, 1996）は最も新しい自己決定理論の下位理論である。本章第1節の達成目標理論は有能さを軸とした目標の概念化であったが，目標内容理論では自律性を軸として内発的目標と外発的目標が概念化されている。また，測定尺度の着眼点にも特徴がある。動機づけ尺度では行動の理由（why of behavior）が測定されるのに対して，目標内容尺度では行動の目的（what of behavior）が測定される。大学生を対象とした研究（Sebire et al., 2008）では運動に対する目標内容尺度が開発された。内発的目標尺度は，健康管理尺度，技能改善尺度，親密さ尺度の3つの下位尺度で構成され，外発的目標尺度は，社会的承認尺度と印象尺度の2つの下位尺度で構成されている。また，心理的欲求の充足，自律的動機づけ，統制的動機づけとの関連から妥当性も認められている。

第4節　情熱研究

(1) 情熱における2つの側面

　情熱（passion）とは，活動に対する価値観や愛着心などを包含する心的傾向のことであり，調和的情熱と執着的情熱の2つの側面が仮定されている（Vallerand et al., 2003）。調和的情熱とは，スポーツと日常生活の釣り合いが取れている程良い情熱であり，それに対して執着的情熱とは，スポーツに固執する過剰な情熱であるという。例えば，部活動に一生懸命に取り組みながらも，学期末試験の日程に合わせて計画的に勉強することにより，学業とスポーツを両立させている生徒は調和的情熱が高いと考えられる。一方，学期末試験

があることは知っていながらも，スポーツに固執してしまい，試験直前になって勉強しなかったことを後悔する生徒は執着的情熱が高いと考えられる。日常生活の中でスポーツの重みは人によって異なるが，人生には他にもするべきことがある。強い情熱をもつことは大変望ましいことであるが，情熱の持ち方が異なればもたらされる結果も異なってくるのである。

(2) 情熱研究の特徴

　情熱研究は始まって間もないが，先行研究からは興味深い結果が示されている。先行研究の概観（Vallerand, 2012）では，競技に対する目標や意欲など，動機づけ要因には調和的情熱と執着的情熱の両方が必要とされるのに対して，パーソナリティや幸福感など，スポーツの文脈を越えた要因には調和的情熱のほうが執着的情熱よりも望ましいことが報告されている。

　情熱研究の特徴は，スポーツへの情熱がスポーツ以外の要因とも関連を示すことである。スポーツが生活の中心になっている選手にとっては，練習に費やす時間のみならず，テレビで視聴する番組，雑誌や新聞を読んでいて目が留まる記事，友人との会話で話題となる内容などでも，スポーツに触れる時間が長いに違いない。さらには，シューズや練習着を購入する費用，あるいはマッサージやサプリメント等にかかる費用なども含めれば，生活費をスポーツへ投資している選手も多いと思われる。すなわち，日常生活の中でスポーツが占める割合が大きいほど，スポーツで生じる様々なことが日常生活に影響を及ぼすと考えられるのである。情熱研究では，日常生活におけるスポーツの重要度とその方向性に着目しているところが，これまでの体育・スポーツ心理学における動機づけ研究にはなかった新しい視点である。

第5節　自動性研究

(1) 自動性研究（automaticity）の登場

　動機づけの高まりには，意識が必要であると考えられてきたが，1990年代以降，自動的あるいは無意識的な心理過程を主張する立場が登場して以来，その勢いは止まらない。これは社会心理学で提唱された自動性研究（Bargh,

1990）と呼ばれる領域であり，従来の常識を覆す研究結果を報告している。

例えば，10×10のマトリクスから単語を見つけ出す実験（Bargh et al., 2001）では，"勝利"や"成功"など，達成関連の単語を探索した実験群は，"川"や"カーペット"など，達成とは無関係な単語を探索した統制群よりも後続のパズル課題の成績が良かった。また，実験群の被験者は，達成関連の単語を探索したことで動機づけが高められたことには気づいていなかった。このような現象は，動機づけの自動的あるいは無意識的な活性化と呼ばれている。

自動性研究には活性化の実験の他に潜在指標を測定する研究もある。その中でも潜在連合テスト（Greenwald et al., 1998）は，最も多くの研究がなされている潜在指標であり，内省的に確認できない過去の経験の痕跡が測定できると考えられている。潜在指標は，意図的に回答を操作することが難しく，従来の質問紙法で問題とされてきた社会的望ましさが反映されにくいという特徴がある。潜在連合テストの他にも感情誤帰属手続きなど，様々な潜在指標の開発が進んでいる。なお，潜在指標に対して，従来からの手法である質問紙法は顕在指標と呼ばれることがある。

(2) 自動性とは

自動性には，①意識的な意図を必要としない（非意図性），②実行されていることが自覚されていない（無自覚性），③実行に必要とされる資源が極めて少ない（効率性），④実行されている過程や影響を制止すること，または，調整することなど，自己制御が難しい（制御困難性）という特徴がある（及川，2011）。これら4つのうち，いずれかに該当することが自動的あるいは無意識的であると考えられている（自動性研究では自動的と無意識的をほぼ同意とすることが多い）。

動機づけが自動的（無意識的）に活性化するメカニズムは，次のように考えられている。例えば，本節の冒頭で紹介した単語探索の実験について，"成功"という単語は文字として記憶されているだけではなく，その意味に対応した行動とも連合して記憶されていると考えられている。そのため，単語に触れることにより，単語の意味に対応した行動が活性化されると考えられている。信じ難いかもしれないが，体育・スポーツ心理学でも自動性の実証は始まっている。

(3) 動機づけの自動的な活性化の実証

　大学生を被験者として，単語を並び替えて1つの文を完成させる乱文構成課題を実施した実験（Banting et al., 2011）では，自律的動機づけ群と統制的動機づけ群の運動中の心拍水準が計測された。この実験では，自律的動機づけ群の被験者には，"興味"など，統制的動機づけ群の被験者には，"強制"などの単語が含まれた乱文構成課題が与えられた。乱文構成課題実施後，被験者自身にとって適度と感じるペースで自転車エルゴメーターを20分間実施してもらい，その間の心拍水準を測定した。その結果，自律的動機づけ群は統制的動機づけ群よりも，前半10分間と後半10分間のどちらの心拍水準も高かった。このことは，自律的動機づけ群が統制的動機づけ群よりも積極的に運動へ関与していたことを示している。また，20分経過時点で継続を希望する者は継続して良いことを伝えたところ，継続者は自律的動機づけ群の被験者が多かった。さらには，実験の目的に気付いていた被験者はいなかった。

　この実験では動機づけの機能がすべて説明されている。まず，初発機能について，自律的動機づけ群は自転車エルゴメーター開始直後から心拍水準が高かったことにより，行動を開始するエネルギーが強かったという説明がつく。次に，志向機能について，後半10分間についても心拍水準の差が変化しなかったことにより，起こした行動が維持されたという説明がつく。そして，強化機能について，20分経過後の継続者の多くは自律的動機づけ群であったことにより，行動の再現性が高かったという説明がつく。これらのことは動機づけの定義に沿っており，妥当な結果として解釈できる。

(4) 動機づけの潜在指標

　自動性研究では，測定法も従来の手法とは異なる。ここでは潜在連合テストによる研究を紹介したい。潜在連合テストは主にパソコンを使って行われる。パソコンにインストールされた実験プログラムを使用し，画面の中央に次々に提示される単語が，予め画面上部の左右それぞれに提示されている単語のどちらに近い概念であるかを分類していく。この分類にかかる反応時間が潜在指標となる。

　運動に対する潜在的態度を測定した研究（Conroy et al., 2010）では，潜

在指標（潜在連合テスト）と顕在指標（質問紙）の両方により運動行動が予測された。結果は顕在指標のほうが潜在指標よりも高い影響指数を示したが，潜在指標も運動行動を予測する1つのツールとして認められた。また，縦断データを収集した研究（Hyde et al., 2012）では，1回目から2回目にかけて潜在指標の得点が高くなった者は低くなった者よりも，2回目の運動意図が高かった。現時点では，潜在指標が強力な行動予測のツールであるという結論に至ってないが，今後の研究の進展には期待が大きく膨らむ。

自動性研究は行き詰まっていた動機づけ研究に衝撃をもたらした。大げさかもしれないが，この衝撃は新しい時代の幕開けのようにも感じる。なぜなら，無意識的な心理過程の解明が進むことで新たな知見が得られることはいうまでもないが，マンネリ化している従来の意識的な心理過程の研究をも再活性化させる勢いを感じるからである。

●文献

Banting, L. K., Dimmock, J. A., and Grove, J. R. (2011) The Impact of Automatically Activated Motivation on Exercise-Related Outcomes. Journal of Sport and Exercise Psychology, 33 (4): 569-585.

Bargh, J. A. (1990) Auto-motives: Preconscious determinants of social interaction. In: Higgins, E.T. and Sorrentino, R.M. (Eds.), Handbook of motivation and cognition, Vol. 2. Guilford, pp. 93-130.

Bargh, J. A., Gollwitzer, P. M., Lee-Chai, A., Barndollar, K., and Trotschel, R. (2001) The automated will: Nonconscious activation and pursuit of behavioral goals. Journal of Personality and Social Psychology, 81 (6): 1014-1027.

Braithwaite, R., Spray, C. M., and Warburton, V. E. (2011) Motivational climate interventions in physical education: A meta-analysis. Psychology of Sport and Exercise, 12 (6): 628-638.

Conroy, D. E., Elliot, A. J., and Hofer, S. M. (2003) A 2 x 2 achievement goals questionnaire for sport: Evidence for factorial invariance, temporal stability, and external validity. Journal of Sport and Exercise Psychology, 25 (4): 456-476.

Conroy, D. E., Hyde, A. L., Doerksen, S. E., and Ribeiro, N. F. (2010) Implicit attitudes and explicit motivation prospectively predict physical activity. Annals of Behavioral Medicine, 39 (2): 112-118.

Cury, F., Biddle, S., Sarrazin, P., and Famose, J. P. (1997) Achievement goals and perceived ability predict investment in learning a sport task. British Journal of

Educational Psychology, 67 (3) : 293-309.
Duda, J. L. (1989) Relationship between task and ego orientation and the perceived purpose of sport among high school athletes. Journal of Sport and Exercise Psychology, 11 (3) : 318-335.
Duda, J. L., and Balaguer, I. (2007) The coach-created motivational climate. In: Jowett, S. and Lavalee, D. (Eds.), Social Psychology of Sport. Human Kinetics, pp. 117-130.
Elliot, A. J., and McGregor, H. A. (2001) A 2 x 2 achievement goal framework. Journal of Personality and Social Psychology, 80 (3) : 501-519.
Elliot, A. J., Murayama, K., and Pekrun, R. (2011) A 3 x 2 achievement goal model. Journal of Educational Psychology, 103 (3) : 632-648.
Greenwald, A. G., McGhee, D. E., and Schwartz, J. L. K. (1998) Measuring individual differences in implicit cognition: The implicit association test. Journal of Personality and Social Psychology, 74 (6) : 1464-1480.
Hagger, M., Chatzisarantis, N. L. D., Hein, V., Soos, I., Karsai, I., Lintunen, T., and Leemans, S. (2009) Teacher, peer and parent autonomy support in physical education and leisure-time physical activity: A trans-contextual model of motivation in four nations. Psychology and Health, 24 (6) : 689-711.
Hyde, A. L., Elavsky, S., Doerksen, S. E., and Conroy, D. E. (2012) The stability of automatic evaluations of physical activity and their relations with physical activity. Journal of Sport and Exercise Psychology, 34 (6) : 715-736.
Kasser, T., and Ryan, R. M. (1996) Further examining the American dream: Differential correlates of intrinsic and extrinsic goals. Personality and Social Psychology Bulletin, 22 (3) : 280-287.
Lavigne, G. L., Hauw, N., Vallerand, R. J., Brunel, P., Blanchard, C., Cadorette, I., and Angot, C. (2009) On the dynamic relationships between contextual (or general) and situational (or state) motivation toward exercise and physical activity: A longitudinal test of the top-down and bottom-up hypotheses. International Journal of Sport and Exercise Psychology, 7 (2) : 147-168.
Lonsdale, C., Hodge, K., and Rose, E. A. (2008) The behavioral regulation in sport questionnaire (BRSQ) : Instrument development and initial validity evidence. Journal of Sport and Exercise Psychology, 30 (3) : 323-355.
Mallett, C., Kawabata, M., Newcombe, P., Otero-Forero, A., and Jackson, S. (2007) Sport motivation scale-6 (SMS-6) : A revised six-factor sport motivation scale. Psychology of Sport and Exercise, 8 (5) : 600-614.
Nicholls, J. G. (1989) The competitive ethos and democratic education. Harvard University Press.
Ntoumanis, N., Taylor, I. M., and Thogersen-Ntoumani, C. (2012) A longitudinal

examination of coach and peer motivational climates in youth sport: Implications for moral attitudes, well-being, and behavioral investment. Developmental Psychology, 48（1）: 213-223.

Ntoumanis, N., Vazou, S., Spiridoula,, and Duda, J. L. (2007) Peer-created motivational climate. In: Jowett, S. and Lavalee, D. (Eds.), Social Psychology of Sport. Human Kinetics, pp. 145-156.

及川昌典（2011）自己制御における意識と非意識の役割．風間書房．

Papaioannou, A. G., Zourbanos, N., Krommidas, C., and Ampatzoglou, G. (2012) The place of achievement goals in the social context of sport: a comparison of Nicholls'and Elliots'models. In: Roberts, G. and Treasure, D. (Eds.), Advances in motivation in sport and exercise, Vol. 3. Human Kinetics, pp.59-90.

Pelletier, L. G., Tuson, K. M., Fortier, M. S., Vallerand, R. J., Briere, N. M., and Blais, M. R. (1995) Toward a new measure of intrinsic motivation,extrinsic motivation, and amotivation in sports - The sport motivation scale (SMS). Journal of Sport and Exercise Psychology, 17（1）: 35-53.

Sarrazin, P., Roberts, G., Cury, F., Biddle, S., and Famose, J. P. (2002) Exerted effort and performance in climbing among boys: The influence of achievement goals, perceived ability, and task difficulty. Research Quarterly for Exercise and Sport, 73（4）: 425-436.

Sebire, S. J., Standage, M., and Vansteenkiste, M. (2008) Development and validation of the goal content for exercise questionnaire. Journal of Sport and Exercise Psychology, 30（4）: 353-377.

Vallerand, R. J. (1997) Toward a hierarchical model of intrinsic and extrinsic motivation. In: Zanna, M.P. (Ed.), Advances in Experimental Social Psychology, Vol. 29. Elsevier Academic Press Inc, pp. 271-360.

Vallerand, R.J. (2012) Passion for sport and exercise: The dualistic model of passion. In: Roberts, G. and Treasure, D. (Eds.), Advances in motivation in sport and exercise, Vol. 3. Human Kinetics, pp. 160-206.

Vallerand, R.J., Blanchard, C. M., Mageau, G.A., Koestner, R., Ratelle, C., Léonard, M., Gagné, M., and Marsolais, J. (2003) Les passions de l'âme: On obsessive and harmonious passion. Journal of Personality and Social Psychology, 85 (4): 756-767.

Wang, C. K., Biddle, S. J., and Elliot, A. J. (2007) The 2 x 2 achievement goal framework in a physical education context. Psychology of Sport and Exercise, 8 (2): 147-168.

White, S. A. (2007) Parent-created motivational climate. In: Jowett, S. and Lavalee, D. (Eds.), Social Psychology of Sport. Human Kinetics, pp. 131-143.

第15章

今後の研究課題と展望

　これまでの心理学における動機づけ研究は，行動主義（Hull），動機論（Murray），認知論（Deci），感情論（Weiner）などの立場から，それぞれの理論や考え方に依拠して行われてきた。これらの歴史の中で，スポーツに関連する動機づけの研究は，例えば，達成動機（McClelland, 1953），期待価値理論（Atkinson, 1957），自己効力感（Bandura, 1977），原因帰属理論（Weiner, 1972），自己決定理論（Deci and Ryan, 1985），達成目標理論（Dweck, 1986; Nicholls, 1984）などに関連して，測定尺度の作成や理論的モデルの検討，さらには実践的応用に至るまで多くの研究が蓄積されてきた。また，スポーツ参加，スポーツ技能の熟達化，コーチング，フロー体験などといったスポーツに特有な研究も報告されてきている。これらの詳細は，本書の他の章に譲ることにするが，本章ではこれまでの研究を振り返り，動機づけ研究の応用性・適用性を念頭におきながら，以下に示す2つの視点（動機づけ研究，スポーツがもつ特性）から，スポーツにおける動機づけ研究の課題や展望について私見を述べてみたい。

第1節　これまでの動機づけに関する研究から

(1) 個人的要因から対人関係性へ

　最近の動機づけ研究を概観すると，個人を取り巻く学習環境（動機づけ雰囲気，環境の認知など）や人間関係（友人関係，指導者との関係など）の重要性が指摘されるようになり，これまでの個人的要因（動機，期待，有能感，自己

決定，達成目標など）を中心とした理論構築やそれに依拠した研究から移行してきたようである。個人の動機や有能感が充足される課題が提供されたり，自律的な目標が設定されたとしても，それらを周りの人とのどのようなかかわりの中で遂行するのかによって動機づけは影響されるということである。特に周りの人からの評価や認知のされ方によって，その後の動機づけは強く影響されるであろう。

他者とのかかわりに関して，ライアンとデシ（Ryan and Deci, 2000）が自己決定理論の中で取り上げた「関係性」があげられる。自律的な動機づけの基になる心理的欲求の1つである。他者との良好な関係や結びつきを感じたいという欲求のことであるが，抽象的な表現であり具体的な内容にまで言及されていない。

そこで，暫定的ではあるが「アットホーム感」あるいは「社会的一体感」という用語を提案したい。これは，他者からの信頼と理解をもって，自分は温かく受け入れられていると感じていることを意味する言葉である。周りからの信頼，理解，受容は，人間行動の基礎である。人間は，周りからどのように評価されているのかによって，その後の動機づけが異なる。自分を信頼し理解してくれる他者の存在を感じ，自分は認められている，受け入れられていると感じる時に強く動機づけられると推測される。すなわち，このような感覚が高ければ，様々な場面（学校，スポーツ活動，家庭，職場など）においても積極的に努力することができると予想される。また，鬱などにならずメンタルヘルスの改善にも役立つことが期待される。

著者が行った予備調査において，このような感覚は，自律的な学習動機と正の相関，抑うつとは負の相関が認められている。今後は，他の心理的概念との関連性，構成要素，規定要因，発達差，スポーツや学校生活場面などでの影響性，文化間比較などについて検討していくことが必要である。

(2) 動機づけの持続性と般化

スポーツの動機づけ研究は，基礎的な研究（動機づけメカニズムの解明，各種理論の検証，理論的モデルの構築など）に留まらず，それらの知見に基づいた実践的研究も含まれている。動機づけ研究をスポーツ現場へ活かす試みであ

る。例えば，中学生を対象として，達成目標や動機づけ雰囲気の考え方に依拠した介入実践が1年間にわたって実施され，予想された結果（運動や健康な食事行動への肯定的態度が促進された，課題志向性が高まった，自我志向性が低くなった）が得られたという研究がある。しかしながら，10ヵ月後 (follow-up study) には，それらの効果がなくなっていたという (Digelidis et al., 2003)。メンタルトレーニングによって高まった動機づけが長期間持続しないとか，健康増進プログラムの導入でみられた行動変容が長続きしないといった実践者の話があるように，介入効果は一時的には認められるが，その後は継続しないというのが現状のようである。したがって，今後の課題としては，一時的に高まった効果がその後も継続し，さらには，他の場面にも般化していくような視点での研究が求められるであろう。動機づけ雰囲気の知見を適用して高まったサッカーでのやる気が，その後も継続し，勉強場面での学習意欲としても示されるのであれば，大きな教育効果として社会的にも認知されることになる。

　動機づけの強化，継続，般化のためには，どのようにすればよいのか。どのような条件が必要なのか。極めて難問であるが，その解決のための1つの方向性として，実践を受ける側の視点に立った研究があげられる。推論であるが，対象者は，「こういう感覚になれば，こういうことがわかると，こういうふうに考えれば，こういう気持ちになれば」，「自分自身の動機づけが高まる，それが持続する，他の活動にも般化する」というのが，「わかっている，気づいている」のかも知れない。あえて命名すると，それらは，動機づけの「獲得スキル」，「持続スキル」，「般化スキル」とでもいえるのかもしれない。また，キャンプなどで同じ経験をしても，「変わる子ども」と「変わらない子ども」がいる。メンタルトレーニングにおいても，それを活かせる人とそうでない人がいる。動機づけの介入実践においても，やる気の起こる子どもとそうでない子どもが存在する。両者の違いは何なのか。これらがわかると，それをエッセンスとした介入を行うことによって，動機づけの強化や継続あるいは般化に移行していく手がかりがわかるのかもしれない。このような推論を明らかにするためには，これまでの量的研究では限界がある。ある特定の子ども（実践的介入で動機づけが高まった，その後も持続している，他の活動にも般化した）を対象とした質的な分析も合わせて必要である。

(3) 文化的差異と動機づけ

　動機づけには様々な概念や理論がある。例えば，期待価値理論，原因帰属理論，自己原因性，学習性無力感，認知的評価理論，自己効力感，達成目標理論，自己決定理論，社会的学習理論，自己調整学習，社会的目標，逆U字仮説などがあげられる（詳細は，第2章参照）。これらの理論は，欧米の研究者を中心として理論構築され発展してきた経緯はあるがグローバルなものであると考えられる。しかしながら，それらに依拠した研究結果は，文化的要因によって異なる可能性がある。事実，日本で行われた研究との間には，以下に示すような差異が認められている（第11章も併せて参照）。今後は，日本人に特有な動機づけ理論の構築，有効な動機づけ方略の提言など，日本の文化を視野に入れた動機づけ研究が求められる。

　①達成動機と親和動機
　　米国（負の相関），日本（正の相関：宮本・加藤，1975）
　②課題志向性と自我志向性
　　米国（相関なし，低い正の相関：Duda, 1989）
　　日本（正の相関：細田・杉原，1999）
　③受動的勤勉性（東，1994）
　　それ自体退屈な課題でも，人からいわれたことを黙って受け止めて，勤勉に行う傾向…日本の子どもの特徴
　④原因帰属（Isogai et al., 2003）
　　米国（成功を内的要因），日本（成功を外的要因，失敗を内的要因）
　⑤体育における学習意欲（Nishida, 1991; Nishida et al., 2007）
　　欧米の子どものほうが日本の子どもよりも高い傾向
　　欧米の個人主義社会（個人の有能さを主張，勝利至上主義）
　　日本の集団主義社会（集団の和を強めることで生産性を高める）

(4) 研究方法論

　動機づけ研究とは，一言でいえば「行動のなぜ」を解明することである。その目的を達成するためには，通常，ある特定の方法論が用いられる。しかしながら，最近では様々な方法論や分析方法が提案されてきており，それらの活用

が期待されている。ここでは，動機づけ研究に有効な3つを提案する。

①量的および質的研究の併用

これまでの動機づけ研究は，量的研究が中心であった。大量のデータを用いた統計的解析により，人間の一般的特徴を把握することが可能であった。その反面，個人差といった質的な側面を捉えるには十分とはいえなかった。例えば，動機づけ理論が検証された場合，仮説通りのデータが数多く得られたことになるが，仮説を支持しないデータ（個人）も少なからず存在していたはずである。少数ではあるが，なぜ仮説を支持しない個人が存在したのか。この疑問に答えるには，質的な分析も必要となってくる。量的および質的研究の相互補完的アプローチによって，さらなる新しい事実が発見される可能性がある。

②縦断的研究の重要性

横断的研究は，ある調査時点における多数のデータを比較的短期間に集めることができ，また複数の対象ごとにその特徴を明らかにしたり，対象間の類似点や相違点を明らかにできるというメリットがある。スポーツの動機づけ研究においても例外ではなく，これまで数多くの研究が行われ，有益な知見が蓄積されてきた。

最近では，共分散構造分析による仮説モデルの検証や因果関係の推論を目的とした研究が散見される。特に，その後の介入実践を念頭におくといった理由から，変数間の因果関係を扱う研究が増えてきている。しかしながら，因果関係の特定を主目的とするのであれば，横断的研究よりも時間的経過を組み込んだ縦断的研究が適している。交差遅れ効果モデル，パネル分析といった手法を用いた研究が散見され，因果関係の特定に対して説得力のある説明をしている。時間と労力が必要とされる縦断的研究であるが，今後の動機づけ研究において注目されてくるに違いない。

③多様な指標の利用

過去の動機づけ研究においては，心理的指標（認知，感情，思考など），社会的指標（対人関係など），行動的指標（パフォーマンス，学業成績など），生理的指標（脈拍，呼吸など）が，いわゆる従属変数として用いられてきた。動機づけの影響は様々なところに現れることからすると，真実の追求として，多様な指標を用いて多面的に検討していくことが有効な方法である。

第Ⅴ部　動機づけの強化と将来に向けて！

第2節 | スポーツがもつ特性から

(1) チーム力（チームとしての動機づけ）

　2011年の「なでしこジャパンW杯優勝」を契機に，チーム力という言葉がクローズアップされた。また，2012年のロンドンオリンピックでは，「バレーボール（女子）」「卓球（女子団体）」「競泳チーム（男女）」などの活躍により，チームスポーツだけでなく，競泳のような個人競技においてもチーム力という言葉がキーワードとして大きく取り上げられた。一般的には，チームとして競技する様々な力であると考えられるが，特に心理的な意味で使用される場合が多く，また競技成績との関連でその重要性が指摘されている。

　集団を構成する個々の力がチームとしてのまとまりをみせてくると，それが目標達成の大きな推進力になる。一人ひとりの動機づけの総和ではなく，それ以上の高い動機づけとなって現れてくる。すなわち，チームとしての動機づけが高まるのである。これまでの動機づけ研究で扱われてきたのは，個人の動機づけが中心であった。冒頭に述べたスポーツ集団がもつ大きな力（チーム力）の存在を考えると，今後は，集団あるいはチームとしての動機づけに特化した研究の進展が期待される。

　チームとしての動機づけは，集団凝集性，集団効力感（collective efficacy），チームワークといった用語と関連している（詳細は，第10章第2節参照）。自分の所属しているチームがよくまとまってきたと感じたり，このチームはチームの目標や課題を効果的に遂行できるといった期待が高まってくると，チーム内での個人の諸活動が積極的に実行されるようになり，それによってチーム全体としての動機づけも高まることが予想される。ただ，動機づけの介入実践も視野に入れた今後の研究を遂行していくにあたって課題となるのは，いかにしてチームとしての動機づけを測定するのかである。集団効力感の場合には，①チーム内での個々の効力感の強さを単純に加算する方法，②チーム全体の効力感を個人が評価してその総計を用いる方法が提案されている。このアプローチを参考にしながら，さらに信頼性と妥当性の高い尺度を開発することによって，チームとしての動機づけの変化やその他の変数間との関連性を明らかにするこ

(2) ネガティブ感情（悔しさ）

　スポーツには，勝敗がつきものである。しかも，勝者と敗者，成功と失敗が明白であり，試合会場という多くの人が見ている前で，勝者は勝ち誇り，敗者は恥をさらすことになる。

　これまでの動機づけ研究では，成功は達成感や満足感が得られることから，その後の行動にも積極的に取り組むが（接近），失敗は屈辱感や劣等感が生まれるので，その後の達成行動を避けようとする（回避）と考えられてきた。すなわち，「成功→ポジティブ感情→高い動機づけ」，「失敗→ネガティブ感情→低い動機づけ」という因果関係が想定されてきたのである。確かに，勝利や成功には，その快感を再び味わいたくて頑張るという正の強化が認められる。慢心しない限り，その後の動機づけも高くなるであろう。しかしながら，敗北や失敗事態では，多少状況が異なるようである。速水（2012）は，一般的な予想に反して，成功よりも失敗した場合のほうが，その後の努力の程度（動機づけ）が高まることを報告した。失敗後のネガティブ感情が，次の動機づけを高めることもあり得るということである。悔しい思いが強いエネルギーとなり，次の行動へ駆り立てたと解釈される。

　このような例は，特に珍しいことではなく，スポーツ選手のインタビューや記事などを通して多数みられている。例えば，「あきらめきれない」「悔しさをバネに戦う」「リベンジする」「何くそ」「今に見ていろ」「挫折から成長する」などである。確かに，これらの言葉からはスポーツ選手の高い動機づけがうかがえる。すなわち，「失敗→ネガティブ感情→高い動機づけ」という関係が，スポーツ場面で広く認められているのである。私見ではあるが，競技レベルの高い選手ほどこの傾向が強いように感じる。この種の学術的な研究は，レジリエンス（困難からの立ち直り）という領域が近いと思われるが，この問題に直接答える研究はほとんど行われていない。したがって，今後は，「負けず嫌い」といった用語も含めて，ネガティブ感情を動機づけの促進要因として捉えた研究が求められているといえる。

(3) 周りの人，世話になった人への感謝

　スポーツ選手の勝利後のインタビューを聞いていると，周りの人やサポートしてくれる人への感謝が，大きなエネルギーの源になっていることが推察される。例えば，「一番高い所に立てて，皆さんに感謝しています（水泳）」，「サポートしてくれた人たちのために，走りを止めるわけにはいかない（マラソン）」，「多くの人の支えがあって頑張ることができた（野球）」，「すべてはチームメートのおかげです。ありがとう！（サッカー）」，「家族のために頑張った（柔道）」などである。いずれも，周りの人や世話になった人に感謝したり，期待に応えようとする言葉である。これらの言葉は，いわゆる社会的望ましさの影響などから真実が語られていないという見方もあるが，お世話になった人，支えてくれた人，仲間，家族，応援してくれた人たちのために，精一杯自分の力を発揮して頑張ろうとすることを示している。「恩に報いる」「恩返し」といった意味も含まれている。

　これまでの心理学では，ほとんどが「自分のため」「個人のため」の動機づけが取り上げられてきたように思われる。スポーツ選手の語りの中で注目される周りの人や世話になった人への感謝や恩返しに基づく動機づけは，他者志向的動機（重要な他者の期待に応えたい）と深い関連がある。今後は，これらの研究知見が整理され，「人のため」の動機づけメカニズムの解明に向けた取り組みが期待されているといえる。

●文献

Atkinson, J. W. (1957) Motivational determinants of risk-taking behavior. Psychological Review, 64: 359-372.

東　洋（1994）日本人のしつけと教育：発達の日米比較にもとづいて．東京大学出版会．

Bandura, A. (1977) Self-efficacy: Toward a unifying theory of behavioral change. Psychological Review, 84: 191-215.

Deci, E. L. and Ryan, R, M. (1985) Intrinsic motivation and self-determination in human behavior. Plenum Press.

Digelidis, N., Papaioannou, A., Laparidis, K., and Christodoulidis, T. (2003) A one-year intervention in 7th grade physical education classes aiming to change motivational climate and attitudes towards exercise. Psychology of Sort and Exercise, 4: 195-210.

Duda, J. L. (1989) Relationship between task and ego orientation and the perceived purpose of sport among high school athletes. Journal of Sport and Exercise Psychology, 11: 318-335.

Dweck, C. S. (1986) Motivational processes affecting learning. American Psychologist, 41: 1040-1048.

速水敏彦（2012）感情的動機づけ理論の展開．ナカニシヤ出版．

細田朋美・杉原　隆（1999）体育の授業における特性としての目標志向性と有能さの認知が動機づけに及ぼす影響．体育学研究，44：90-99.

Isogai, H., Brewer, B. W., Cornelius, A. E., Etnier, J., and Tokunaga, M. (2003) A cross-cultural analysis of goal orientation in American and Japanese physical education students. International Journal of Sport Psychology, 34: 80-93.

McClelland, D. C., Atkinson, J. W., Clark, R. A., and Lowell, E. L. (1953) The achievement motive. Appleton-Century-Crofts, Inc.

宮本美沙子・加藤千佐子（1975）達成動機と親和動機との関係について．日本女子大学紀要，22号：23-28.

Nicholls, J. G. (1984) Achievement motivation: Conceptions of ability, subjective experience, task choice, and performance. Psychological Review, 91: 328-346.

Nishida, T. (1991) Achievement motivation for learning in physical education class: A cross-cultural study in four countries, Perceptual and Motor Skills, 72: 1183-1186

Nishida, T., Isogai, H., Åström, P., Karp, S. and Johansson, M. (2007) Cross-cultural comparison of motivation to learn in physical education: Japanese vs Swedish schoolchildren. Psychological Reports, 101: 597-613.

Ryan, R, M. and Deci, E. L. (2000) Self-determination theory and the facilitation of intrinsic motivation, social development, and well-being. American Psychologist, 55:68-78.

Weiner, B. (1972) Theories of motivation: From mechanism to cognition. Rand McNally.

研 究 資 料

　ここでは，わが国で開発された「スポーツ動機づけ」「運動の継続」「動機づけ雰囲気」「体育の学習意欲」に関する測定尺度を紹介する。運動や体育場面における動機づけを測定する際の一助になれば幸いである。なお，測定にあたっての詳細は，それぞれの関連文献を参照いただきたい。

(1) スポーツ動機づけ測定尺度 (Sport Motivation Scale：SMS)（杉山，2008）

　自己決定理論に基づいて作成された「スポーツ動機づけ測定尺度 (Pelletier et al., 1995)」の日本語版である（表1）。主たる対象者は高校生と大学生であり，非動機づけ，外的制御，取り入れ，同一化，内発的動機づけ（刺激，成就，知識）といった下位尺度で構成されている。

　回答：1．まったくそう思わない，2．そう思わない，3．どちらともいえない，4．そう思う，5．とてもそう思う。数字が得点である。

(2) 運動継続のための動機づけ尺度（松本ほか，2003）

　社会人の運動継続への動機づけを測定する尺度である（表2）。自己決定理論に基づいて作成されている。単に動機づけの強さを特定する目的だけでなく，運動実施者が運動を継続できるよう効果的に支援するためにも利用されている。

　教示：あなたが現在，運動を定期的に行っている，もしくは今後，定期的に運動を行う理由についてお聞きします。以下の各項目について，あなたの最もあてはまるものを1つ選んで，○印をつけてください。

研究資料

表1　スポーツ動機づけ尺度

下位尺度		質問項目
内発的動機づけ	刺激	日常では体験できないような興奮を感じたいから
		スポーツをしているときの完全に熱中する感じが好きだから
		プレイに熱中したときに感じる興奮を得たいから
		好きなスポーツをしているときのワクワクするような気分を得たいから
	成就	自分のプレイの欠点はすべて克服したいから
		自分の能力が高まっている時に感じる満足感を得たいから
		むずかしいプレイができたときの満足感を得たいから
	知識	新しい練習方法を考えたり，それを試したりしたいから
		やったことのない練習方法や技術を学びたいから
		スポーツについていろいろなことを知りたいから
		自分のプレイをいろいろ工夫するのが面白いから
同一化		スポーツは，人生で役に立つことを学ぶ良い方法であるから
		スポーツは，いろいろな人と知り合いになるための手段であるから
		スポーツは，自分自身の他の側面を伸ばす最も良い方法であるから
		スポーツは，友だちとよい関係をたもつための手段であるから
取り入れ		スポーツは，定期的に行わなければならないから
		身体の調子を整えるためにはスポーツを行わなければならないから
		スポーツをしないと気分がすぐれないから
		よい体型をたもつためにはスポーツを行わなければならないから
外的制御		スポーツがじょうずであることを他の人に見せたいから
		スポーツを行うとまわりの人々から注目されるから
		スポーツを行っていることをまわりの人々から認めて欲しいから
		私の周囲の人々がよい体型であることが重要だと考えているから
非動機づけ		今までスポーツを行うはっきりとした目標があったが，最近，スポーツを行う目標を見失っている
		なぜスポーツをしているのかはっきりわからない
		スポーツに対する情熱がなくなっている
		今まではスポーツを行うはっきりした理由があったが，最近，スポーツを続けるべきかどうか迷っている
		なぜこのスポーツをやっているのかわからない
		スポーツにおいて成功する自信をなくしている

表2　運動継続のための動機づけ尺度

下位尺度	質問項目
内発的動機づけ	1. 運動すること自体が楽しいから
	6. 運動中はそれだけに没頭できるから
	11. 運動は自分を満足させる活動だから
	16. 運動を習得する喜びがあるから
同一視的調整	3. 運動は良いと思うので行うべきだと思うから
	8. 運動することが，自分自身を高めるために良い方法だと思うから
	13. 運動することが，私にとって重要だと思うから
	18. 運動することで，自分が良くなっていくと感じることができるから
取り入れ的調整	4. 運動しないと罪悪感を感じるから
	9. 運動しないと堕落していくような気がするから
	14. 運動を続けられなかったら，駄目な人だと思うから
	17. 運動しないと自分を悪く感じるから
外的調整	2. 私が運動することで周りの人(家族，友人，医師等)が満足するから
	7. 周りの人(家族，友人，医師等)が運動を取り入れるべきだと言うから
	12. 私が運動しないと，周りの人(家族，友人，医師等)がよく思わないから
非動機づけ	5. なぜ，運動しているか分からない
	10. 運動する理由はわからない
	15. 運動する理由は何もない

回答：1．まったくあてはまらない（該当しない），2．あまりあてはまらない，3．どちらともいえない，4．少しあてはまる，5．かなりあてはまる。数字が得点。

(3) スポーツにおける動機づけ雰囲気測定尺度（伊藤，1997）

チームの動機づけ雰囲気を測定する尺度である（表3）。主な対象者は大学生であり，「あなたが所属する運動部全体の雰囲気」について尋ねるものである。なお，すべての質問項目は，「私のチームでは」という言葉で始まり，その後に以下の質問項目が続く。

表3　スポーツにおける動機づけ雰囲気測定尺度

下位尺度	質問項目
熟達雰囲気A	努力している部員がむくわれる たとえできない（苦手な）ものでも挑戦することが大切だ 大事なことは，試合の勝敗ではなく，いかにプレーしたかである 試合を通して，うまくなることが大事である 失敗した部員には，罰がある（逆転項目）
熟達雰囲気B	部員は，それぞれの弱点をなくすように言われている 部員は，新しいことを学ぶために練習している
成績雰囲気A	他の部員よりも上手なことが大切である 他の人よりもうまいことが重要だ 一番であることに価値がある 監督に，あなたが他の人よりも優れていることを示すことが重要だ 一番大事なことは，最終結果（勝つか負けるか）である 勝つことが大切である
成績雰囲気B	限られた部員しか「スター」になれない 監督は，上手な部員だけを注目する 上手な部員だけが監督から注目される 監督は，部員をえこひいきしている ミスをした選手は，試合からはずされる

回答：1．まったくあてはまらない，2．あまりあてはまらない，3．どちらともいえない，4．すこしあてはまる，5．よくあてはまる。数字が得点であるが，「失敗した部員には，罰がある」の項目は，逆転項目である。

(4) 体育における学習意欲診断検査（DLMPET）（西田，2003；Nishida，2007）

体育における学習意欲を多面的・総合的に診断する検査であり，以下の下位検査で構成されている。主たる対象者は，小学校高学年の児童である。末尾に，DLMPETの診断プロフィールを示す。

①体育における学習意欲検査（短縮版AMPET）

本診断検査の中心に位置づけられ，体育における学習意欲の強さを7つの下位尺度で測定する（表4）。

回答：1．ほとんどあてはまらない，2．あまりあてはまらない，3．どちらともいえない，4．ややあてはまる，5．よくあてはまる。数字が得点。

表4 体育における学習意欲検査

	下位尺度	質問項目
学習意欲	学習ストラテジー（考える子）	1. うまくできるやり方を，いろいろ考えながら学習しようと思う 8. 上手な人のやり方を，よく観察して運動しようと思う 15. うまくできなかった原因を，よく考えて練習しようと思う 22. うまくできるやり方を，自分で工夫して練習しようと思う
	困難の克服（頑張る子）	2. 苦手な運動でも，うまくなるために頑張ろうと思う 9. うまくできない運動でも，うまくなろうと一生懸命努力しようと思う 16. 運動がうまくできなくても，最後まで頑張ろうと思う 23. 運動がうまくできるまで，何回も繰返し練習しようと思う
	学習の規範的態度（まじめな子）	3. 決められたことは，きちんと守ろうと思う 10. みんなで決めたルールは，きちんとまじめに守ろうと思う 17. 先生の話をしっかり聞こうと思う 24. 先生の注意やアドバイスを，素直に聞こうと思う
	運動の有能感（できる子）	4. 体育で習う運動は，うまくできる自信があると思う 11. 友だちよりも運動が上手にできると思っている 18. 少し練習しただけで，すぐにうまくなる方だと思う 25. 体育のどんな運動でも，たいてい上手にできると思う
	学習の価値（重んじる子）	5. 運動がうまくできるようになれば，将来きっと役に立つと思う 12. 体育で学習したことは，大きくなってからも役に立つと思う 19. 運動が上手にできるようになることは，とても大切だと思う 26. 体育で学習するのは，これから役に立つことがあるからだと思う
学習不安	緊張性不安（あがる子）	6. 人がみている前で運動すると，すぐに緊張してしまうと思う 13. 人にみられて運動するのは，苦手であると思う 20. みんながみていると，胸がドキドキすると思う 27. 人前で運動するときは，すぐにあがってしまうと思う
	失敗不安（心配する子）	7. 運動するとき，以前に失敗したことを思い出して心配する 14. うまくできなかったらどうしようと，すぐに考えてしまう 21. 運動する前から，失敗したときのことを心配してしまう 28. 成功することよりも，失敗することをすぐに考えてしまう

②体育における学習意欲の類型（タイプ）

短縮版AMPETの得点から，子どもの学習意欲の類型（タイプ）を特定する。
1．平均型：学習意欲の得点が平均値に近いところに位置しているタイプ。
2．意欲葛藤型：学習意欲も不安も高いので，意欲が葛藤しているタイプ。
3．不安型：学習意欲が低く不安が高いタイプ。
4．意欲型：学習意欲が高く不安が低い好ましいタイプ。
5．無意欲型：学習意欲も不安も低いタイプ。

研究資料

表5　体育における学習意欲の支持要因検査

下位尺度	質問項目
授業の趣味 （好きな運動 なのか）	1. 現在習っている体育の運動は，大好きである 8. 現在習っている体育の運動は，とてもおもしろい 15. 現在習っている体育の運動は，とても楽しい 22. 現在の体育の授業を，楽しみにしている
めあて設定 （めあてや 目標が あるのか）	2. 体育の授業では，自分に合った「めあて」がある 9. 体育の学習では，自分が到達できそうな「めあて」がある 16. 体育の授業では，興味が湧くような「めあて」がある 23. 体育の授業では，はっきりとした「めあて」がある
上達の予想 （うまく なりそうか）	3. 体育で習っている運動は，これからもっと上手になっていくと思う 10. 体育の運動は，これからもっと得意になると思う 17. 体育の記録は，これからもっと伸びていくと思う 24. 体育の苦手な運動は，今よりもっとうまくできるようになると思う
教師の指導 （先生は上手 に教えてくれ るか）	4. 体育の先生は，運動のやり方をよくわかるように説明してくれる 11. 体育の先生は，うまくできるように上手に教えてくれる 18. 体育の先生は，学習の仕方をていねいに教えてくれる 25. 体育の先生は，教え方が上手である
友人の支援 （友達は支え てくれるか）	5. 体育の授業中，友だちがうまくできる方法を教えてくれる 12. 体育の授業中につらいことがあると，友だちが励ましてくれる 19. 体育の時間，学習の仕方がわからないと友だちが相談にのってくれる 26. 体育の授業中，私が運動しようとすると，友だちが応援してくれる
授業の雰囲気 （授業中の 雰囲気は よいか）	6. 体育の授業中の雰囲気は，とてもよい 13. 体育の授業は，あたたかい感じがする 20. 体育の学習は，よい気分の中で行われている 27. 体育の授業は，明るい感じがする
身体的健康 （からだは 健康か）	7. からだの調子がよい 14. いつも元気である 21. 健康である 28. からだが丈夫である

6．能力不安型：運動の有能感が低いので不安を高めているタイプ。

③体育における学習意欲の支持要因検査（何が学習を支えているのか？）

体育における学習意欲を支えている要因は何かについて測定する検査である（表5）。学習意欲の高い子どもは何によって支えられているのか，また，学習意欲の低い子どもは何が原因で学習意欲が低いのかを知ることができるので，学習意欲を高める指導上の有益な情報となる。

回答：1．ほとんどあてはまらない，2．あまりあてはまらない，3．どち

表6 体育における学習意欲の選好検査

下位尺度	質問項目
個人志向 (一人でコツコツと行うのが好きかどうか調べる)	1. 自分一人でコツコツと学習するのが好きである 6. 一人で頑張って練習するのが好きである 11. 一人で黙々と練習するのが好きである 16. 自分のやり方で学習するのが好きである
集団志向 (みんなと一緒にするのが好きかどうか調べる)	2. 友だちと一緒に練習するのが好きである 7. みんなと協力して学習するのが好きである 12. 友だちと助け合って学習するのが好きである 17. 友だちと励まし合いながら学習するのが好きである
熟慮志向 (よく考えてから行動するのが好きかどうか調べる)	3. よく考えてから運動するのが好きである 8. やり方をきちんと決めてから学習するのが好きである 13. すぐに行動するよりも,じっくり考えてから学習するのが好きである 18. あわてず慎重に学習するのが好きである
活動志向 (活発に運動するのが好きかどうか調べる)	4. たくさん運動して学習するのが好きである 9. 活発に動いて学習するのが好きである 14. からだを思いっ切り動かして学習するのが好きである 19. からだを活発に動かして学習するのが好きである
競争志向 (競争しながら行うのが好きかどうか調べる)	5. 友だちと競争しながら学習するのが好きである 10. 誰かときそい合って学習するのが好きである 15. 体育の学習では,誰かとすぐに競争したくなる 20. 友だちとせり合いながら学習するのが好きである

らともいえない,4.ややあてはまる,5.よくあてはまる。数字が得点。

④体育における学習意欲の選好検査（何が学習を支えているのか？）

　体育の学習場面で，子どもがどのような学習行動を好むのか，どういう学習の仕方をしたいと思っているのかについて調べる検査である（表6）。子どもが何かを学習しようとした時にどのような行動をしたがるのかを知ることは，教師が子どもへ働きかけをする際に有益な情報となる。

　回答：1.ほとんどあてはまらない,2.あまりあてはまらない,3.どちらともいえない,4.ややあてはまる,5.よくあてはまる。数字が得点。

⑤他教科の興味，諸活動の興味と体育の楽しさ（他の教科や諸活動にどのくらい興味があるのか。体育の授業はどのくらい楽しいのか）

　体育の学習に意欲を示さない子どもであっても，他の教科やある特定の活動には興味や関心を示すかもしれない。子どもが何に興味や関心を示しているのかを知ることは，教育指導において重要な情報となる。その参考資料として，

以下の事項を調査する。
〈興味〉
「国語，算数，理科，社会，音楽，図工，体育，家庭，道徳，総合学習，勉強すること，運動やスポーツをすること，部屋で遊ぶこと，外で遊ぶこと，テレビを見ること，音楽を聴くこと，歌を歌うこと，マンガを読むこと，マンガ以外の本を読むこと，絵をかくこと，ものを作ること」を，5段階（大嫌い1点，嫌い2点，普通3点，好き4点，大好き5点）で評価する。
〈楽しさ〉
　現在行っている体育授業の楽しさについて，5段階（ほとんど楽しくない1点，あまり楽しくない2点，どちらともいえない3点，やや楽しい4点，かなり楽しい5点）で調査する。

●文献
伊藤豊彦（1997）スポーツにおけるチームの動機づけ雰囲気に関する研究．山陰体育学研究，12：21-30．
松本裕史・竹中晃二・高家　望（2003）自己決定理論に基づく運動継続のための動機づけ尺度の開発：信頼性および妥当性の検討．健康支援，5：120-129．
西田　保（2003）体育における学習意欲診断システムの開発．平成12年度～平成14年度科学研究費補助金（基盤研究C（2））研究成果報告書，1-77．
Nishida, T. (2007) Diagnosis of learning motivation in physical education test (DLMPET) and its applicability to educational practice. International Journal of Sport and Health Science, 5: 83-97.
Pelletier, L.G., Fortier, M.S., Vallerand, R.J., Tuson, K.M., Brière, N.M., and Blais, M.R. (1995) Toward a new measure of intrinsic motivation, extrinsic motivation, and amotivation in sports: The Sport Motivation Scale (SMS). Journal of Sport and Exercise Psychology, 17: 35-53.
杉山哲司（2008）スポーツにおける動機づけの研究−Sport Motivation Scale（SMS）の妥当性，信頼性の再検討および目標志向性との関係−．日本女子大学紀要家政学部，55：57-63．

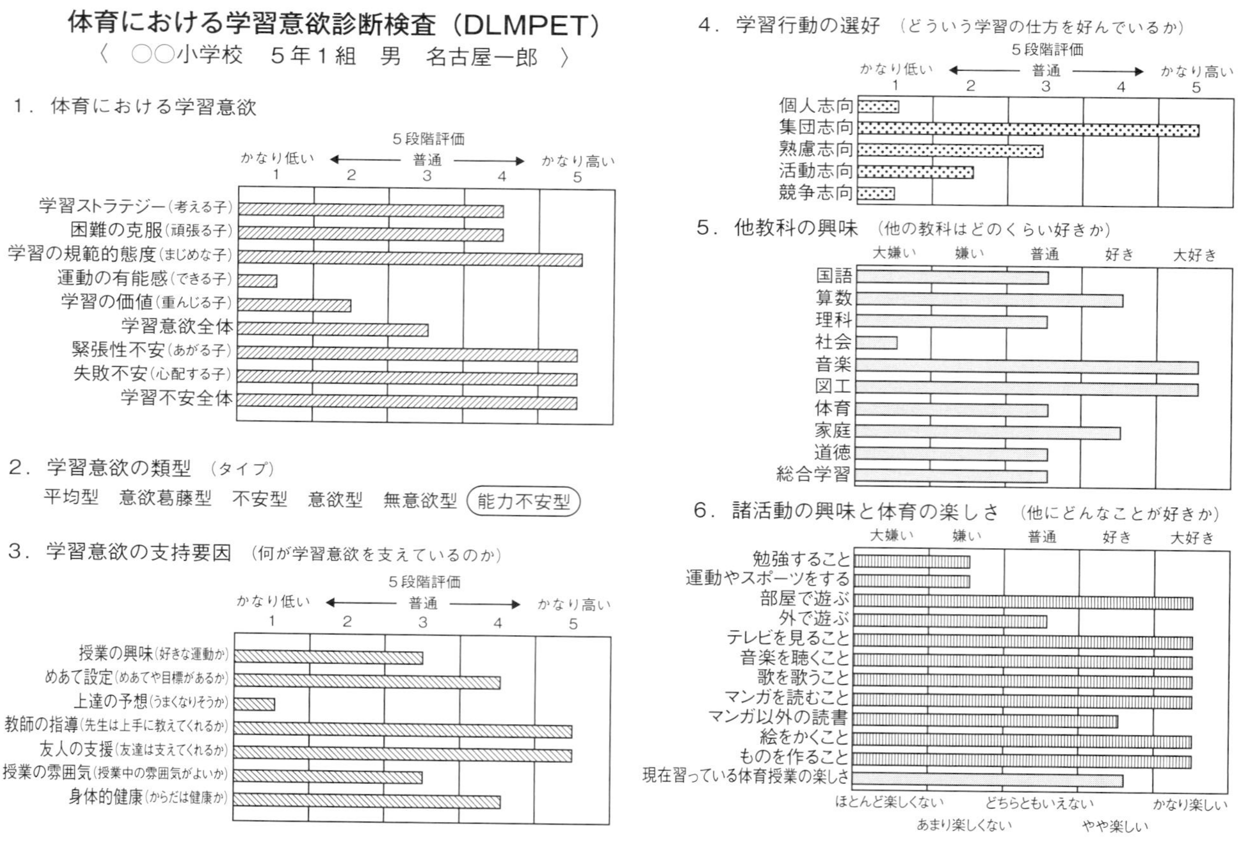

体育における学習意欲診断検査（DLMPET）

〈 ○○小学校　5年1組　男　名古屋一郎 〉

1. 体育における学習意欲

　学習ストラテジー（考える子）
　困難の克服（頑張る子）
　学習の規範的態度（まじめな子）
　運動の有能感（できる子）
　学習の価値（重んじる子）
　学習意欲全体
　緊張不安（あがる子）
　失敗不安（心配する子）
　学習不安全体

2. 学習意欲の類型（タイプ）

　平均型　意欲葛藤型　不安型　意欲型　無意欲型　(能力不安型)

3. 学習意欲の支持要因（何が学習意欲を支えているのか）

　授業の興味（好きな運動か）
　めあて設定（めあて目標があるか）
　上達の予感（うまく教えてくれるか）
　教師の指導（先生は上手に教えてくれるか）
　友人の支援（友達は支えてくれるか）
　授業の雰囲気（授業中の雰囲気がよいか）
　身体的健康（からだは健康か）

4. 学習行動の選好（どういう学習の仕方を好んでいるか）

　個人志向
　集団志向
　熟慮志向
　活動志向
　競争志向

5. 他教科の興味（他の教科はどのくらい好きか）

　国語
　算数
　理科
　社会
　音楽
　図工
　体育
　家庭
　道徳
　総合学習

6. 諸活動の興味と体育の楽しさ（他にどんなことが好きか）

　勉強すること
　運動やスポーツをすること
　部屋で遊ぶこと
　外で遊ぶ
　テレビを見ること
　音楽を聴くこと
　歌を歌うこと
　マンガを読むこと
　マンガ以外の読書
　絵をかくこと
　ものを作ること
　現在習っている体育授業の楽しさ

図1　DLMPETの診断プロフィール

250

さくいん

あ行

アイスブレイク	52
アットホーム感	234
安全への欲求	13
アンダーマイニング現象	18
アンビバレンス	78
言い付け言葉	96
意思決定バランス	74
維持ステージ	72
一次的要因	94
一次的欲求	12
異文化間心理学	170
意欲的側面	93
運動嫌い	104
運動継続のための動機づけ尺度	242
運動の好き嫌い	59
運動の有能感	94,103
運動部不適応	187
運動部離脱	187
運動への意図	70
運動有能感	59
エフェクタンス	18
エフェクタンス動機づけ	19
横断的研究	237

か行

快体験	127
外的調整	30,76
外発的動機づけ	10,16,52,76,128
回避的側面	94
学習意欲の支援要因	94
学習意欲の類型	94
学習行動の選好	94
学習ストラテジー	93
学習性無力感	26,60,208,236
学習の価値	94,103
学習の規範的態度	93,103
学習のストラテジー	103
学習目標	28,205
獲得スキル	235
過剰適応	188
過食症	144
課題関与	222
課題・自我目標志向性尺度	43
課題志向性	97,137,222,236
価値観	104
価値的要因	93
活動計画	70
活動欲求	104
環境型	142
環境の認知	233
関係性	234
関係性への欲求	31,77,163
観察法	22
感謝	151
感情	94
感情体験	67
感情論	233
完璧主義	144
関連因	69
帰属理論	15
期待	94
期待・価値モデル	94
期待価値理論	15,25,88,204,233,236
基本的心理欲求理論	31
基本的欲求	12,18,77
逆U字仮説	32,236

競技からの引退	146
競技からの離脱	143
教室環境	89
競争	109
共分散構造分析	237
拒食症	144
緊張性不安	94,103
繰り返し可能な競技意欲検査	43
経験的要因	93
結果予期	19
月経	145
月経困難症	145
月経周期異常	145
月経障害	143
月経前症候群	145
決定因	69
原因帰属	171,236
原因帰属理論	27,207,233,236
言語的ハラスメント	142
顕著性	40
顕著性ネットワーク	39
交差遅れ効果モデル	237
構成的グループ・エンカウンター	166,189
行動維持機能	11
行動強化機能	11
行動始発機能	11
行動主義	233
行動的指標	237
行動的プロセス	74
行動理論	197
効力予期	19
コーチング	233
コーピング	99

251

コーピングスキル	189	実行ステージ	72	女性のスポーツ参加	137
個人的因果律	18	実行ネットワーク	39	所属と愛への欲求	13
個人内評価	97	質的研究	22,52,237	自律性	17
個性化	199	質の高い練習	123	自律性への欲求	31,77
骨粗鬆症	143	失敗不安	94,103	自律的な学習動機	234
言葉がけ	52,96	児童期	107	自律的な動機づけ	76,234
コミュニケーションスキル		自動性	227	深層心理学理論	198
	114,221	児童用体育学習動機測定		身体性	197
コレクティブエフィカシー	213	尺度	46	身体的効果に対する気づき	72
コンサルテーション	166	社会的学習理論	236	身体的自己	184
困難の克服	93,103	社会的指標	237	身体的自己概念	51
コンピテンス	18	社会的動機	12,55,146,162	身体的ハラスメント	142
コンピテンス動機づけ理論	184	社会的認知理論	184	人物画テスト	21
		社会的文化的性差	139	心理的競技能力診断検査	85
さ行		社会的目標	236	心理的効果に対する気づき	72
		社会的欲求	12	心理的指標	237
サポートネットワーク	189	集団凝集性	158,167,238	心理的ストレス反応	143
三次的要因	95	集団効力感	158,167,213,238	親和動機	236
ジェンダー	139	縦断的研究	237	遂行	91
ジェンダー・ロール	139	執着的情熱	226	遂行回避目標	29
自我関与	222	集中	124	遂行接近目標	29
視覚的ハラスメント	142	熟考ステージ	72	遂行目標	28,205
自我志向性	137,222,236	熟達化	121	ストレス	99
叱り言葉	96	熟達回避目標	223	ストレス刺激	99,143
自己決定度	17	熟達化過程	121	ストレス—スポーツ傷害	
自己決定理論		熟達接近目標	223	の心理的概念モデル	190
	18,30,52,54,73,90,163,	熟達雰囲気	110,224	ストレス対処スキル	115
	181,184,225,233,234,236	熟達目標	205	ストレス適応	99
自己原因性	26,236	受動的勤勉性	236	ストレス反応	99
自己効力感		種目の転向	143	ストレスマネジメント	189
	11,19,70,208,212,233,236	受容	191	ストレッサー	99
自己効力感理論	64,184	準備ステージ	72	スポーツカウンセリング	196
自己実現	13	情緒的動機	12	スポーツ技能の熟達化	233
自己実現理論	54	情緒的要因	93	スポーツキャリア形成	52
自己調整学習	90,236	情熱	226	スポーツキャリアパターン	64
自己内省	91	勝利至上主義	216	スポーツコミットメント	61
自己理論	198	女性アスリートの3徴候	143	スポーツ参加	233
持続スキル	235	女性型	139	スポーツ参加動機	55
自尊感情	51,138,144	女性性	139	スポーツ集団	157

スポーツ傷害	190			投影法	21	
スポーツチーム	157		**た行**	動機	10	
スポーツ動機づけ研究会	51			動機づけ	10	
スポーツ動機づけ尺度	43	体育嫌い	104	動機づけ尺度	41	
スポーツ動機づけ測定尺度	242	体育授業の文脈レベルと		動機づけ的レディネス	110	
スポーツにおける動機づ		状況レベルの動機づけ		動機づけの性差	135	
け雰囲気測定尺度	244	雰囲気を測定する尺度	47	動機づけ雰囲気		
スポーツの楽しさ	57	体育における学習意欲			29,51,210,224,233,235	
成功回避動機	136		92,236	動機づけ方略	52	
成功恐怖	136	体育における学習意欲検査		動機づけ面接	52	
成功への期待	94		44,93,103	動機づけ面接法	78	
成績回避目標	223	体育における学習意欲診		動機論	233	
成績接近目標	223	断検査	45,94,245	統合的調整	30,76	
成績雰囲気	110,224	体協競技意欲検査	42	統制感	208	
成績目標	205	体験期	123	島皮質	39	
性的動機	12	対処行動	99	ドラマチック体験	67	
青年期	108	対人関係スキル	114	トランスセオレティカル		
生物学的な性差	139	退部	99	・モデル	73,205	
性役割	136,139	他者関係	197	取り入れの調整	30,76	
生理の指標	237	他者志向動機	240	ドロップアウト	62	
生理的欲求	13	達成行動	15			
セクシャル・ハラスメント	141	達成動機	174,233,236		**な行**	
セックス	139	達成動機づけ	10,15,93			
摂食障害	143,144	達成目標	222,235	内発的・外発的動機づけ		
セルフエフィカシー	212	達成目標理論	18,28,88,181,	階層モデル	31,225	
セルフエフィカシートーク	20		184,205,222,233,236	内発的調整	76	
セルフエフィカシーモデル	64	達成要求	146	内発的動機づけ		
セルフトーク	221	短期動機づけ面接法	81		10,12,16,35,52,76,96,128,174	
潜在指標	228	男性型	139	仲間いじめ	112	
潜在的態度	229	男性性	139	仲間拒絶	112	
潜在連合テスト	228	チームビルディング	166	仲間受容	112	
前熟考ステージ	72	チームメンタルモデル	158	二次的要因	95	
専門化期	123	チーム力	238	二次的要求	146	
ソーシャルサポート		チームワーク	158,166,238	二次的欲求	12	
	73,161,191	調和の情熱	226	日本臨床心理身体運動学会	197	
続発性無月経	145	適応	99	人間の動機づけ理論	198	
組織化された性差	139	同一化調整	30	認知的評価	99	
尊厳への欲求	13	同一視的調整	76	認知的評価理論	236	
		動因	11	認知的プロセス	74	
		動因低減説	24			

認知的要因	93	
認知論	233	
ネガティブ感情	239	
能力向上への期待	94	

は行

バーンアウト	188,193	
バウムテスト	21	
励まし言葉	96	
箱庭療法	21	
発言	96	
発達的推移	103	
パネル分析	237	
パラリンピアン	85	
パラリンピック	85	
般化スキル	235	
不正周期症	145	
不適応障害	188	
プラス思考	221	
フロー	35,58,181	
フロー体験	233	
フローモデル	181	
文化的自己観	168	
変化要求	146	
変容ステージ	71	
変容プロセス	74	
報酬	40	
没頭期	123	
ホメオスタシス	24	
ホメオスタシス性動機	12	
褒め言葉	96	
褒める	107	

ま行

負けず嫌い	52,130,133,239	
マスタリー雰囲気	97	
未分化型	140	

無意識的な活性化	228	
無月経	145	
無調整	76	
無動機づけ	30,76	
メンタルトレーニング	151,220,235	
メンタルヘルス	234	
目標志向性	137,144,171	
目標志向性の性差	139	
目標設定	204,220	
目標設定スキル	115	
目標設定理論	184	
目標内容理論	226	
モチベーションビデオ	51,212	

や行

ヤーキーズ・ドットソンの法則	34	
やる気	40	
誘因	11	
有機的統合理論	30	
友情	112	
友人ストレッサー対処スキル	100	
有能感	10,18,106,207,234	
有能さへの欲求	31,77	
要求水準	146	
幼児期	106	
よく考えられた練習	124	
予見	91	
欲求	10	
欲求の階層説	13	

ら行

ライフスキル	113	
リーダーシップ	154,166	

離脱	99	
リバーサル理論	34,181	
リハビリテーション	191	
両性具有型	139	
量的研究	237	
リラクセーション	191	
レジリエンス	51,201,239	
劣等感	134	
練習日誌	220	
ロールシャッハテスト	21	

欧文

AMPET	93,103	
Bem Sex Role Inventory (BSRI)	140	
DIPCA.3	85	
DLMPET	94	
Female Athlete Traid	143	
IZOF理論	37,52	
P-Fスタディ	21	
SCT	21	
SL理論	155	
SMART（S）	115	
TAT	21	

■ 執筆者（名前，所属，担当）

西田　保（にしだ　たもつ）
　名古屋大学総合保健体育科学センター教授，博士（体育学），はじめに，第6章第4，5節，第15章，コラム②，⑤

杉山　哲司（すぎやま　てつじ）
　日本女子大学家政学部准教授，第1章

伊藤　豊彦（いとう　とよひこ）
　島根大学教育学部教授，第2章第1，2節，第6章第1～3節

杉山　卓也（すぎやま　たくや）
　上智大学文学部常勤嘱託講師，博士（体育学），第2章第3節

渋倉　崇行（しぶくら　たかゆき）
　新潟県立大学人間生活学部准教授，博士（心理学），第3章，コラム⑥

蓑内　豊（みのうち　ゆたか）
　北星学園大学文学部教授，第4章

松本　裕史（まつもと　ひろし）
　武庫川女子大学健康・スポーツ科学部准教授，博士（人間科学），第5章

佐々木　万丈（ささき　ばんじょう）
　日本女子体育大学体育学部教授，博士（心理学），第6章第6節，第9章，コラム⑦

杉山　佳生（すぎやま　よしお）
　九州大学大学院人間環境学研究院准教授，博士（体育科学），第7章，第10章第1節

北村　勝朗（きたむら　かつろう）
　東北大学大学院教育情報学研究部教授，博士（教育学），第8章

河津　慶太（かわづ　けいた）
　公益財団法人福岡市スポーツ協会職員，博士（人間環境学），第10章第2節

荒井　久仁子（あらい　くにこ）
　医療法人社団寿量会熊本健康・体力づくりセンター健康科学トレーナー，第10章第3節

磯貝　浩久（いそがい　ひろひさ）
　九州工業大学情報工学研究院准教授，博士（人間環境学），第11章

土屋　裕睦（つちや　ひろのぶ）
　大阪体育大学大学院スポーツ科学研究科教授，博士（体育科学），第12章，コラム⑨

森　恭（もり　やすし）
　新潟大学教育学部准教授，第13章第1，2節（2）（3）

永尾　雄一（ながお　ゆういち）
　公益財団法人日本障害者スポーツ協会強化部職員，第13章第2節（1）

藤田　勉（ふじた　つとむ）
　鹿児島大学教育学部准教授，博士（教育学），第14章

小林　洋平（こばやし　ようへい）
　中京大学大学院心理学研究科研究生，研究資料，コラム⑫

小谷　泰則（こたに　やすのり）
　東京工業大学大学院社会理工学研究科助教，博士（理学），コラム①

本多　芙美子（ほんだ　ふみこ）
　鹿屋体育大学（プロジェクト研究員），コラム③

山﨑　将幸（やまざき　まさゆき）
　九州大学学術協力研究員，博士（人間環境学），コラム④

菅生　貴之（すごう　たかゆき）
　大阪体育大学大学院スポーツ科学研究科准教授，コラム⑧

Hodge Ken（ホッジ　ケン）
　オタゴ大学教授（ニュージーランド），コラム⑩

Tanaka Shogo（たなか　しょうご）
　オタゴ大学（ニュージーランド），コラム⑩

Papaioannou Athanasios（パパイアノウ　アサナシオス）
　ノーザンブリア大学教授（英国），コラム⑪

高妻　容一（こうづま　よういち）
　東海大学体育学部教授，コラム⑬

■編著者

西田　保（にしだ　たもつ）
1977年東京教育大学大学院体育学研究科修士課程修了
名古屋大学総合保健体育科学センター教授　博士（体育学）
日本スポーツ心理学会理事（スポーツ心理学研究編集委員長）
スポーツメンタルトレーニング上級指導士

［主書］
動機づけの発達心理学（有斐閣，1995，共著）
期待・感情モデルによる体育における学習意欲の喚起に関する研究（杏林書院，2004）
最新スポーツ心理学──その軌跡と展望（大修館書店，2004，分担執筆）

スポーツモチベーション ─スポーツ行動の秘密に迫る！─
©Tamotsu Nishida, 2013　　　　　　　　　　　　NDC780／255p／21cm

初版第1刷	2013年10月10日
編著者	西田　保
発行者	鈴木一行
発行所	株式会社 大修館書店 〒113-8541 東京都文京区湯島2-1-1 電話03-3868-2651（販売部）03-3868-2299（編集部） 振替00190-7-40504 ［出版情報］http://www.taishukan.co.jp/

装　丁	中村友和
本文デザイン・DTP	明昌堂
印刷所	三松堂印刷
製本所	ブロケード

ISBN978-4-469-26751-8　Printed in Japan

Ⓡ本書のコピー，スキャン，デジタル化等の無断複製は著作権法上での例外を除き禁じられています。本書を代行業者等の第三者に依頼してスキャンやデジタル化することは，たとえ個人や家庭内での利用であっても著作権法上認められておりません。